Katharina Möller | Claudia Weingand

BIEGUNG

Biomechanik und klassisches Reiten

Osteo DRESSAGE

Müller Rüschlikon

Einbandgestaltung: R2 I Ravenstein, Verden

Titelfoto: Maresa Mader
Fotos im Innenteil: Maresa Mader alle außer:
Seite 10, 15, 26, 27, 29, 34, 40, 41, 53, 63, 102 (Claudia Weingand)
18, 119 (Universität Leipzig, Prof. Dr. Christoph Mülling)
28, 116 (Phillip Weingand)
43, 44 (Ravenstein2)
Grafiken: Claudia Weingand, ravenstein2

ISBN 978-3-275-02180-2

Postfach 103743, 70032 Stuttgart
Ein Unternehmen der Paul Pietsch Verlage GmbH & Co. KG

2. Auflage 2023

Sie finden uns im Internet unter www.mueller-rueschlikon-verlag.de

Lektorat: Claudia König
Innengestaltung: R2 I Ravenstein, Verden
Druck und Bindung: Graspo CZ, 76302 Zlin
Printed in Czech Republic

INHALT

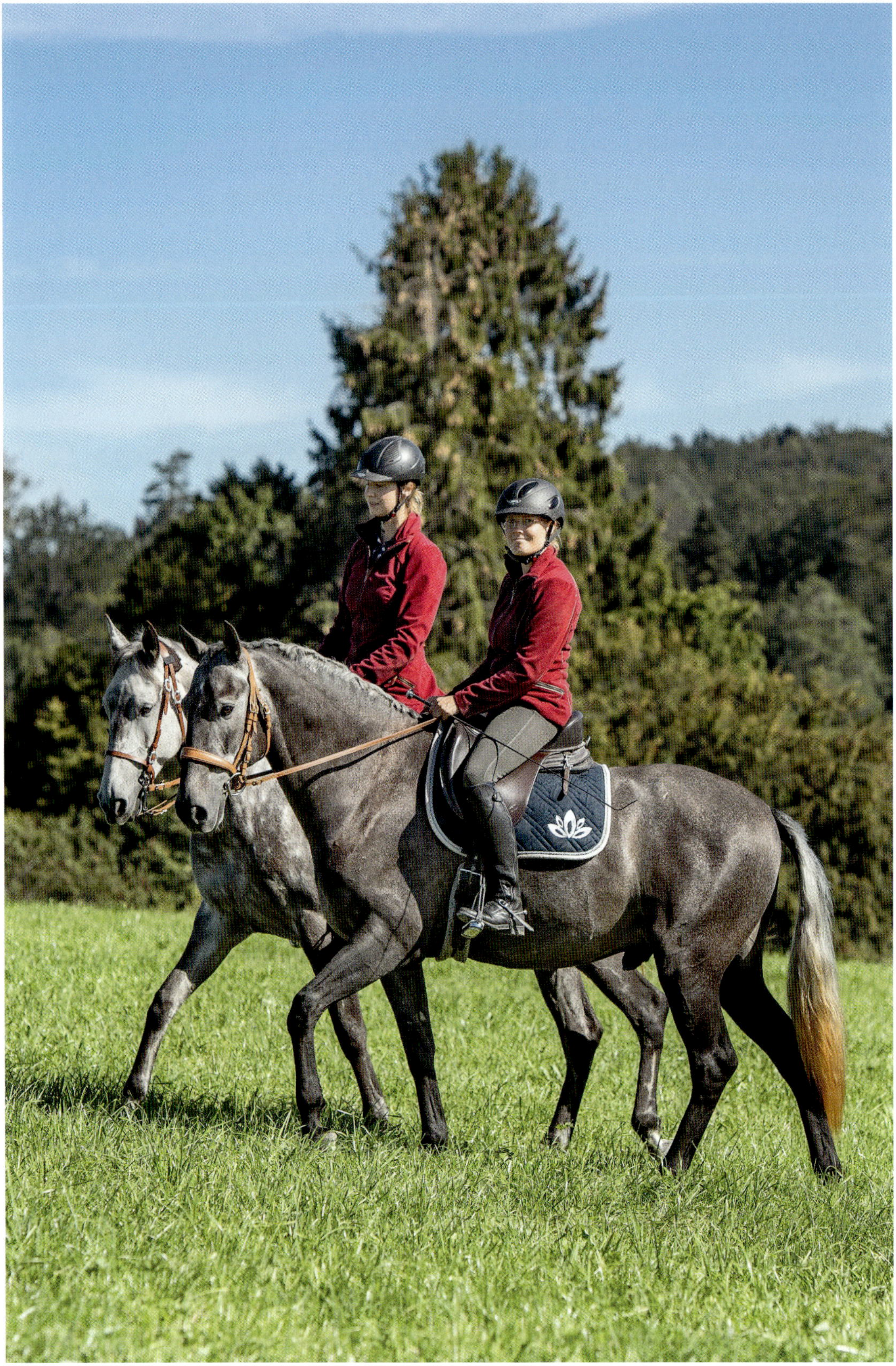

EINLEITUNG

Die Meinungen rund um das Thema Biegung sind nicht nur überraschend vielfältig, sie sind oft auch sehr absolut. Ein Beispiel: »Zwei Jahre keine Biegung«, sagen die einen. »Von Anfang an stellen und biegen! Das Pferd muss erst die Seitengänge können, bevor man zum ersten Mal aufsitzt«, sagen die anderen.

Wer hat denn nun recht? Das ist für viele Reiter gar nicht so leicht zu erkennen. Außerdem ist es wie so oft im Leben: Jeder hat eigentlich ein bisschen recht und die Dosis (sowie die praktische Umsetzung) macht letztlich das Gift.
Um Reitern ein differenziertes Bild auf das schöne Thema Biegung zu ermöglichen, haben wir dieses Buch geschrieben. Für unser zweites OsteoDressage-Projekt haben wir die neuesten Studien gewälzt sowie in altehrwürdigen Werken der Meister der deutschen Reitlehre nachgeschlagen. Wie so oft arbeiteten die klügsten Praktiker schon sehr nah an trainingsphysiologischen Grundsätzen und entsprechend der anatomischen Möglichkeiten des Pferdes.
Unser Ziel ist, mit unseren Büchern möglichst vielen Pferden in der Praxis zu helfen: Dafür erachten wir es erstens für notwendig, den Reitern theoretisches Hintergrundwissen zu vermitteln, das über Hörensagen und bloßes energisches Behaupten hinausgeht. Wer die Zusammenhänge versteht, hat eine Diskussionsgrundlage. Zweitens hat dieses Buch einen Praxisteil mit inneren Bildern und Ideen für den Übungsaufbau, der das Thema Biegung aus der theoretischen Diskussion in die Reithallen und auf die Reitplätze holt.

Wir wünschen Ihnen viel Freude beim Lesen und natürlich mit Ihrem Pferd!

Katharina Möller & Claudia Weingand

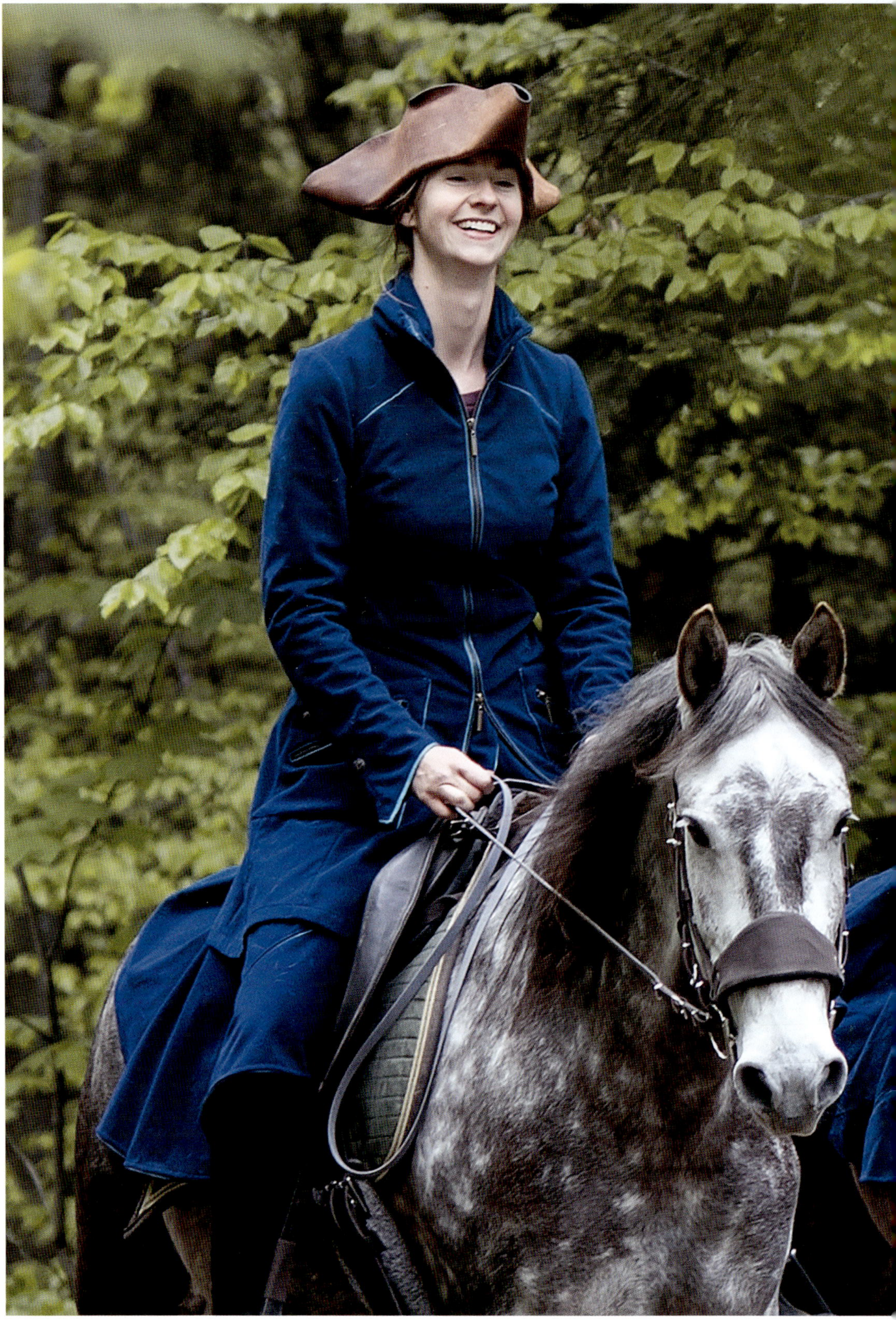

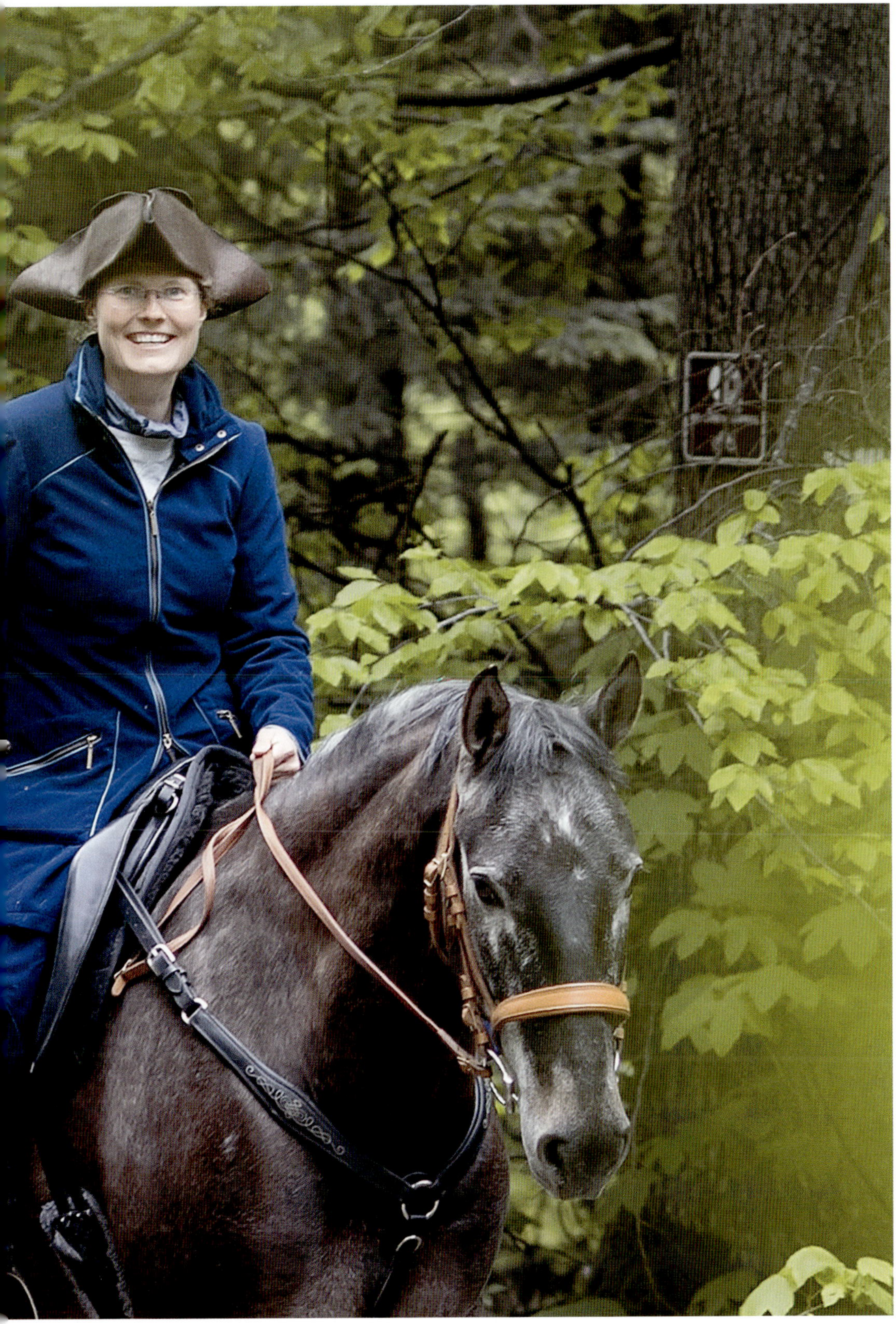

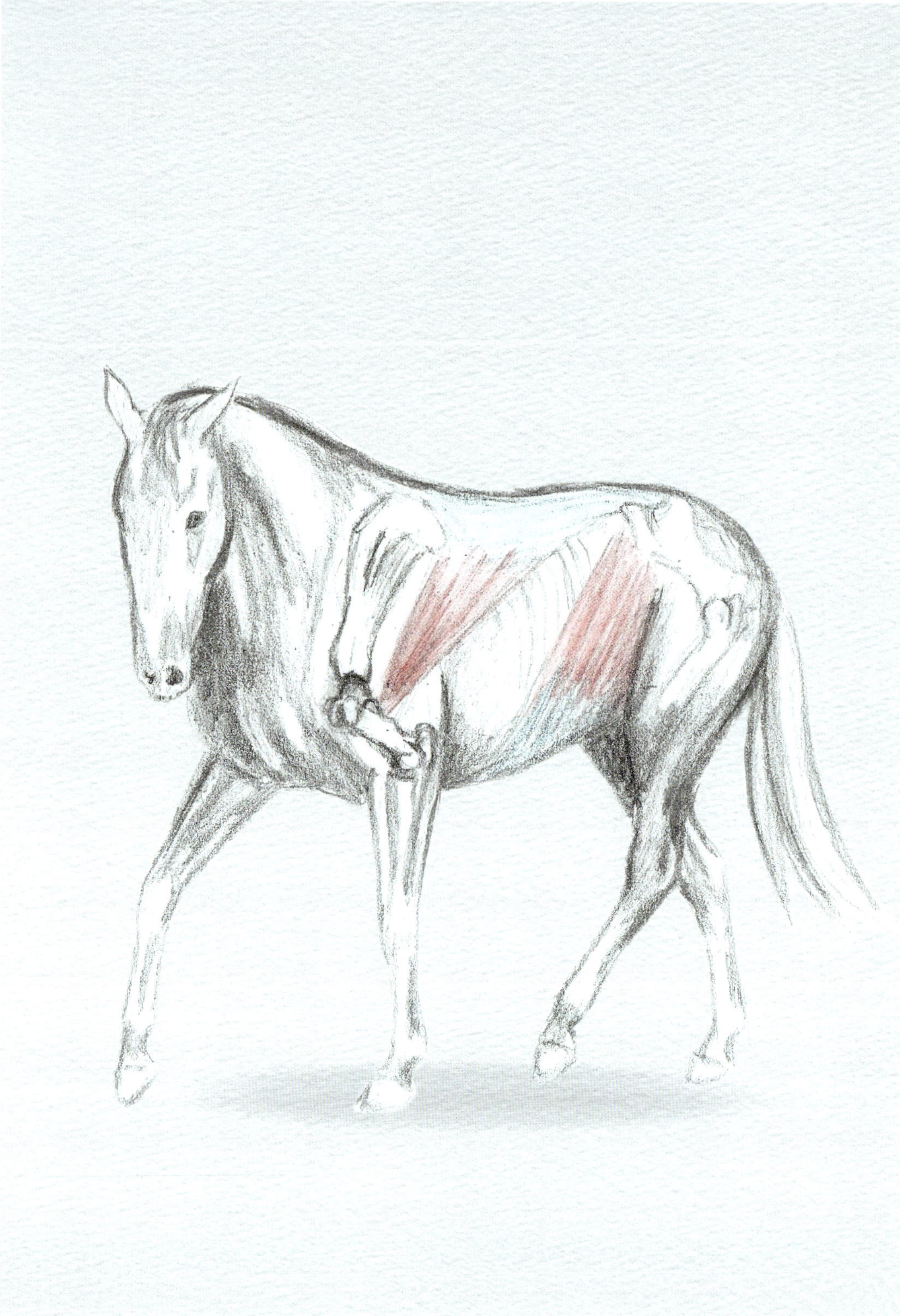

Biegung und **ANATOMIE**

Pferde bewegen sich, wenn man ihnen die Wahl lässt, vorwiegend geradeaus. In der Natur grasen sie bis zu 16 Stunden täglich in gemächlichem Weideschritt – und zwar nicht auf gebogenen Linien. **Dennoch ist eine gewisse Biegung für Pferde nicht unnatürlich:** Pferde können sich mit den Zähnen den hinteren Rücken oder mit dem Hinterhuf den Kopf kratzen. Auch im Spiel oder bei Auseinandersetzungen in der Herde gibt es Momente, in denen Pferde sich gegenseitig umkreisen, sich also auf gebogenen Linien fortbewegen.

Ohne Rotation (Drehung um die Längsachse) und Seitneigung (tatsächliche »Längsbiegung«, das Fachwort lautet Lateroflexion), also eine gewisse »Biegung« der Wirbelsäule, wären solche Bewegungen unmöglich.

Pferde können sich aber nicht in jedem Abschnitt der Wirbelsäule gleich gut biegen. Um das zu verdeutlichen, arbeiten wir uns von vorn nach hinten durch den Pferdekörper.

Aufbau der Wirbel

Jeder Wirbel setzt sich zusammen aus einem sogenannten Wirbelkörper *(Corpus vertebrae)*, einem Wirbelbogen *(Arcus vertebrae)* und den Wirbelfortsätzen *(Processus vertebrae)*, nämlich Dorn- und Querfortsätzen. Wirbelbogen und Wirbelkörper bilden den Wirbelkanal, *Canalis vertebralis*, in dem das Rückenmark liegt. Zwischen den Wirbelkörpern liegen Zwischenwirbelscheiben. Die Form der Wirbelkörper und der Wirbelfortsätze differiert in den verschiedenen Abschnitten der Wirbelsäule.

Haben Pferde Bandscheibenvorfälle?

Die Wirbelkörper sind untereinander durch Zwischenwirbelscheiben *(Disci intervertebrale)* verbunden. Sie sichern die Beweglichkeit der Wirbelsäule und können Druck in bestimmter Größenordnung abpuffern. Wie Gelenkknorpel auch werden die Zwischenwirbelscheiben nicht durchblutet, sondern durch Diffusion ernährt. Das funktioniert besonders gut durch Bewegung, also beispielsweise Beugung und Streckung in dynamischem Wechsel. Die Zwischenwirbelscheiben bestehen aus faserigem Bindegewebe, dem sogenannten *Anulus fibrosus*. Anders als beim Menschen oder beim Hund hat das Pferd keinen oder nur einen sehr rudimentären Gallertkern *(Nucleus pulposus)*, weswegen Bandscheibenvorfälle beim Pferd, anders als beim Menschen und Hund, äußerst selten vorkommen.

Anatomie und Bewegungsmöglichkeiten der Halswirbelsäule

Die Halswirbelsäule des Pferdes besteht aus sieben Halswirbeln. Die ersten beiden Halswirbel haben eine besondere Form. Der erste Halswirbel (Atlas) setzt sich aus einem beim Pferd stärker gewölbten oberen und einem flacheren unteren Wirbelbogen zusammen. Seine Seitenflächen werden als Atlasflügel *(Alae atlantis)* bezeichnet. Der zweite Halswirbel (Axis) ist länger als alle anderen Halswirbel und besitzt an der Vorderseite einen ausgeprägten Knochenfortsatz, der als »Zahn«, *Dens axis*, bezeichnet wird. Dorsal, also oben, besitzt der Axis als Dornfortsatz einen sehr prominenten Kamm, der als Ansatzstelle für den Nackenstrang, einen Teil des Nackenbandes (siehe Buch zur Dehnungshaltung) dient.

Die ersten beiden Halswirbel haben eine besondere Form. Im zweiten Kopfgelenk zwischen Atlas und Axis sind vorwiegend Rotationsbewegungen möglich.

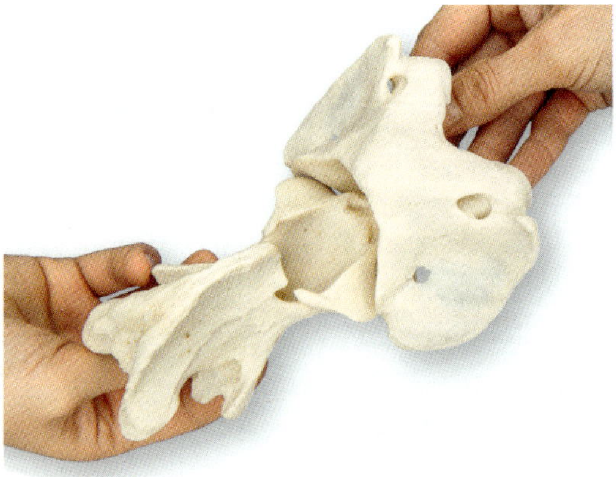

Das erste und zweite Kopfgelenk

Die Gelenke zwischen Hinterhaupt, erstem und zweitem Halswirbel werden als Kopfgelenke bezeichnet. Gemeinsam ermöglichen sie dem Pferd Kopfbewe-

Rotation und Seitneigung

Rotation bezeichnet eine Drehbewegung um die Längsachse. Dabei rotiert der Dornfortsatz eines Wirbels in eine Richtung und die untere Kante des Wirbelkörpers in die entgegengesetzte. Bei der Lateroflexion, also Seitneigung, nähern sich benachbarte Wirbel auf der »Innenseite« der Biegung an, von oben betrachtet entsteht »Längsbiegung«. Meist finden beide Bewegungen gleichzeitig statt.

Beugung und Streckung

Was Reiter als »Aufwölben« bezeichnen, ist biomechanisch oder osteopathisch betrachtet »Beugung«. Maximal gebeugt wäre die Halswirbelsäule, wenn ein Pferd eine Bremse an seiner Brust weg beißt oder schlimmstenfalls bei der Rollkur. Brust und Lendenwirbelsäule sind z.B. in Beugestellung, wenn das Pferd äppelt oder den »Rücken aufwölbt«, wenn es etwa maximal versammelt wird. Streckung ist reiterlich weniger erwünscht: Ein Pferd, das wie auf der Flucht den Kopf hoch trägt und den Rücken wegdrückt, zeigt eine Streckung der Wirbelsäule.

gungen, die unabhängig vom Rest der Wirbelsäule ablaufen können – unerlässlich für ein Fluchttier, das stets in der Lage sein muss, das Auge potenziell gefährlichen Objekten zuwenden zu können.

Das erste Kopfgelenk (Atlantookzipitalgelenk) wird von den Rollkämmen (Kondylen) des Hinterhauptsbeins und den Gelenkflächen des ersten Halswirbels gebildet. Das Atlantookzipitalgelenk ist am besten beweglich, was Streckung und Beugung anbelangt (»Ja-Sage-Gelenk«), es macht etwa 32 Prozent der gesamten Möglichkeit für Beugung und Streckung der Halswirbelsäule aus. Es handelt sich aber nicht um ein reines Scharniergelenk, das nur Beugung (in Beugung nähert sich der Unterkiefer dem unteren Hals, der Genickwinkel schließt sich wie in der Beizäumung) und Streckung (der Genickwinkel öffnet sich, »Nase vor«) zulässt. Als Ellipsoidgelenk ermöglicht es auch eine leichte Seitneigung. Stellung, bei der der Reiter das innere Auge und den inneren Nüsternrand schimmern sieht, findet hier statt. Die mögliche seitliche Bewegung ist eher gering, aber nicht unmöglich: Hilary Clayton und Hugh Townsend fanden 1989 in ihrer Studie über die Beweglichkeit der Halswirbelsäule des Pferdes heraus, dass beim toten Pferd im Atlantookzipitalgelenk

eine Seitneigung von bis zu 27 Grad möglich ist. Beim lebenden Pferd wird die Beweglichkeit vermutlich durch Muskulatur und Bänder begrenzt. Am besten funktioniert die Seitneigung im Atlantookzipitalgelenk in Streckung.
Die prominenten Knochenfortsätze neben den Rollkämmen des Hinterhaupts, *Processi paracondylaris*, beschränken die Seitneigung in Beugung. Pferde können sich also nur mit geöffnetem Genickwinkel, also mit der Stirn-Nasenlinie vor der Senkrechten, reell stellen:
»Bei gestrecktem Gelenk ist die seitliche Biegung besser möglich«, bestätigt Dr. Eva Lautenschläger in ihrer Dissertation »Die röntgenologische und ultrasonographische Darstellung der Facettengelenke der Halswirbelsäule beim Warmblutpferd« (Tierärztliche Hochschule Hannover, 2007). Gehen Pferde überzäumt, also mit der Stirn-Nasenlinie hinter der Senkrechten, ist korrekte Stellung nicht möglich (diese Tatsache wird interessant bei Korrekturpferden).
»Stellung« ergibt sich nach Clayton und Townsend, die 1989 achtzehn Halswirbelsäulen toter Pferde hinsichtlich der Beweglichkeit untersuchten, nicht nur durch das Abbiegen im ersten und zweiten Halswirbel (»Biegung der Ganaschen«) sondern durch Längsbiegung in Kombination mit einer leichten Rotation der gesamten Halswirbelsäule.
Das zweite Kopfgelenk (Atlantoaxialgelenk) wird aus dem Zahn des zweiten Halswirbels und der sogenannten Zahngrube *(Fovea dentis)* des Atlas gebildet. Man bezeichnet dies Gelenkform als Zapfengelenk. Der Atlas kann in beide Richtungen um den Zahn (Dens) des Axis rotieren. Diese Rotationsbewegung ist reiterlich weniger erwünscht, denn dabei verwirft sich das Pferd. Die Ohren sind dann nicht mehr auf gleicher Höhe.
Clayton und Townsend (1989) fanden heraus, dass 73 Prozent der Rotationsbewegung der Halswirbelsäule im Atlantoaxialgelenk stattfinden. Der Druck des Dens gegen den unteren Bogen des

Zusammenfassung: Korrekte Genickstellung versus Verwerfen

Der reiterliche Begriff der Genickstellung bedeutet eine Seitneigung im ersten Kopfgelenk und ist nur in geringem Maße möglich. Der Reiter darf allenfalls »den Rand des inneren Auges und den Rand der inneren Nüster schimmern sehen« – nicht mehr!
Nicht korrekt wäre das sogenannte Verwerfen: Dabei findet eine Rotation des Pferdekopfes samt erstem Halswirbel um den Zahn des zweiten Halswirbels statt. Der Reiter erkennt diese fälschliche Rotationsbewegung daran, dass sich nicht mehr beide Pferdeohren auf einer Höhe befinden.

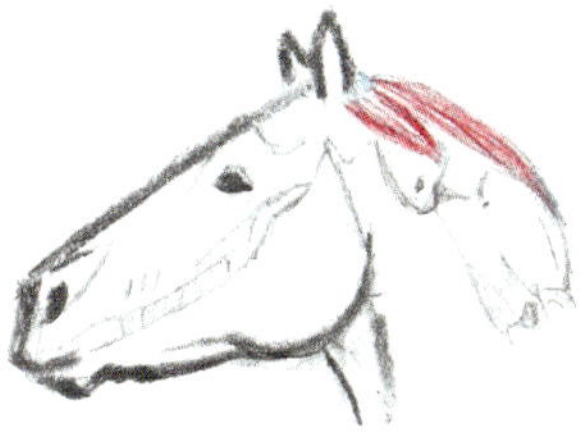

Die *Mm. rectus capitis dorsalis major et minor* (unterer und oberer gerader Kopfmuskel) sind für die Stellung verantwortlich ...

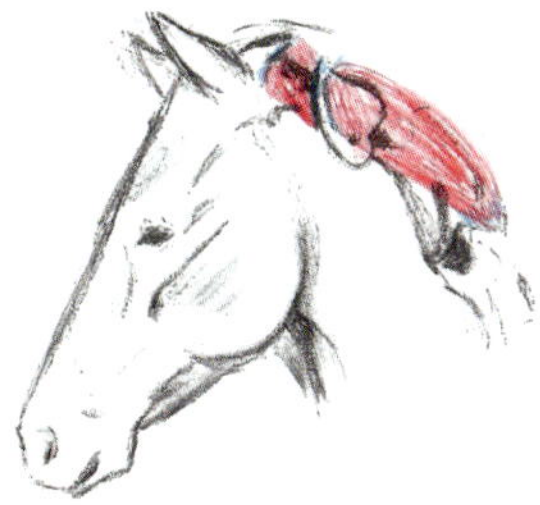

... Die *Mm. obliquus capitis cranialis et caudalis* (vorderer und hinterer schräger Kopfmuskel) sorgen für Rotationsbewegungen, also Verwerfen.

Atlas verhindert die Streckung des Gelenks. Die Beugung ist leicht möglich, wird aber durch Bänder limitiert. Sowohl zum Stellen als auch zum Verwerfen nutzt das Pferd seine kurzen Nackenstrecker. Diese Muskeln verlaufen zwischen Hinterhauptsbein, Atlas und Axis. Sie heißen *M. rectus capitis dorsalis major et minor* (unterer und oberer gerader Kopfmuskel) und *M. obliquus capitis cranialis* et *caudalis* (vorderer und hinterer schräger Kopfmuskel). Häufig sind Pferde, die forciert eng eingestellt werden oder wurden oder anderweitig unter Stress stehen, massiv in dieser Region verspannt. Dann ist Stellung erschwert oder gar unmöglich.

Dritter bis siebter Halswirbel

Die Wirbel der restlichen Halswirbelsäule (dritter bis siebter Halswirbel) sind im Gegensatz zu Atlas und Axis alle einander ähnlich aufgebaut, die Wirbelkörper werden jedoch von vorn nach hinten kürzer. Die vordere Verbindung zum vorhergehenden Wirbelkörper ist nach vorn gewölbt und nennt sich *Extremitas cranialis*, sie ist deutlich ausgebildet und bildet ein Gelenk mit der ausgehöhlten *Extremitas caudalis* des vorherigen Halswirbels. Dabei handelt es sich nicht um echte Gelenke, sondern um sogenannte Zwischenwirbelfugen. Diese werden von Zwischenwirbelscheiben ausgefüllt. Dornfortsätze sind im Bereich des dritten bis siebten Halswirbels nur rudimentär ausgebildet. Seitlich an den Wirbelkörpern befinden sich die Querfortsätze. In den Querfortsätzen sind Löcher, *Foramina transversaria*, welche zusammen eine Art Querfortsatzkanal bilden. Durch diesen verlaufen Blutgefäße und Teile des Grenzstrangs (Nervenstruktur) des Sympathikus. Jeder Wirbel besitzt eine vordere und hintere Aussparung (*Incisura vertebralis cranialis* und *caudalis*): Je zwei Wirbel bilden somit ein Zwischenwirbelloch.

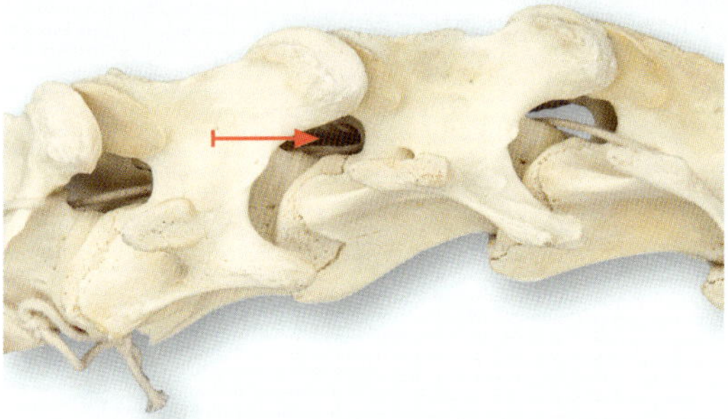

Das Ineinandergleiten der Facettengelenke führt zur Verkleinerung der Zwischenwirbellöcher.

Die Facettengelenke im Bereich der Wirbelbögen sorgen für die gelenkige Verbindung zwischen den Wirbeln. Sie werden von den Gelenkfortsätzen zweier aufeinander folgender Wirbel gebildet. Die Facettengelenke werden als Schiebegelenke bezeichnet, weil sich die Gelenkfortsätze übereinander schieben und so ineinander und auseinander gleiten können. Sie sind von großen Gelenkkapseln umgeben. In der Biegung gleiten die Facettengelenke auf der Innenseite ineinander (Konvergenz), was zum Verkleinern der Zwischenwirbellöcher führt. Auf der Außenseite gleiten sie auseinander (Divergenz). Aus den Zwischenwirbellöchern treten Nerven und Blutgefäße aus, die auf der Innenseite der Biegung komprimiert werden können. Darin liegt einer der gravierenden Nachteile von (dauerhafter und zu starker) Biegung begründet. Auch beim Thema Biegung macht die Dosis das Gift. Mehr dazu lesen Sie im Kapitel »Wann Biegung nutzt und wann sie schadet« ab Seite 99.
Die Verengung der Zwischenwirbellöcher geschieht übrigens auch in Streckung (siehe Dehnungshaltungsbuch).
Interessant dazu ist die Dissertation von Dr. med. vet. Eva Lautenschläger (2007). Sie untersuchte die Halswirbelsäule von 80 Warmblütern röntgenologisch und mit Ultraschall und fand Veränderungen an den Facettengelenken und Zwischenwirbellöchern: *»Die klinisch auffälligen Pferde hatten deutlich häufiger Befunde als die unauffälligen Pferde. Dennoch waren die gut rittigen, klinisch unauffälligen Pferde nicht befundlos.«*
20 bis 30 Prozent der unter dem Sattel unauffälligen Pferden hatten Befunde, Pferde die »wehrig« waren, wiesen allerdings gravierendere sichtbare Befunde auf.

Zwischenwirbellöcher

Auf der Innenseite der Biegung schließen sich die Zwischenwirbellöcher, was Nerven und Blutgefäße, die unter anderem Vorderbeine, Kehlkopf und Zwerchfell versorgen, komprimieren und so beeinträchtigen kann. Wie problematisch das ist, hängt vom Grad und von der Dauer der Biegung ab.

In ihren Aufnahmen war das Zwischenwirbelloch (Foramen intervertebrale) bei klinisch auffälligen bzw. schlecht rittigen Pferden signifikant häufiger zwischen dem sechsten und siebten Halswirbel (zu 50 %) als zwischen dem fünften und sechsten Halswirbel (zu 15 %) vollständig verschattet. Der untere Halswirbelsäulenbereich ist ohnehin gefährdet, da er beim Reiten leicht in die Extension (Streckung, immer, wenn der »Unterhals« hervortritt, siehe Dehnungshaltungsbuch) kommt, was zum Verengen der Zwischenwirbellöcher und Kompression der Facettengelenke führt.

Biomechanik der HWS

Die Halswirbelsäule insgesamt ist sehr beweglich, was Beugung und Streckung und recht gut beweglich, was Seitneigung betrifft und Rotation angeht. Dafür verantwortlich ist die ebene Oberfläche der Facettengelenke. Zudem fehlen in diesem Bereich die Zwischenwirbelbänder *(Ligamenta interspinale)* und das Rückenband *(Ligamentum supraspinale)*, welches durch das sehr dehnbare, elastische Nackenband *(Ligamentum nuchae)* ersetzt wird. Auch das ventrale Längsband existiert im Bereich der HWS nicht, seine Funktion wird vom *M. longus colli* übernommen. Zudem besitzt die HWS nur rudimentäre Dornfortsätze und im Vergleich mit der restlichen Wirbelsäule eher dicke Zwischenwirbelscheiben, was den Bewegungsspielraum vergrößert. Die Gelenkflächen zwischen den Wirbelkörpern sind halbkugelig, was ebenfalls für größere Beweglichkeit sorgt. Das Gelenk zwischen dem letzten Hals- und dem ersten Brustwirbel (CTÜ, cervikothorakaler Übergang) ist am beweglichsten, was Beugung und Streckung betrifft, auch Seitneigung ist sehr gut möglich. Deswegen geschieht es bei noch nicht oder falsch ausgebildeten Pferden leider so häufig, dass diese im Halsansatz fälschlicherweise abknicken, anstatt sich korrekt zu biegen (mehr zu diesem äußerst schädigenden Bewegungsmuster ab S. 27).

Das Atlantoaxialgelenk ist am beweglichsten in Bezug auf Rotation (73 % der Rotation der HWS findet hier laut Clayton und Townsend) statt. Deswegen verwerfen sich Pferde beim Reiten leider häufig, anstatt sich korrekt zu stellen – vor allem dann, wenn der Reiter die Genickstellung zu sehr forciert oder zu handlastig reitet. Seitneigung geht hier nur um bis zu 3,9 Grad.

Die geringste Mobilität existiert zwischen dem dritten und vierten Halswirbel – die Halsmitte ist also weniger flexibel als die Halsbasis und der Genickbereich. Eine ausschließliche Rotation der Halswirbelsäule ist unterhalb des zweiten Halswirbels unmöglich. Hier gibt es keine Rotation ohne Längsbiegung (Seitneigung).

Clayton und Townsend fanden allerdings heraus, dass Rotation zwischen C4 und C7 nur um jeweils 3 Grad pro Facettengelenk möglich ist. In den Gelenken zwischen dem drittem bis siebten Halswirbel ist aber jeweils eine Seitneigung von 25 bis 45 Grad möglich.

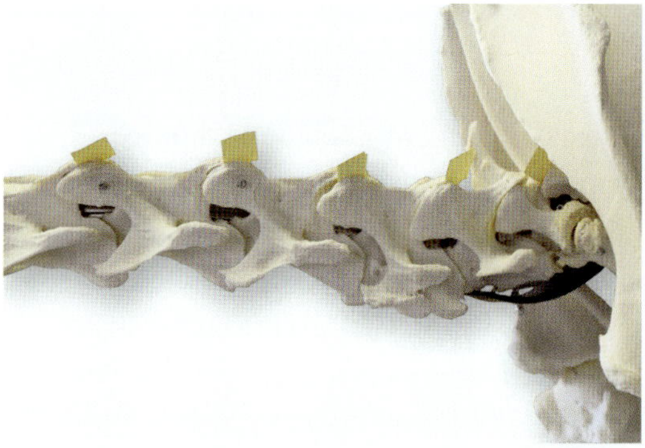

Die gelben Klebezettel zeigen hier sehr schön die Form der Gelenkflächen: Im Bereich der Halswirbelsäule sind die Gelenkflächen recht groß und ermöglichen eine gute Beweglichkeit in Beugung, Streckung und Lateroflexion.

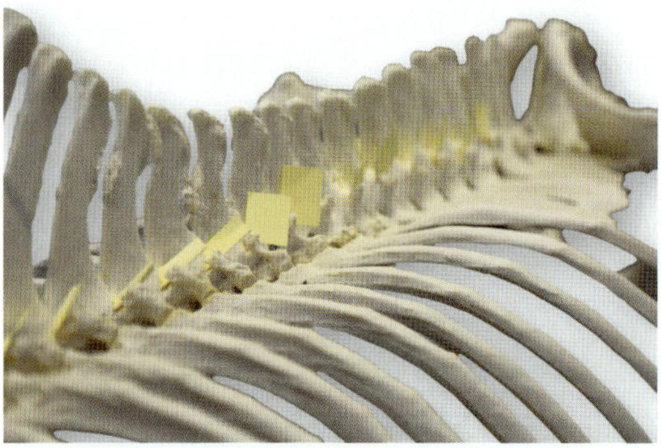

Im Bereich der mittleren Brustwirbelsäule sind die Gelenkflächen kleiner. Eine gewisse Beweglichkeit in die Seitneigung ist möglich.

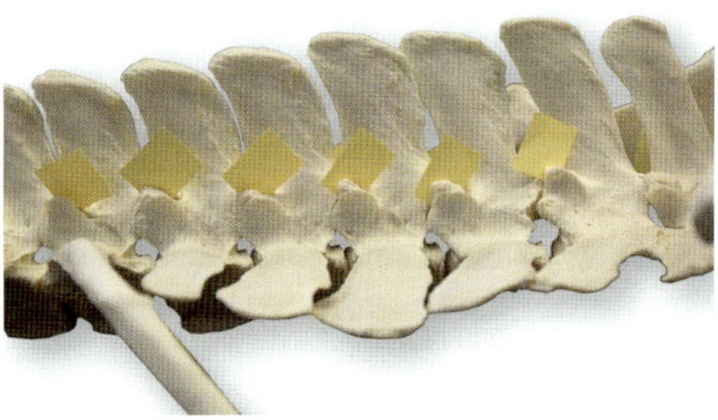

Die Gelenkflächen der Lendenwirbelsäule erlauben vorwiegend Beugung und Streckung. (Mit freundlicher Genehmigung von Prof. Dr. Christoph Mülling, veterinäranatomisches Institut Universität Leipzig)

Anatomie und Bewegungsmöglichkeiten der Brust- und Lendenwirbelsäule

Pferde besitzen 18 Brustwirbel. Diese sind in der Mitte der Brustwirbelsäule schwächer und wesentlich kürzer ausgebildet als die Hals- und Lendenwirbel und werden nach hinten hin wieder kräftiger. Die gesamte Brustwirbelsäule ist nur um ein Drittel länger als die sechs Wirbel umfassende Lendenwirbelsäule (Salomon 2004).
Nur der erste und der zweite Brustwirbel besitzen eine gewölbte *Extremitas cranialis* und *caudalis* (vordere und hintere Fläche am Wirbelkörper), bei den restlichen Brustwirbeln werden diese wesentlich flacher. Die Dornfortsätze *(Processi spinosi)* werden bis zum vierten oder fünften Brustwirbel länger und ab dem 12. bis 13. Brustwirbel (hinter dem Widerrist) wieder deutlich kürzer. Die Dornfortsätze zeigen bis zum 13. Brustwirbel schweifwärts. Der sogenannte antiklinale Brustwirbel besitzt dann einen senkrechten Dornfortsatz. *»Laut NICKEL et al. (1984) und WISSDORF et al. (1998) handelt es sich dabei um den 14., 15. oder 16. Brustwirbel, nach JEFFCOTT (1975b) und HENSON (2009) hingegen um den 15. Brustwirbel«, fasst Carmen Geiger in ihrer Dissertation »Radiologische Befunderhebung an der Brustwirbelsäule des Pferdes gemäß des Röntgenleitfadens 2007 unter Berücksichtigung der klinischen Relevanz«* (2007, Uni München) die unterschiedlichen Definitionen der

Anatomen zusammen. Die hintersten darauffolgenden Brustwirbeldornfortsätze sind nach vorn geneigt.
Das Pferd besitzt 6 (selten 5 oder auch 7) Lendenwirbel. Die Wirbelkörper der LWS sind deutlich länger und massiver als die der Brustwirbelsäule. Die Dornfortsätze sind alle fast gleich lang und nach vorn geneigt.

Biomechanik von BWS und LWS

Die seitliche Beweglichkeit von BWS und LWS nimmt von vorn nach hinten ab. Anders als im Halswirbelbereich besitzen die Brust- und Lendenwirbel engere Gelenkkapseln und kleine Gelenkflächen. Zudem ändern die Gelenkflächen von vorn nach hinten ihre Stellung. Im vorderen Brustwirbelbereich sind die Gelenkflächen tangential, also eher horizontal angeordnet, sodass eine seitliche Bewegung ermöglicht wird. In der hinteren Brustwirbel- und Lendenwirbelgegend sind die Gelenkflächen sagittal, also parallel zur Längsachse.

Vorne Biegung, hinten Beugung

Mit den unterschiedlichen Bewegungsmöglichkeiten von BWS und LWS beschäftigten sich auch Townsend et al. (1983). Sie untersuchten die Wirbelsäulen von 18 Pferden (nach deren Tod). Zwischen dem zweiten und 16. Brustwirbel kann eine Bewegung in drei Ebenen stattfinden, wobei die größte Beweglichkeit zwischen 9. und 14. Brustwirbel liegt: Beugung und Streckung (nach oben und unten, also dorsoventral), Seitneigung und Rotation. In den vorderen Brustwirbeln sind also Rotation und Seitneigung möglich. Laut Jeffcott und Dalin (1980) ist eine ersichtliche Seitneigung ab dem 13. Brustwirbel nicht mehr möglich, auch sind ab dem 11. Brustwirbel kaum noch Rotationsbewegungen möglich, in den hinteren Brustwirbelabschnitten und in der LWS hingegen fast nur Beugung und Streckung (»Rücken aufwölben vs. Rücken wegdrücken«) und etwas Rotation (Henson 2009). Zwischen dem 16. Brustwirbel und dem 6. Lendenwirbel sind nur geringe Bewegungen möglich, was an der Form der Gelenkflächen liegt und daran, dass Gelenkflächen mit weiteren Knochenfortsätzen, den *Processi mamillares*, verschmolzen sind. Zudem sind die Lendenwirbelquerfortsätze sehr ausgeprägt. Die letzten Lendenwirbelquerfortsätze können synoviale Gelenke (echte Gelenke mit Gelenkkapsel und Gelenkknorpel) untereinander bilden. Diese können degenerieren und schmerzhaft miteinander verschmelzen (Arthrose) – das könnte etwa passieren, wenn Seitneigung häufig forciert wird (Travers).
Das Lumbosakralgelenk zwischen dem sechsten Lendenwirbel und dem ersten der fünf miteinander verschmolzenen Sakralwirbel hat wieder eine enorme Beweglichkeit in Flexion und Extension (Aufwölben und »Durchstrecken«). Das liegt an den Gelenkflächen und den

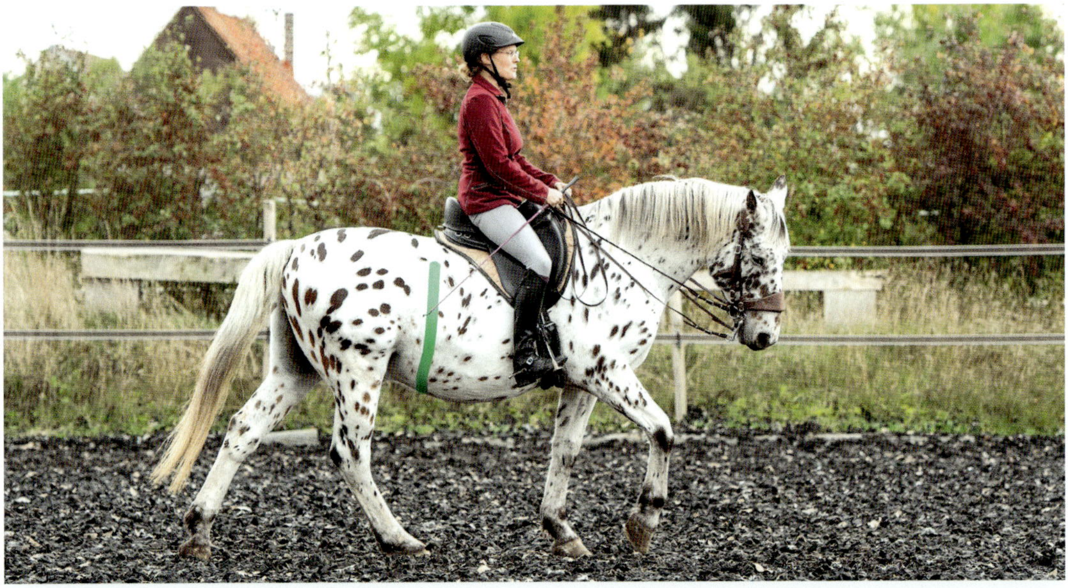

Liegt der innere Reiterschenkel korrekt senkrecht im Bereich der 9. bis 12. Rippe, kann sich das Pferd tatsächlich »um ihn biegen«.

dicken Zwischenwirbelscheiben und dem schwachen Bandsystem in diesem Bereich. *»Ein maximales Auf- und Abbiegen [Beugen und Strecken] der Wirbelsäule konnte im lumbosakralen Bereich aufgezeigt werden. Zwischen dem sechsten Lendenwirbel und 1. Kreuzwirbel bzw. 5. und 6. Lendenwirbel konnte eine Abweichung von bis zu 25 Grad nachgewiesen werden. Im Bereich zwischen dem 2. Brustwirbel und 5. bzw. 6. Lendenwirbel waren nur 4 Grad Abweichung messbar«*, fasst Carmen Geiger die Arbeit von Townsend in ihrer Dissertation zusammen.

Was das für die Praxis bedeutet

Das bedeutet also, dass der Pferderücken im Bereich der Brustwirbelsäule, also dort, wo der Reiter sitzt, nur eine geringgradige Auf- und Abbiegebewegung vollziehen kann. Reiterlich reden wir hier vom schwingenden Rücken, der Ziel losgelassenen Reitens ist. Diese dorsoventrale Bewegung ist relativ eingeschränkt; was an den dünnen Zwischenwirbelscheiben und den starken Bändern zwischen den Dornfortsätzen liegt *(Ligamenta interspinalia)*. Dass der vordere Teil des Rückens sich dennoch sichtbar auf- und abbewegt, liegt an der Aktivität des Rumpftrageapparats und dem Durchfedern der Fesselköpfe.
Zwischen dem hinteren Ende der Lendenwirbelsäule und dem Kreuzbein dagegen ist eine vergleichsweise starke »Abkippbewegung« möglich. Inwieweit diese reiterlich als positiv zu werten ist, hängt vom Exterieur, Trainingszustand und Versammlungsgrad ab, also auch der aktuell gerittenen Lektion. Ein dauerhaftes

oder extremes »Abkippen« ist genauso wenig gesund wie keinerlei Bewegung in diesem Bereich. In der Praxis ist er häufig behandlungsbedürftig und wir arbeiten mit Tapes und verschiedenen Sitzübungen für den Reiter und einem angepassten Trainingsplan für das Pferd, um ein ausgeglichenes Verhältnis zwischen Stabilität und Mobilität zu erreichen.
Eine maximale Lateroflexion war nach Townsend et al. zwischen dem 11. und 12. Brustwirbel darstellbar (10 bis 11 Grad). Das ist interessanterweise der Bereich, in dem in der Biegung der innere Reiterschenkel liegt, die klassische Hilfengebung (genau erläutert auf S. 54) hat also durchaus auch biomechanisch ihren Sinn und beruht nicht nur auf reiner Konditionierung des Pferdes. Wenn Sie das reiterliche Gefühl kennen, dass das Pferd sich tatsächlich »um den inneren Schenkel biegt« oder »hohl macht«, wie es alte Reitlehren auch beschreiben, dann ist dieses Gefühl also gar nicht so weit hergeholt, wenn auch der Biegungsgrad natürlich sehr begrenzt ist und man sich ein Pferd nicht gleichmäßig gebogen vorstellen kann wie eine Banane.
Am letzten Lendenwirbel hingegen lag nur eine seitliche Abweichung von 1 Grad vor, hier ist also fast keine Seitneigung möglich und ein Pferd kann sich direkt vor der Kruppe in dem Sinne nicht »biegen«. Das Travers beispielsweise funktioniert nur unter der Beteiligung von Rotation und von Seitneigung aus dem mittleren Brustwirbelbereich. Dieses Wissen ist interessant für die Trainingstherapie je nach individuellen Befunden eines Pferdes.

Eine Biegung im Lendenwirbelbereich ist anatomisch nahezu nicht möglich, auch wenn das im Travers so wirkt.

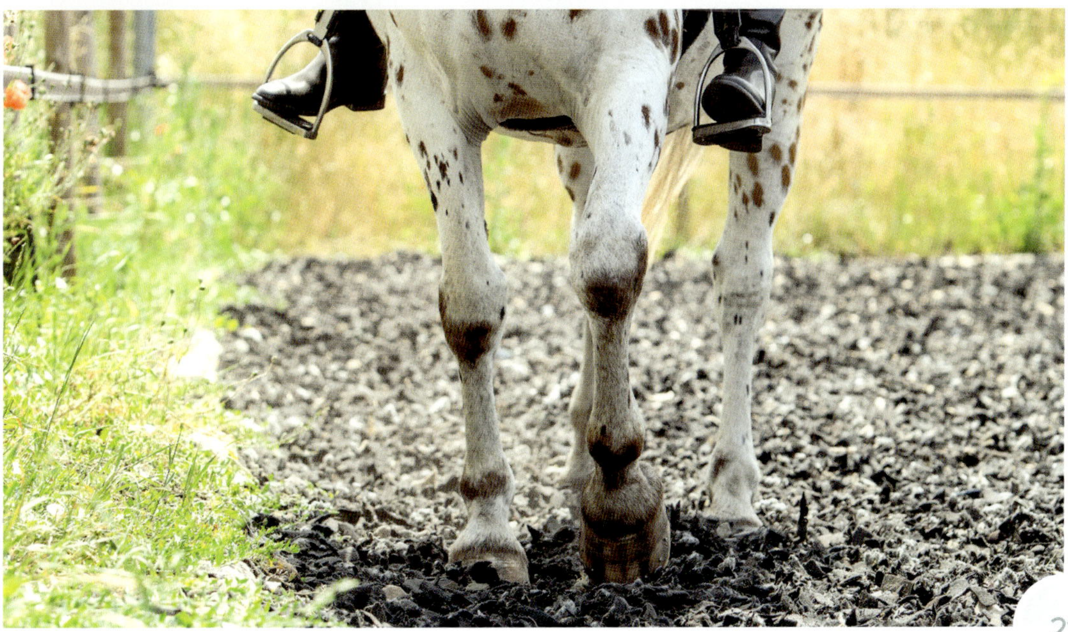

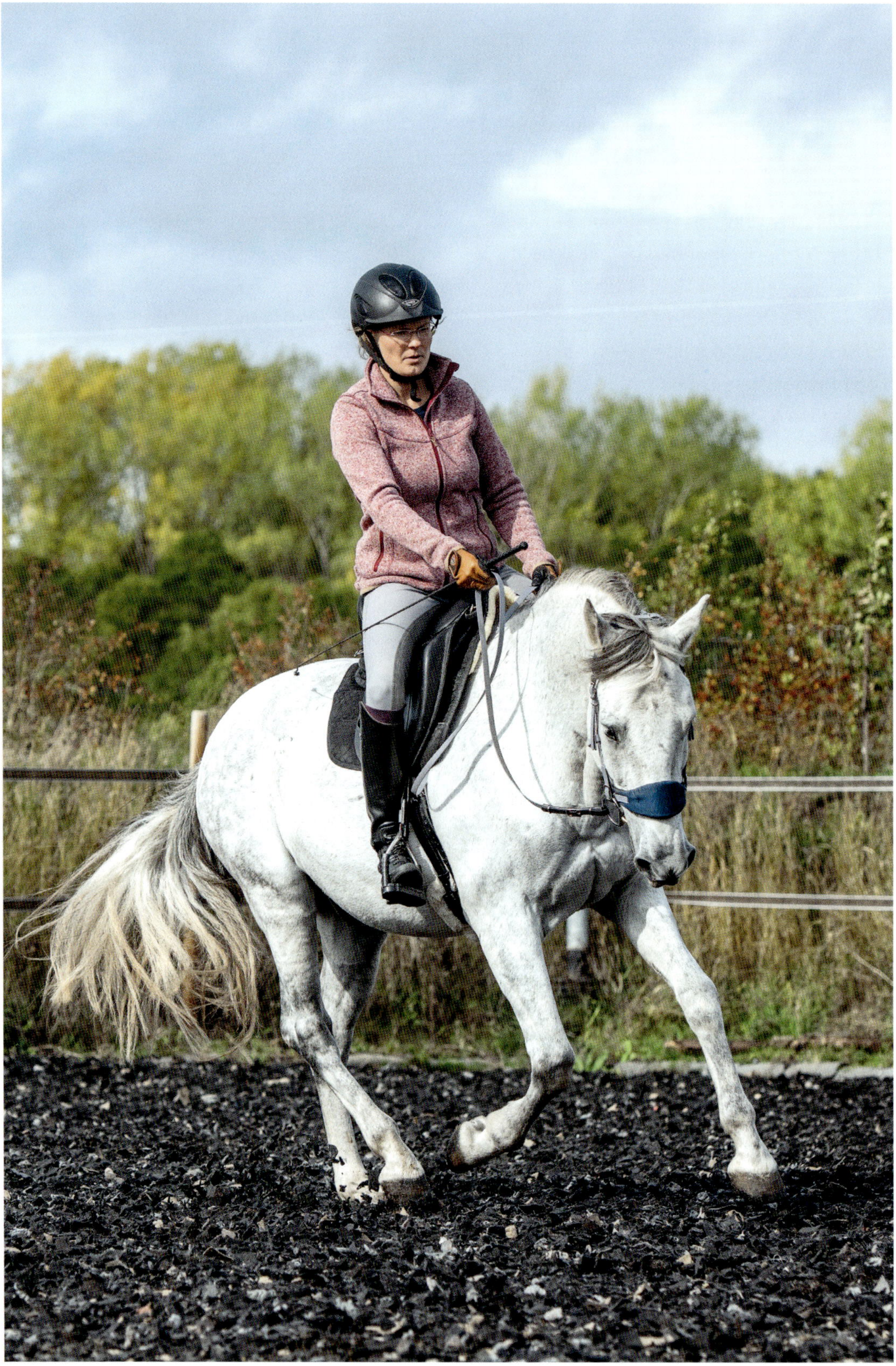

Die Entwicklung der Biegung in der KLASSISCHEN REITLEHRE

Beim Reiten kommen Pferd und Reiter hierzulande schon aus rein praktischen Gründen nicht um das Thema Biegung herum. Wann immer man sich auf begrenztem Raum wie etwa einem Reitplatz mit seinem Pferd bewegt, muss man es wenden können. In aller Regel kommt nach spätestens 40 oder 60 Metern geradeaus die erste Ecke auf uns zu und mit der Wendung steht auch das Thema Biegung im Raum.

Wir Reiter müssen uns also in der Praxis sehr früh mit dem Thema befassen und auch ein junges Reitpferd steht – sofern es nicht in sehr weitläufigem Gelände ausschließlich geradeaus angeritten wird – quasi ständig vor der Frage, wie es nun auch noch mit Reiter auf dem Rücken am besten um die Kurve kommt.

Permanentes Wenden ist für Pferde nicht unbedingt natürlich. Ihr Körper ist von Natur aus nicht dafür gebaut, geometrische Hufschlagfiguren in engen Räumen zu vollführen. Das Pferd steht im Gegensatz zu uns Menschen auf nur einem Finger bzw. Zeh – dieser fängt sämtliche Belastungen ab. Die Gelenkflächen der unteren »Finger«- oder Zehengelenke (Fessel-, Kron- und Hufgelenk) sind vorwiegend für Streckung und Beugung gebaut. Das Hufgelenk ermöglicht als Sattelgelenk kleine seitliche Bewegungen, die zum Ausgleichen unebener Böden nötig sind. Rotationsbewegungen sind in großem Umfang aber nur in Schulter- bzw. Hüftgelenk möglich.

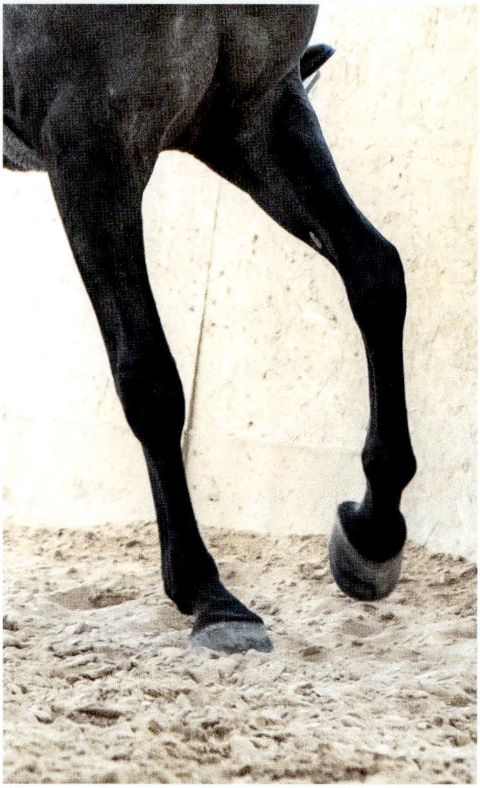

Schräges Auffußen, insbesondere in hohem Tempo, verschleißt besonders die distalen Gelenke des Pferdes.

Seitliche, schräge Belastungen, die entstehen, wenn ein Pferd in engem Radius wendet (und das womöglich noch in hohem Tempo) oder die Beine schräg auf den Boden treffen (wenn ein Pferd sich »in die Kurve legt«) sind massiv verschleißend. Scher- und Beschleunigungskräfte wirken auf die unphysiologisch auftreffenden Gelenke und verursachen Fehlbelastungen an den unteren Gelenken, was langfristig Probleme am Bandapparat und Gelenkserkrankungen zur Folge haben kann (etwa Schale, also Huf- oder Krongelenksarthrose sowie Gleichbein- und Fesselgelenksproblematiken).
Deswegen muss ein junges Pferd funktionales Wenden tatsächlich lernen und seine Biegung dabei in einem gymnastischen Prozess sukzessive verbessern. Dieser Prozess dauert in der Grundausbildung mindestens mehrere Monate und um Vollendung zu erreichen sogar mehrere Jahre.

Warum ein Reitpferd sich überhaupt biegen sollte

Auf gebogenen Linien zu gehen ist jedoch nicht bloß eine Bürde für unsere Pferde, sondern macht trainingstechnisch auch tatsächlich Sinn für ein (zukünftiges) Reitpferd! In korrekten Biegungen trainiert das Pferd Strukturen, die es braucht, um einen Reiter langfristig schadensfrei tragen zu können. Bis zu einem gewissen Grad ist nämlich tatsächlich »die Dressur für das Pferd da« und eine gute dressurmäßige Grundlagenarbeit auf gebogenen Linien hilft jedem Reitpferd, langfristig gesund zu bleiben. Das machen wir uns auch in der Trainingstherapie, also dem Training als oder nach Behandlung körperlicher Einschränkungen zunutze.
Darüber hinaus stellt die Biegung auf zwei Hufschlaglinien natürlich die Basis für die fortgeschrittene Dressur dar. Sie ist Grundlage für alle Seitengänge und Pirouetten. Funktioniert die einfache

Biegung auf einer Volte nicht korrekt, kann demnach beispielsweise auch keine Traversale korrekt gelingen. Deswegen gilt es auch für fortgeschrittene Pferd-Reiter-Paare immer wieder, das exakte Reiten von gebogenen Linien in den Grundgangarten immer weiter abzusichern und zu präzisieren, denn auf dieser Grundlage bauen letztlich alle weiteren Lektionen auf.
Die klassische Reitlehre strukturiert die Ausbildung des Pferdes hinsichtlich der Biegung aus guten Gründen auf eine bestimmte Weise. In diesem Kapitel möchten wir die planmäßig aufeinander aufbauenden Trainingsschritte skizzieren und auf Basis der bereits im ersten Kapitel erläuterten anatomischen Grundlagen nun funktional erläutern.

Vor dem Anreiten

Pferde sind bekanntlich nicht zum Gerittenwerden geboren und es macht sehr viel Sinn, junge Pferde vor dem Anreiten so zu trainieren, dass sie auf das zusätzliche Gewicht durch den Reiter vorbereitet sind. Dabei geht es nicht nur darum, dass das Pferd kognitiv erlernt, wie es sich verhalten soll (also dass es »brav« ist und beispielsweise Stimmsignale für einzelne Gangarten lernt und sich an den Sattel gewöhnt), sondern eben auch darum, dass sein Körper auf das Gerittenwerden vorbereitet wird.
Mit welchen Strukturen trägt das Pferd seinen Reiter und wie trainiert man diese?

Der Rumpftrageapparat

Um seinen eigenen Rumpf und später auch das darauf sitzende zusätzliche Gewicht eines Reiters gesund tragen zu können, benötigt unser (zukünftiges) Reitpferd einen gut trainierten Rumpftrageapparat. Als Rumpftrageapparat werden Faszien und Muskeln bezeichnet, die den Pferderumpf zwischen den Vordergliedmaßen aufhängen. Der Hauptrumpfträger ist der untere Sägemuskel *(M. serratus ventralis)*. Er besteht aus zwei Anteilen: Der halswärtige Anteil *(M. serratus ventralis pars cervicis)* zieht von den Querfortsätzen des vierten bis siebten Halswirbel an die Facies serrata, eine Fläche auf der Innenseite des Schulterblatts. Der brustwärtige Anteil *(M. serratus ventralis pars thoracis)* verbindet die Facies serrata mit den ersten acht bis neun Rippen. Neben seiner Funktion als Rumpfträger ist er ein Halsheber und Atemhilfsmuskel. Den *M. serratus ventralis* trainiert man am besten in der klassischen Ausbildungsgangart Trab. Er arbeitet optimal in einer mittleren Kopfhöhe (Dehnungs- und Gebrauchshaltung, genau erklärt im Buch Dehnungshaltung) mit einem geraden, sich mittig vor dem Pferderumpf befindenden Hals, denn dann befindet sich der *M. serratus ventralis* beidseits in leichter Vordehnung und sorgt dafür, dass das Gewicht des Rumpfes wie in einem gut gespannten Trampolin federt.
Um ein Pferd langfristig gesund zu erhalten ist ein gut funktionierender,

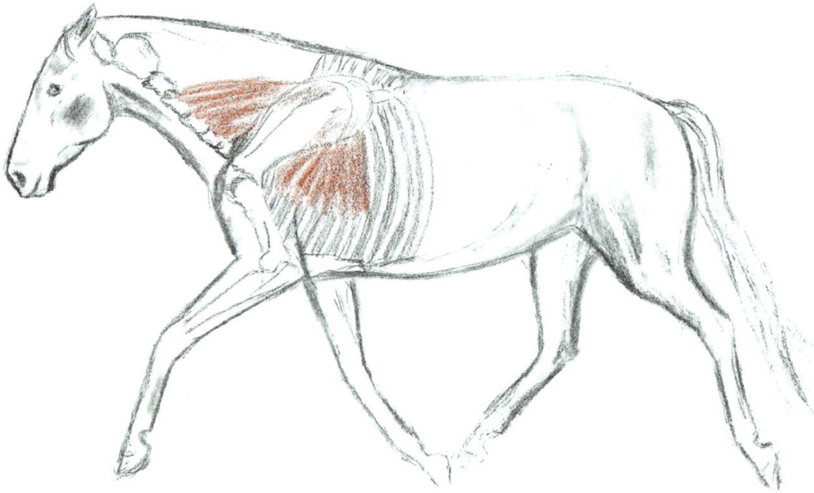

Der M. serratus ventralis ist der Hauptrumpfträger.

trainierter Rumpftrageapparat unsere erste Priorität. Erfüllt der Rumpfträger mangels Trainings seinen Job nicht genügend, prallt das Rumpfgewicht statt in das »Trampolin« in die Vorderbeine, was zu frühzeitigem Verschleiß sowie Sehnen- und Fesselträgerschäden führen kann. Ein osteopathischer Pferdetherapeut kann den Trainingszustand des *M. serratus ventralis* testen. Je nach dessen Zustand muss der Trainingsplan ausfallen. Von außen erkennt man einen schlecht trainierten Rumpftrageapparat oft an einer ansteigenden Rückenlinie (das Pferd wirkt überbaut), manchmal auch an Kuhlen hinter den Schulterblättern (wobei die auch oft aus unpassenden Sätteln resultieren). Es gibt einen rechten und einen linken *M. serratus ventralis*.

Oft ist ein Rumpfträger schwächer als der andere, das erkennt man daran, dass das Schulterblatt auf der schwächeren Seite höher herauszustehen scheint und es so wirkt, als würde der Unterhals mehr hervortreten. (Buchtipp: *Einmal überbaut, immer überbaut*, Barbara Welter-Böller und Claudia Weingand).

Der *M. serratus ventralis* in der Biegung

Je stärker ein Pferd seinen Hals biegt, desto mehr »entspannt« sich der Rumpfträger auf der inneren Seite, womit seine stoßdämpfende Funktion auf dieser Seite entsprechend abnimmt. Ansatz und Ursprung nähern sich dabei an, der Muskel wird insuffizient.

Von Natur aus führt ein Pferd eine starke Halsbiegung ja auch nur im Stand aus,

Insuffizienter Rumpfträger

Dass der *M. serratus ventralis* auf der Innenseite der Biegung insuffizient geworden ist, kann man – je nach Reitplatzboden – hören. Wenn das Pferd immer mit dem jeweils inneren Vorderbein lauter auffußt, ist die Biegung im unteren Halsbereich eventuell zu stark oder das Pferd geht schon zu lange auf der gebogenen Linie und der Rumpfträger ist ermüdet. Gut geschulte Augen erkennen möglicherweise auch, dass das Pferd mit dem inneren Fesselgelenk stärker durchtritt als mit dem äußeren – ein optisches Zeichen für einen insuffizienten Rumpfträger.

etwa um sich mit den Zähnen an der Kruppe zu kratzen. In schnelleren Gangarten mit entsprechenden Beschleunigungskräften lässt das Pferd seine Halsbasis natürlicherweise mittig vor dem Rumpf, wobei es seinen Rumpfträger optimal nutzen kann.

Der *M. serratus ventralis* aus Reiterperspektive.

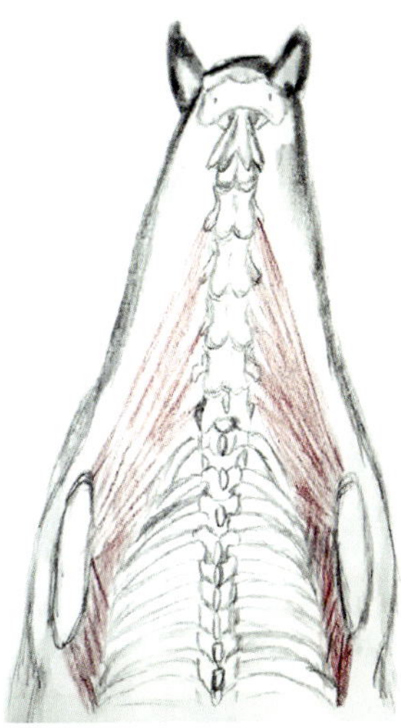

Daraus lässt sich folgern, dass man den Hals des Pferdes insbesondere zu Beginn der Ausbildung, wenn weder Rumpfträger noch Fesselträger und Beugesehen besonders gut trainiert sind, nicht stark biegen darf, um den Rumpfträger nicht daran zu hindern, die unteren Strukturen zu schützen.

In der klassischen Reitlehre gilt die stabile Halsbasis als erstes wichtiges Ziel: das bedeutet, dass der Pferdehals an seinem hinteren Teil immer stabil vor dem Rumpf des Pferdes bleiben muss. Dafür sorgt unter anderem der Halsteil des Rumpfträgers *(M. serratus ventralis pars cervicis)*, der den Halsansatz seitlich stabilisiert. Wenn der Rumpfträger durch das »ungebogene« oder anfangs allenfalls geringgradig gebogene Trabtraining kräftig genug geworden ist, ist es im Verlauf der weiteren Ausbildung möglich, das Pferd um eine stärkere Biegung (mit deutlicher gekrümmtem Hals) zu bitten, ohne das massiv schädliche »Abnicken im Halsansatz« zu provozieren.

Falsch: der abgeknickte Halsansatz

Knickt der Halsansatz an seinem Übergang zur Brustwirbelsäule (cervicothorakaler Übergang, CTÜ) zu einer Seite ab (starke Seitneigung in den Gelenken zwischen dem fünften Hals- bis zum zweiten Brustwirbel), wird der Rumpfträger auf dieser Seite massiv insuffizient. Das führt dazu, dass das Rumpfgewicht gänzlich ungefedert in das Vorderbein prallt und bei jedem Schritt, Tritt oder gar Galoppsprung, den das Pferd mit abgeknicktem Halsansatz geht, die unteren Strukturen überlastet. Frühzeitiger Verschleiß und Schäden an Fesselträgern und Sehnen sind die gefürchteten Folgen.
Zudem führt das unphysiologische Abknicken in diesem Bereich (CTÜ) zu Schäden. Als CTÜ wird das Gelenk zwischen dem letzten Hals- und dem ersten Brustwirbel bezeichnet. Die Facettengelenke werden auf der Innenseite massiv ineinandergeschoben mit oft gravierenden Folgen (siehe Abschnitt »Wann Biegung schadet«).
Neben ungenügendem Training des Rumpftrageapparates kann eine fehlerhafte Handeinwirkung des Reiters bzw. Longenführers oder eine falsche Vorstellung von übertriebener Biegung das Abknicken verursachen. Deswegen werden wir uns im weiteren Verlauf des Buches noch ausführlich mit dieser Thematik beschäftigen.

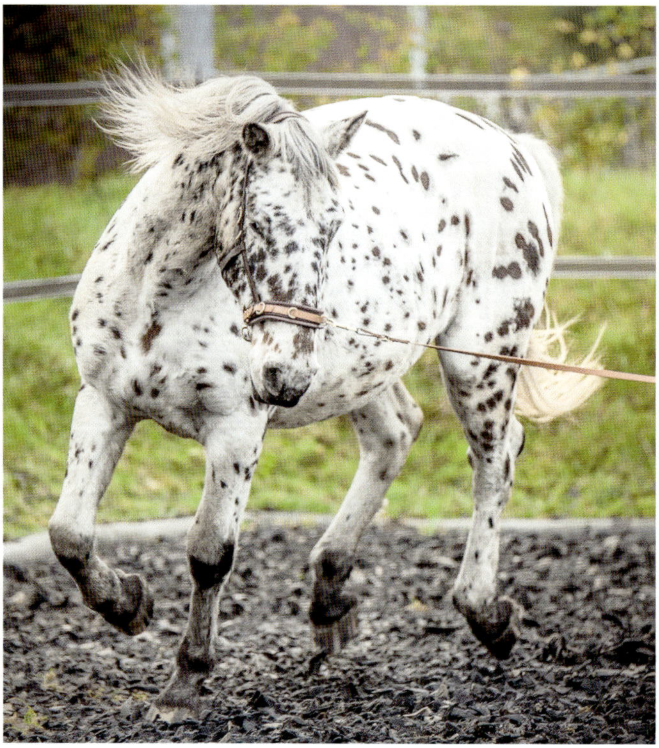

Momentaufnahme:
Der abgeknickte Halsansatz ist ein Fehler, der durch falsche Hilfengebung passieren kann. Er darf auf keinen Fall das Ziel der Arbeit sein!

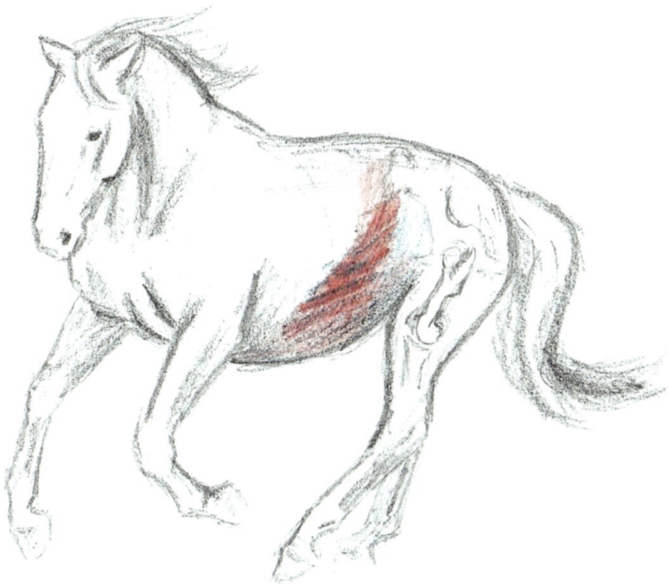

Der *M. serratus ventralis* ist der Hauptrumpfträger. Die Bauchmuskulatur ist maßgeblich an der Biegung beteiligt.

Die Bauchmuskulatur

Der hintere Teil der Brustwirbelsäule und vor allem die Lendenwirbelsäule werden in Bewegung von der Bauchmuskulatur des Pferdes von unten unterstützt. Das ist besonders relevant, wenn ein Pferd geritten wird, damit der Rücken nicht in dauerhafte Streckung gerät.
Die gut trainierte ventrale Muskelkette (siehe KASTEN) sorgt bei einem losgelassenen, korrekt »über den Rücken« gehenden Pferd dafür, dass der Rücken zum Schwingen kommt, also im Takt der Bewegung rhythmisch aufgewölbt wird. Dabei entsteht der sogenannte Dehnungs-Verkürzungs-Zyklus (siehe Buch zur Dehnungshaltung) des Rückenbands an den Dornfortsätzen und des ventralen Längsbands unterhalb der Wirbelkörper. Ein Pferd mit zu schwachen, ermüdeten oder schlicht inaktiven Bauchmuskeln würde unter Reitergewicht sprichwörtlich »durchhängen«, was man oft auch von außen erkennt, wenn man sich den Bereich direkt hinter dem Sattel anschaut. Wirkt dieser konkav (wie ein Hohlkreuz), sind die Bauchmuskeln des Pferdes gerade nicht aktiv.
Folgeschäden des Reitens eines dauerhaft »hohlkreuzigen« Pferdes können Schäden an der Wirbelsäule wie etwa Kissing Spines oder Schäden am ventralen Längsband sein, die zur Unreitbarkeit führen können und in jedem Fall mit massiven Schmerzen,

Anatomie und Funktion der Bauchmuskulatur

Das Pferd verfügt über vier Bauchmuskeln, die durch große fasziale Strukturen (Aponeurosen) miteinander in Verbindung stehen: Der äußere und innere schräge Bauchmuskel *(M. externus und M. internus abdominis)*, der gerade Bauchmuskel *(M. rectus abdominis)* und der *M. transversus abdominis*, der querverlaufende Bauchmuskel.
Der gerade Bauchmuskel zieht vom Sternum und den Rippenknorpeln der vierten bis neunten Rippe zur Sehne vor dem Schambein, *Tendo prepubicus.*
Der äußere schräge Bauchmuskel zieht von der vierten Rippe an seitlich von den Rippen (Brustteil) und aus der Rückenlendenbinde kommend (Lendenteil) über die sogenannte Liniea alba an die *Tendo prepubicus*, der Lendenteil auch an den Hüfthöcker *(Tuber coxae).*
Vom Hüfthöcker ausgehend zu den Knorpeln der letzten vier Rippen, der Linea alba und der *Tendo prepubicus*, verläuft der innere schräge Bauchmuskel.
Der querverlaufende Bauchmuskel zieht medial von den asternalen (nicht am Brustbein angehefteten) Rippen, der Rückenlendenbinde und den Querfortsätzen der Lendenwirbelsäule zur *Linea alba* und dem *Proc. xyphoideus*, dem hintersten, knorpeligen Anteil des Brustbeins.
Die Bauchmuskeln sind Träger der Bauchorgane, Beuger der Wirbelsäule (»Aufwölber« des Rückens und am Abkippen des Beckens beteiligt) und auch Hilfsmuskeln bei der Ausatmung, beim Äppeln und bei der Geburt.

Muskelketten

Muskeln arbeiten synergistisch in Ketten. Die wichtigsten Muskelketten beim Pferd sind die dorsale und die ventrale Muskelkette. Die dorsale Kette ist die Streckerkette, die Oberlinie. Das sind alle Muskeln, die vom Kopf an die gesamte Wirbelsäule strecken. Diese Muskeln liegen alle oberhalb der Wirbelsäule. Ein Pferd, das mit hochgerecktem Hals, weggedrücktem Rücken und aufgestelltem Schweif davongaloppiert, zeigt die höchste Aktivität der dorsalen Kette.
Dagegen gibt es die Beugerkette, die sogenannte ventrale Kette oder Unterlinie. Alle diese Muskeln krümmen oder beugen die Wirbelsäule, am Kopf beginnend, und liegen unterhalb der Wirbelsäule.

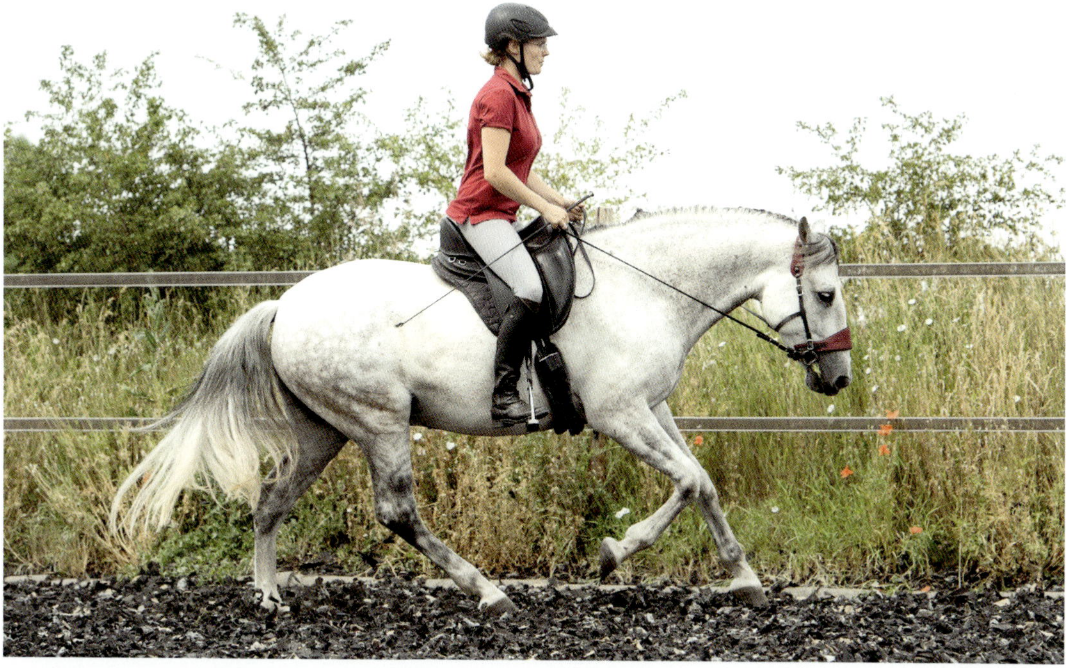

Jeder einzelne Galoppsprung trainiert die gesamte Bauchmuskulatur des Pferdes. Zu beachtende »Nebenwirkungen« sind jedoch die Einbeinstützen.

Bewegungseinschränkungen und oft auch Folgeproblemen an den Gliedmaßen für das Pferd verbunden sind.
Die Bauchmuskeln des Pferdes kann man hauptsächlich auf zwei Arten trainieren, wovon die Biegung die weniger verschleißende darstellt (siehe Abschnitt »Was rotiert wann wohin?«).

Galopp

Jeder einzelne Galoppsprung verlangt eine gewisse Aktivität der ventralen Muskelkette, deswegen trainiert jeder einzelne Galoppsprung die gesamte Bauchmuskulatur des Pferdes. Um mit den Hinterbeinen unter den Körper zu springen, muss das Pferd den lumbosakralen Übergang (LSÜ), also den Übergang zwischen LWS und Kreuzbein, »entriegeln«: Das Becken kippt mit Bauchmuskelkraft nach hinten (Gegenteil von Hohlkreuz), da die Bauchmuskeln am Schambein ansetzen. Das ist der Moment, in dem Pferde ausatmen.
Im Galopp synchronisieren sich Atmung und Bewegung: Springen die Hinterbeine unter den Körper, wird das Darmkonvolut (je nach Pferd mehr als 200 Kilogramm) gegen das Zwerchfell bewegt, das Pferd atmet aus. In der Stützbeinphase bewegt sich der Darm wieder nach hinten, das Pferd atmet aus.
Unter dem Aspekt des Bauchmuskeltrainings ist der Galopp eine wichtige Gangart, um die für das Reitertragen relevante Muskulatur zu kräftigen.

Die Sache hat jedoch einen Haken: Im Galopp gibt es zwei Einbeinstützen, wobei das gesamte Gewicht des Pferdes in einer der Phasen mit gehöriger Beschleunigung auf ein Vorderbein auftrifft und dieses vor allem bei einem jungen und noch nicht vorab trainierten Pferd sehr leicht überlasten und auf Dauer schädigen kann. Von der besten Bauchmuskulatur hat das Pferd nichts, wenn es vorher Sehnen- oder Fesselträgerschäden erleidet!

Galopp ist also erst dann zu empfehlen, wenn der Rumpfträger des Pferdes über vorheriges Trabtraining gut trainiert ist und er dadurch die unteren Strukturen der Vorderbeine entlastet, was nach neun bis zwölf Wochen Trabtraining nach einem sinnvollen Trainingsplan (siehe Buch *Gutes Training schützt das Pferd*) der Fall sein kann.

Unabhängig vom Zustand des Rumpftrageapparates ist Galopp aber auch erst dann zu empfehlen, wenn der gesamte Faszienapparat des Pferdes ausgereift und stabil ist, was vom Alter, dem Pferdetyp, den Haltungsbedingungen und der Aufzucht abhängt. Faszien bei einem von Haus aus eher instabilen oder nicht optimal aufgewachsenen Jungpferd stabil zu trainieren oder nach bereits vorhandenen Schäden an Fesselträgern oder Beugesehnen wieder stabil zu bekommen, dauert etwa zwei Jahre. Deswegen kann es Sinn machen, im Zuge des »Faszienstabilitätstrainings« (worauf wir gleich noch zu sprechen kommen) deutlich mehr als 12 Wochen in Schritt und Trab zuzubringen, bevor man (wieder) galoppiert.

Um auch außerhalb oder ganz ohne die Gangart Galopp die Bauchmuskulatur zu trainieren, müssen wir also verstärkt auf das Thema Biegung in Schritt und Trab zurückgreifen.

Übertreten (Kreuzen der Hinterbeine)

Interessanterweise wird auch beim Schenkelweichen und Übertreten-lassen die Bauchmuskulatur des Pferdes aktiviert.

Verantwortlich dafür ist der *M. pectineus*. Dieser Muskel ist ein Beuger des Hüftgelenks und ein Adduktor, also Heranzieher des Oberschenkels. Zusammen mit anderen Adduktoren ist er aktiv, wann immer das Pferd hinten »kreuzt«. Er hat durch seinen anatomischen Verlauf bemerkenswerte Special effects:

Die erste Besonderheit ist, dass er im Gegensatz zu anderen Muskeln die Körpermitte kreuzt. Er verläuft von der Oberschenkelknocheninnenseite zu einer Erhebung am Schambein der gegenüberliegenden Körperhälfte.

Seine Sehnenkreuzung, und das ist die zweite Besonderheit, bildet die *Tendo praepubcis*, also die Sehne vor dem Schambein – die Ansatzstelle für die Bauchmuskeln. Faszial ist der *M. pectineus* also eng mit der Bauchmuskulatur verknüpft. Wann immer er aktiv ist, »springen« die Bauchmuskeln an.

Kernpunkt des Schenkelweichens ist das bewusste Kreuzen der Beine.

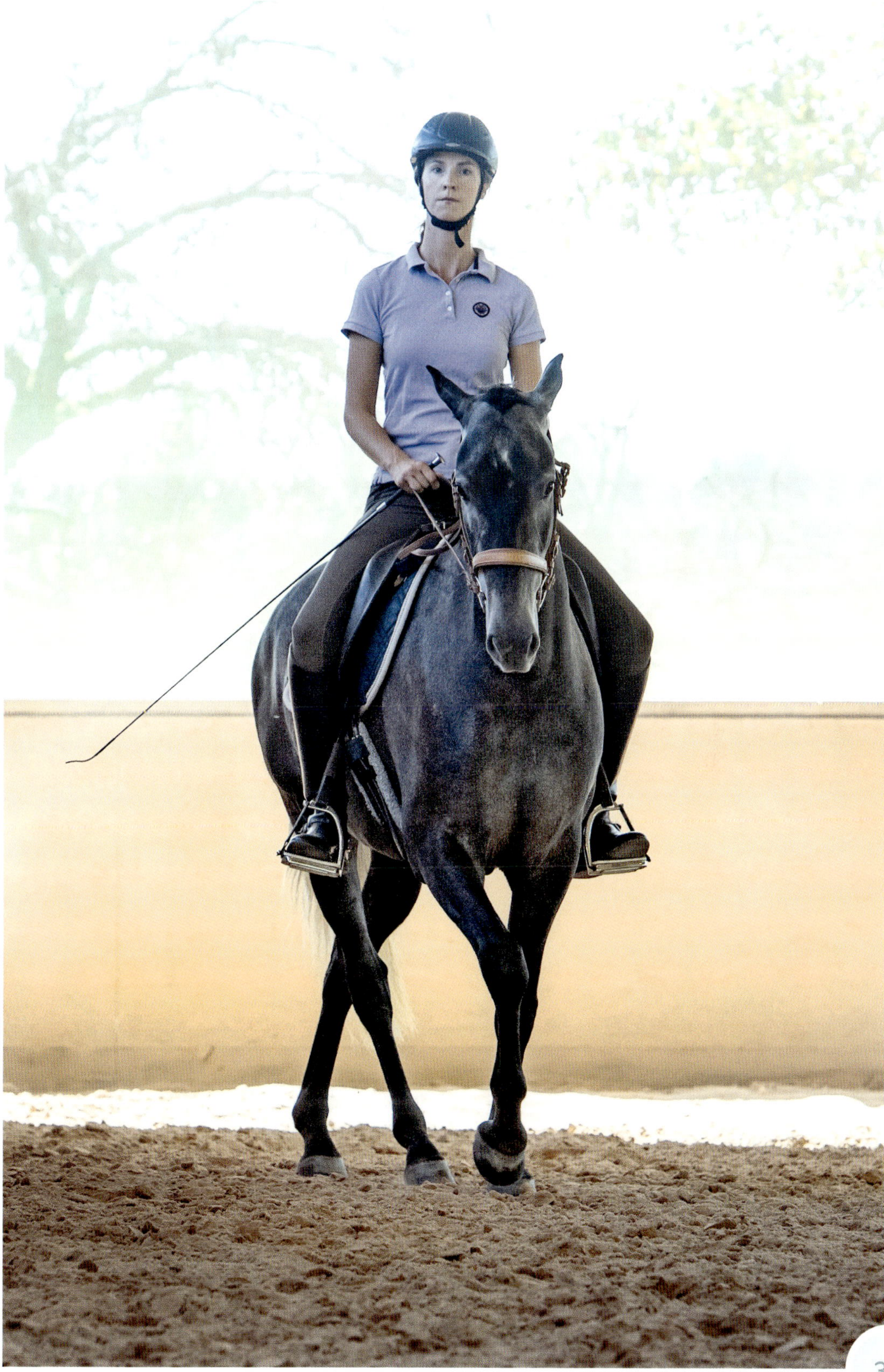

Achtung, häufiger Denkfehler!

Beim Übertreten trainiert man immer das jeweilige Stützbein muskulär auf, nicht das Hangbein. Tritt das Pferd von rechts nach links über, ziehen die Adduktoren den Rumpf über das aufgefußte linke Hinterbein seitlich, damit das rechte Hinterbein nach links unter den Körper fußen kann. Man kann den Bewegungsablauf selbst einmal 60 Sekunden durchexerzieren und wird bemerken, dass das »äußere Hinterbein« das beanspruchte ist, nicht das kreuzende innere!

Der *M. pectineus* ist ein Adduktor und kreuzt die Körpermitte.

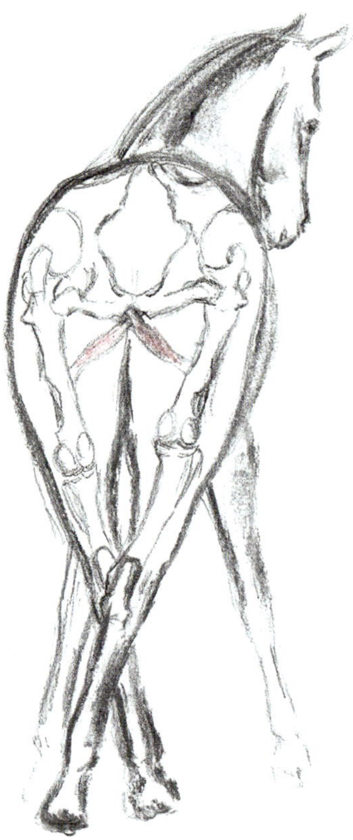

Das Kreuzenlassen der Hinterbeine hat also definitiv seine Berechtigung bereits in der Grundausbildung des Pferdes und sollte in ruhigem Schritt bereits vor dem Anreiten eingeführt werden. Es genügt sicherlich nicht als alleinige Vorbereitung auf das Reitergewicht, kann aber das Trabtraining sinnvoll ergänzen. Schenkelweichen ist ein wichtiger Teil der klassischen Reitlehre und in machen Strömungen aus genannten Gründen zu Unrecht verpönt!

Longieren auf geraden und gebogenen Linien

Unser Longierkonzept heißt »Longieren als Dialog« (siehe gleichnamiges Buch). Kernpunkt dabei ist, dass das Pferd nicht wie beim konventionellen Longieren ausschließlich auf einem Kreis bewegt wird, sondern dass sich gebogene und gerade Linien abwechseln. In der Basisübung longiert man ausgehend von der ganzen Bahn eine große Volte, begleitet

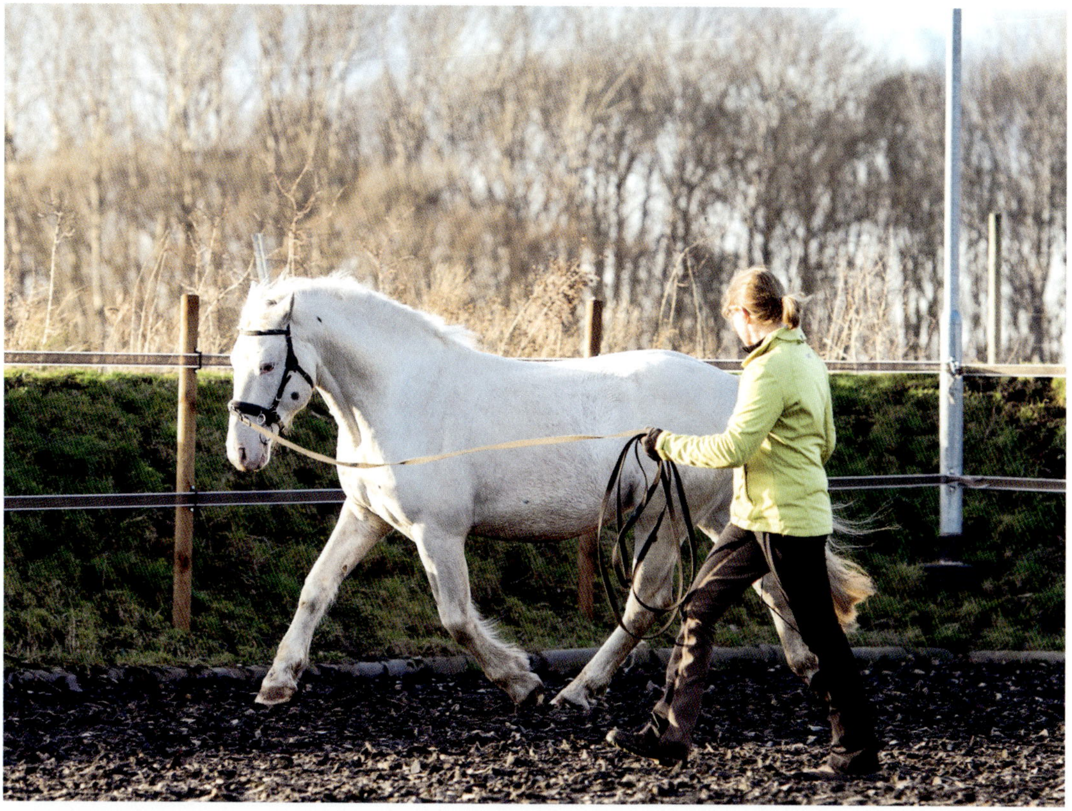

Beim »Longieren als Dialog« wird zwischen geraden und gebogenen Linien abgewechselt.

das Pferd dann mehrere Meter am Hufschlag entlang geradeaus, bevor man die nächste Volte einlegt und anschließend wieder geradeaus geht. Gerade und gebogenen Linien wechseln sich also fortlaufend ab. Nach dem Erlernen im Schritt wird diese Übung in der Dauermethode im Trab longiert (später ergänzt durch weitere abwechslungsreiche Übungen).

Die Longieren als Dialog-Basisübung im Trab trainiert genau die Strukturen, die ein Pferd für gesunderhaltendes Gerittenwerden braucht: Auf den großen Volten trainiert das Pferd seine ventrale Muskelkette, also seine Bauchmuskulatur. Auf den geraden Linien ist dagegen überwiegend die dorsale Kette (Rückenstrecker und weiterlaufend Hüftgelenksstrecker sorgen für Schubkraft) aktiv und durch das fortwährende Abwenden und wieder Gerademachen kommt es zu einem Wechselspiel der dorsalen und ventralen Muskelkette. Der Rumpfträger wird insbesondere auf der Geraden optimal trainiert. Auf den Volten wird er innen zwar kurzfristig leicht insuffizient, aber bevor das Pferd sein inneres Vorderbein ernsthaft überlasten würde, folgt ja schon wieder die nächste Gerade.

Die Biegung wird nach dem Prinzip »die Form folgt der Funktion« zunehmend

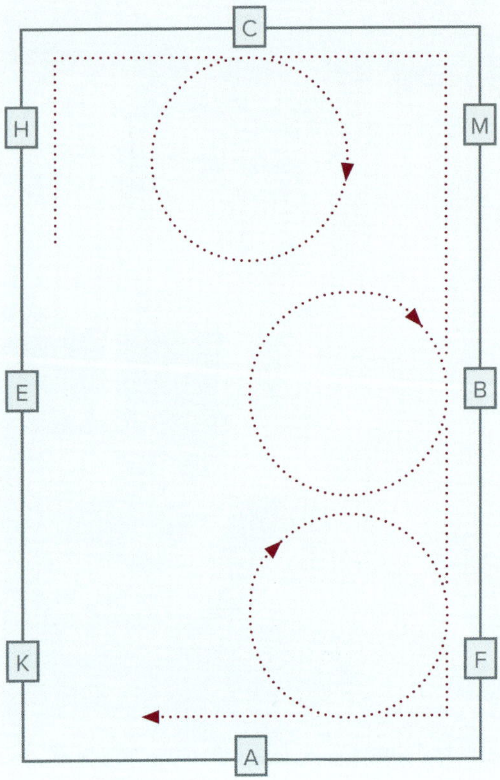

Die Longieren als Dialog-Basisübung

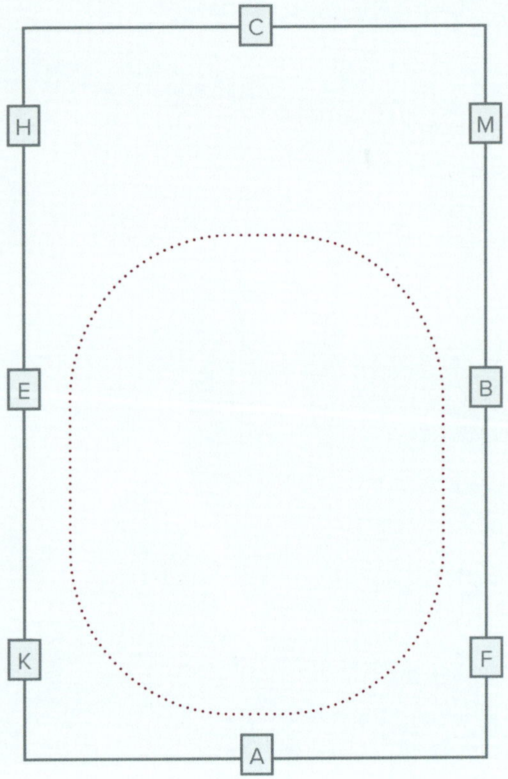

Das große Oval enthält zwei halbe Zirkel und dazwischen jeweils einige Meter Geradeaus am Hufschlag entlang.

verbessert. Jede Volte bietet eine neue Übungsgelegenheit, worauf aber durch die anschließende Gerade immer wieder eine »Pause von der Biegung« entsteht. Das kommt den Pferden nicht nur körperlich, sondern auch psychisch entgegen, denn sie verstehen den Ablauf schnell: Einmal biegen (was für junge, steife und dressurmäßig eben noch nicht ausgebildete Pferde durchaus anstrengend ist), dann kommt direkt die Pause auf der Geraden. Auch Pferde, die konventionelles Longieren nicht mitmachen (sich zum Beispiel umdrehen, losreißen oder auf gebogener Linie regelmäßig ausfallen), kann man durch die Basisübung oft vom Longieren überzeugen. Durch den dabei entstehenden körpersprachlichen Bewegungsdialog zwischen Mensch und Pferd ist das Longieren eine interessante Partnerübung anstatt lästiger Pflichterfüllung.

Diese in der Basisübung sehr regelmäßigen Pausen von der Biegung sind noch aus einem weiteren Grund wichtig: Auf gebogener Linie vollzieht die Halswirbelsäule des Pferdes eine Seitneigung (siehe Kapitel eins). Dabei verengen sich die Zwischenwirbellöcher, wodurch die Versorgung des inneren Vorderbeines

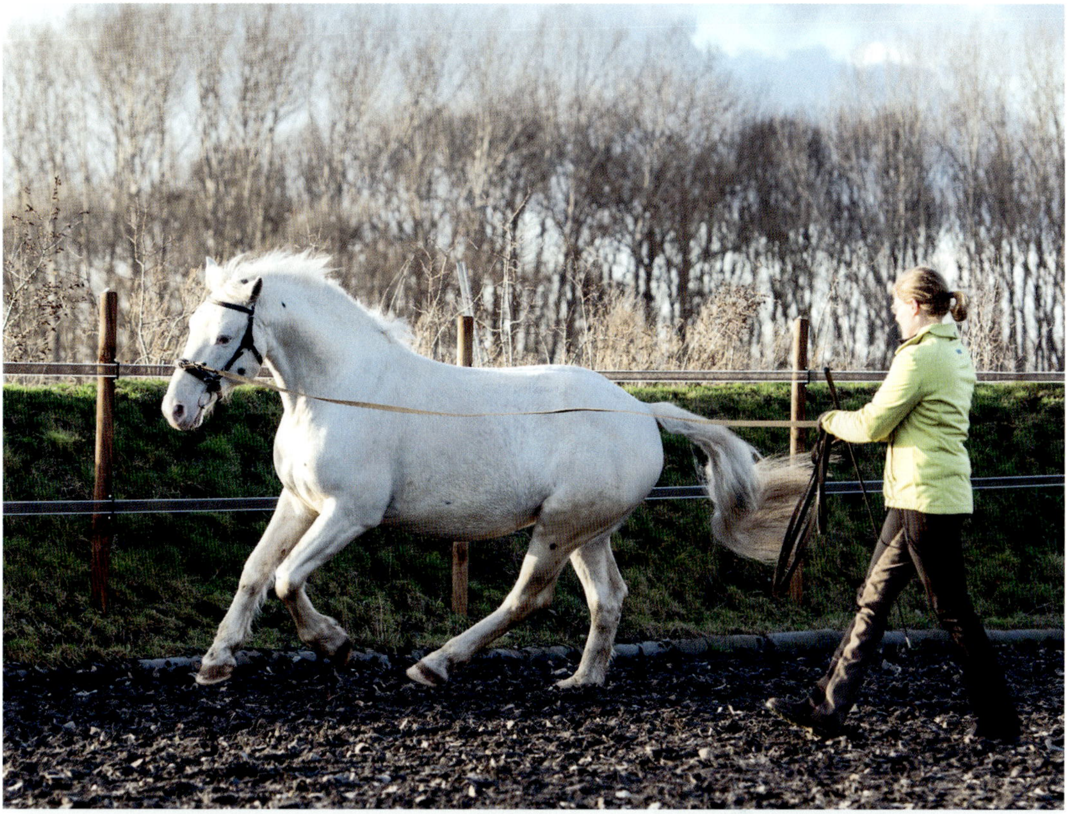

Ein junges und/oder noch nicht versammeltes Pferd sollte vorrangig auf geraden oder nur geringfügig gebogenen Linien galoppieren dürfen.

eingeschränkt wird und was auf Dauer für das Pferd unangenehm werden würde. Auf der Geraden öffnen sich die Zwischenwirbellöcher wieder, sodass keine Missempfindungen durch mangelnde Versorgung entstehen und das Pferd sich keinesfalls aufgrund von Schmerzen gegen die Biegung wehren oder Fehlverhalten zeigen muss.
Insbesondere wenn ein Pferd sich noch nicht perfekt gleichmäßig biegt (und bei welchem jungen Pferd ist das bitte von Anfang an der Fall?) oder weil der Reiter vielleicht mal einen Einwirkungsfehler macht und das Pferd noch keinen perfekt trainierten Rumpfträger hat, kann es versehentlich kurzfristig zu einem Abknicken im Halsansatz kommen. Durch das Auflösen der Volte in eine Gerade kommt der Hals aber sofort wieder mittig vor den Rumpf des Pferdes, also in seine gesunde Ausgangsposition, von der aus man auf der nächsten Volte eine neue Chance hat, die Biegung korrekt zu entwickeln.
Mit einem fertig grundausgebildeten Pferd mit einer bereits entwickelten Versammlungsfähigkeit kann man die Basisübung übrigens auch galoppieren. Mit einem jungen Pferd oder weniger

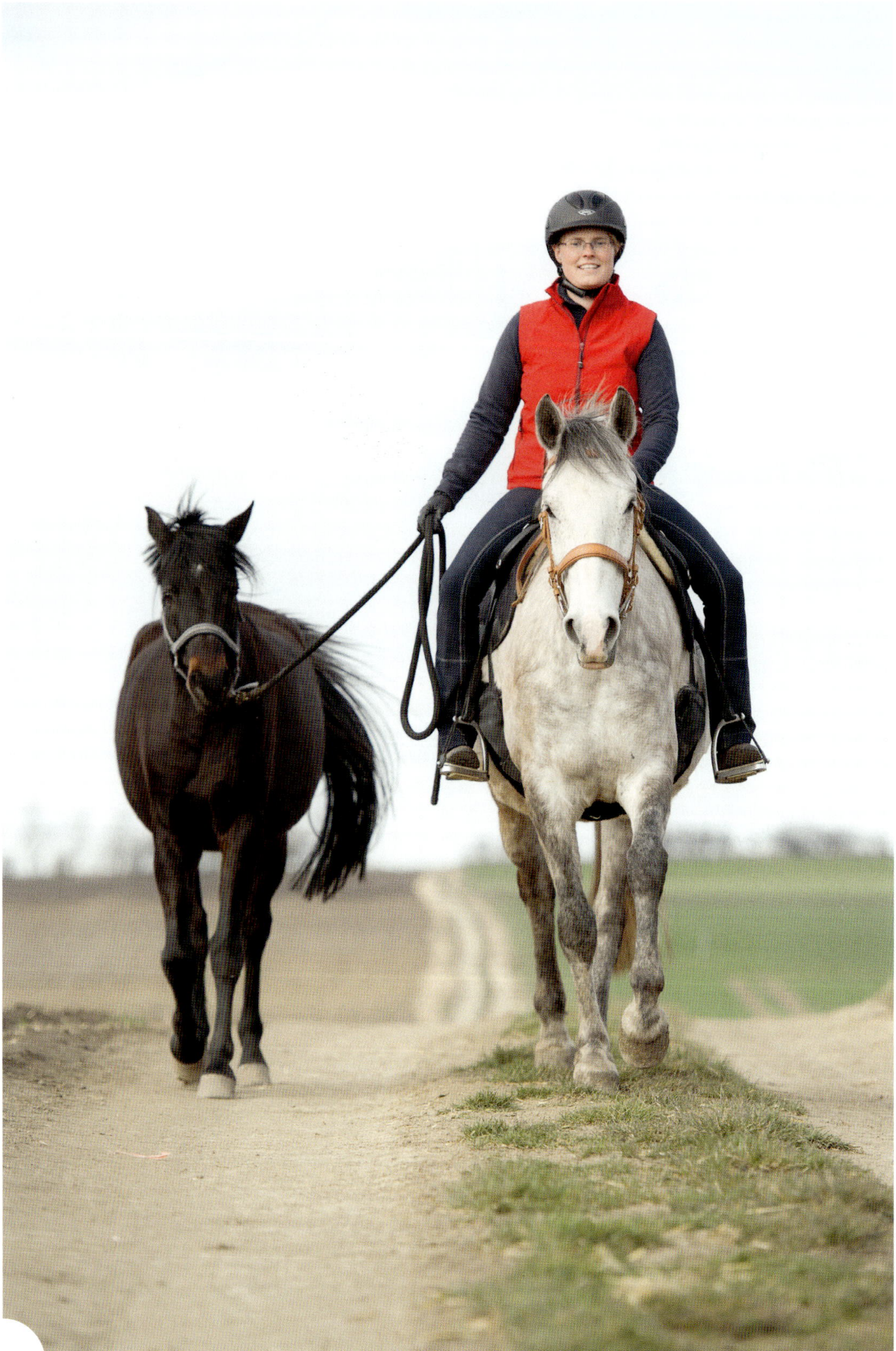

trainierten Pferd galoppieren wir jedoch aufgrund der Einbeinstütze und damit einhergehender Belastung des inneren Vorderbeines, die sich aus oben genannten Gründen auf engeren Wendungen potenziert, dagegen auf dem sogenannten großen Oval. Auch dabei wechseln sich gerade und ganz sanft gebogene Linien ebenfalls ab, jedoch in deutlich größerem Maßstab: Man lässt das Pferd einen halben Zirkel (Durchmesser 20 m) galoppieren und begleitet es dann ein Stück weit auf der ganzen Bahn geradeaus, bevor man einen halben Mittelzirkel anschließt und dann an der gegenüberliegenden Seite der Reitbahn auf gerader Linie wieder zum Ausgangszirkel zurückkehrt. Aufgrund des großen Radius muss es sich auf dieser Figur noch nicht nennenswert biegen.

Warum Training geradeaus mindestens so wichtig ist wie das Erlernen der Biegung

Zusammenfassend kann man also bereits an dieser Stelle des Buches sagen, dass Biegung ein wichtiges Thema in der Pferdeausbildung darstellt, aber bei Weitem nicht alles ist. Insbesondere in der Grundausbildung ist das schlichte Geradeaustraben für die Rumpftragemuskulatur wichtig, und zwar bevor die Biegungen kleiner werden können. Außerdem trainiert und stabilisiert ein Pferd beim Geradeausgehen in Schritt und Trab in der Dauermethode auf ganz schonende, natürliche Weise seinen gesamten Faszienapparat. Von langen Spaziergängen in zügigem Schritt (bis zu drei Stunden) oder Ritten als Handpferd mit langen, aber ruhigen Trabreprisen (20 Minuten am Stück gleichmäßig durchtraben), profitiert ein Pferd sein gesamtes weiteres Leben lang. Insbesondere wenn es später spezielle Leistungen etwa im Dressurbereich oder auch beim Springen, in der Working Equitation oder anderen Spezialdisziplinen erbringen soll, ist gleichmäßiges, unspektakuläres Bewegen auf langen Strecken im Gelände Gold wert.

Aus Mangel an Fähigkeiten und Gelegenheit (etwa einem passenden Reitpferd zum Handpferdreiten) fällt das Spazierengehen und Handpferdreiten leider in vielen Ausbildungsställen flach, stattdessen wird das Jungpferd vor allem an der Longe trainiert. Auch dabei kann man das Geradeaus sinnvoll integrieren, wenngleich es unserer Ansicht nach das Geradeausgehen im Gelände nicht ersetzen kann.

Handpferdreiten in Schritt und Trab im Gelände »geradeaus« ist Gold wert.

EXKURS: Was rotiert wann wohin?

In der Biegung findet, wie wir aus dem vorigen Kapitel wissen, in der Halswirbelsäule und im mittleren Abschnitt der Brustwirbelsäule eine Mischung aus Rotation und Seitneigung, in der hinteren BWS und in der LWS nur eine geringgradige Rotation statt.
Rotiert der Brustkorb des Pferdes in der Biegung nun nach innen oder nach außen? Über dieses Thema werden literarische und verbale Kriege gefochten. Die Antwort ist eigentlich einfach: Beides ist möglich, aus diesem Grund haben alle Recht. Was wann und warum für welches Pferd wünschenswert ist, ist eine andere Frage.
Wie so oft in Diskussionen ist die Definition der Fachbegriffe schon Anlass für Missverständnisse: Reiter und auch Ausbilder ohne physiotherapeutischen oder osteopathischen Hintergrund gehen meist von den Dornfortsätzen aus. Eine »Innenrotation« würden sie so beschreiben, dass sie sich nach unten-innen gesetzt fühlen. Auf der rechten Hand würden die Dornfortsätze zum Beispiel etwas weiter nach innen Richtung Bahnmitte zeigen. Osteopathisch definiert wäre eine Rechtsrotation aber, wenn die Ventralkante des Wirbelkörpers, also genau der Gegenpol zum Dornfortsatz, nach rechts rotiert.
In diesem Buch halten wir uns an den osteopathischen Fachterminus. Um Missverständnisse auszuschließen, erläutern wir diese gerne immer wieder: In Rechtsrotation kippt der Dornfortsatz des Wirbels nach links.

Die Rotationsrichtung ist immer die, in die die ventrale Kante des Wirbels zeigt, nicht die, in die der Dornfortsatz zeigt.

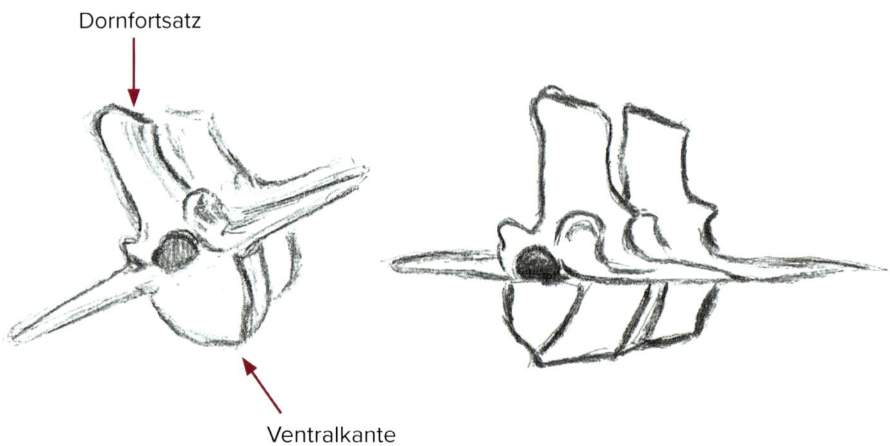

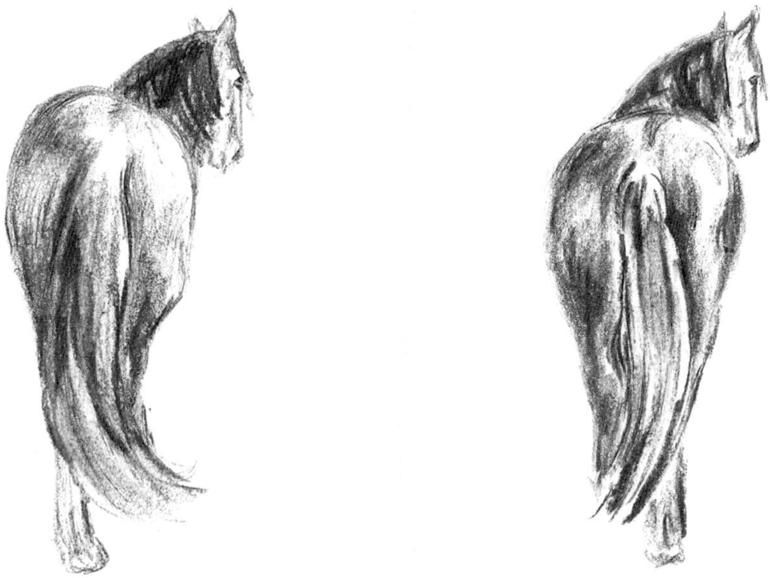

Gezeichnet nach Fotovorlage: Welche Beckenschaufel absinkt, ist von der Phase der Bewegung abhängig (nämlich immer in der Hangbeinphase), nicht allein von der Biegung.

Zweiter Anlass für Missverständnisse ist die in der heutigen Zeit extreme Fixierung auf Fotos, Zeichnungen und Standbilder. Das liegt sicher an der Zeit, die wir in bildlastigen sozialen Netzwerken verbringen, aber auch daran, dass insgesamt weniger praktisch geritten wird und viel in der Theorie »zerdacht« wird. Fotos und Standbilder sind jedoch nicht in der Lage, die komplexe dreidimensionale Pferdebewegung tatsächlich abzubilden. Statisches Denken kann den dynamischen Prozess eines sich in Bewegung biegenden Pferdes nicht erklären. Behalten Sie deswegen immer im Hinterkopf, dass das Pferd ja nicht in einer Phase der Bewegung steckenbleibt, sondern läuft! Sinkt zum Beispiel auf der Innenseite der Biegung die innere Hüfte des Pferdes **in der Hangbeinphase** ab, hebt sie sich **in der mittleren und hinteren Stützbeinphase** aber wieder! Die jeweils innere Beckenhälfte bleibt keinesfalls dauerhaft tiefer als die äußere. Das glauben Sie nicht? Dann laufen Sie einmal hinter einem (gesunden!) auf einer Volte gehenden Pferd her.
Mit der Rotation, etwa der der LWS, ist es ähnlich: Bei jedem Schritt (übrigens auch egal ob auf gerader oder gebogener Linie) entsteht eine leichte Rotation **in beide Richtungen**, um den jeweils in der Luft befindlichen Hinterbein das Vorfußen zu ermöglichen. Dasselbe gilt für den Streit, ob die innere oder äußere Schulter vorn ist: Beides ist möglich und beides ist phasenweise korrekt, denn das hängt von der Phase der Bewegung ab und vom Blickwinkel, in dem man das Pferd betrachtet!

Viele Vertreter klassischer Lehre beschreiben, dass der Reiter in der Biegung »innen sitzen solle«. Das reiterliche Gefühl von der »abgesunkenen inneren Hüfte« lässt sich biomechanisch auch nachvollziehen: Insgesamt ist es ein gutes Zeichen, wenn der Reiter das innere Hinterbein sich stärker beugen spürt als das äußere. Nur wenn die Rückenmuskeln fälschlicherweise stark angespannt sind oder das Pferd eine Stützbeinlahmheit zeigt, bleibt die innere Hüfte auch in der Hangbeinphase eher oben und der Reiter spürt innen kein taktmäßiges Absinken! Wichtig jedoch: Nach dem Absinken kommt auch wieder ein Anheben der inneren Hüfte. Vertreter anderer, ebenfalls als klassisch bezeichneter Reitlehren dagegen postulieren, dass der Reiter in der Biegung »außen sitzen solle« (weiter erläutert im Kapitel über die Hilfengebung). Wie es dazu kommt und warum tatsächlich beide recht haben können, hängt mit der Rotation im Brustkorb zusammen:
Zur Verdeutlichung der möglichen Rotationsrichtungen des Brustkorbs in der Biegung hat der französische Osteopath Dominique Giniaux eine »Bastelübung« beschrieben, die wir in unseren Tagesseminaren durchführen: In einen Pappstreifen werden Pinnadeln gesteckt. Die Nadeln sollen modellhaft die Dornfortsätze im Brustwirbelbereich darstellen. Dann weisen wir unsere Teilnehmer an, den Streifen nach rechts zu biegen. Das funktioniert auf zwei Arten.

Links: Stecken Sie in einen Pappstreifen drei Pinnadeln.
Rechts: Biegung des Pappstreifens nach rechts, sodass die »Dornfortsätze« nach rechts zeigen – Biegung mit vermehrter Aktivität der dorsalen Muskelkette.

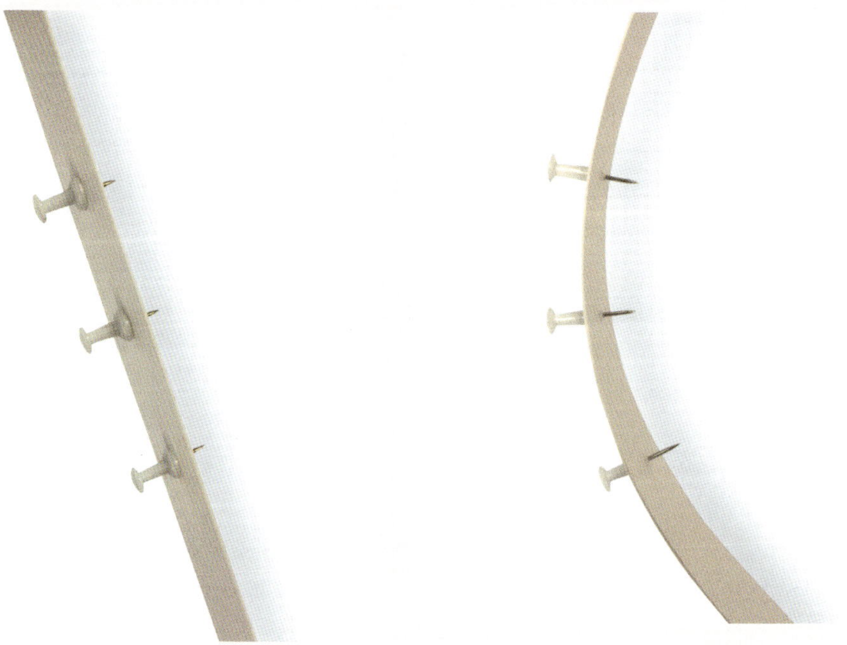

Biegung in der dorsalen Kette

1. Die erste Möglichkeit ist eine Biegung, bei der die Nadeln nach rechts zeigen. Die »Dornfortsätze nähern sich an«. Osteopathisch würde man hier von einer Linksrotation sprechen, weil die Wirbelkörper sich nach links neigen. Ein Pferd, das sich auf diese Art biegt, läuft mit innen aktiver dorsaler Kette, also über die Rückenstreckung. Die Beine bewegen sich eher nach außen. Das können Sie selbst probieren: Gehen Sie in den Vierfüßlerstand, nehmen Sie den Kopf in den Nacken (Halsstreckung), drücken Sie den Rücken durch und machen Sie tendenziell eher ein Hohlkreuz. Dann versuchen Sie beispielsweise eine Rechtsvolte zu laufen. Viele Kursteilnehmer beobachten dabei an sich selbst, was auch an Pferden zu beobachten ist, die auf diese Art um die Kurve laufen:

> Das Pferd verwirft sich, wenn es versucht, sich dabei im Genick »nach innen zu stellen«.
> Die Gliedmaßen bewegen sich nach außen und »schieben« den Körper auf die Linie, um den Kreisbogen halten zu können.
> Die Zehenrichtung ändert sich (weist nach außen), die unteren Gelenke treffen schräg auf den Boden auf und werden mehr belastet.

Junge oder noch nicht ausgebildete Pferde wählen diese Art der Biegung oft, besonders im Trab oder Galopp. Galopp und auch Trab sind natürlicherweise Fluchtgangarten, weshalb eine gewisse Aktivität des Stress- oder Leistungsnervs, des Sympathikus, vorliegt. Der Sympathikus beeinflusst die Rückenstreckerkette, deswegen verkürzt diese sich unter Stress unwillkürlich und das junge oder eben noch nicht weiter ausgebildete Pferd bewältigt die Kurve mit verkürzter dorsaler Kette.
Das passiert immer dann, wenn ein Pferd aus welchem Grund auch immer gerade nicht über den Rücken geht, kann also auch an sich gut ausgebildete Pferde zeitweise betreffen.

Biegung in der ventralen Kette

2. Die zweite Möglichkeit ist eine Biegung, bei der die Nadeln im Pappstreifen, also beim Pferd die Dornfortsätze, nach außen zeigen, also in der Rechtsvolte nach links. Osteopathisch würde man von einer Rechtsrotation sprechen. Diese Biegung kommt durch die Arbeit der ventralen Muskelkette zustande, also der Bauchmuskeln und der unterhalb der Halswirbelsäule verlaufenden Muskeln. Diese Art der Biegung bereitet ein Pferd tatsächlich auf die Versammlung vor, unter anderem, weil sie die Bauchmuskulatur trainiert.

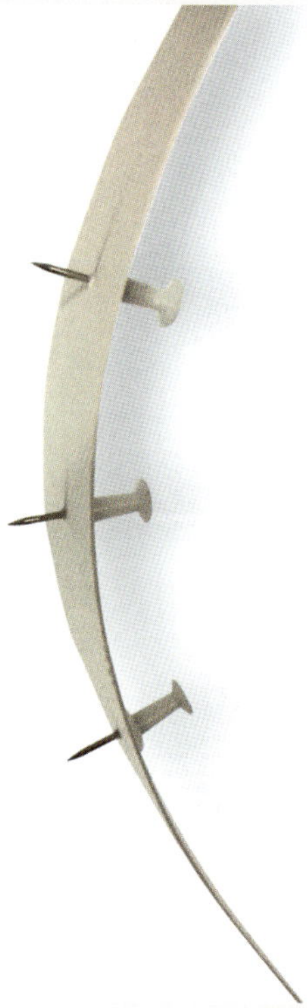

Die Pinnadeln (»Dornfortsätze«) zeigen nach links (»außen«). Das geschieht bei einer etwas höheren Aktivität der ventralen Muskelkette.

Laufen Sie ruhig selbst einmal auf allen Vieren in »ventraler Kette«, also eher mit aufgewölbtem Rücken und »durchs Genick« eine Volte. Kennzeichen der Biegung mit ventraler Kette:

> Korrekte Genickstellung (ohne Verwerfen) ist möglich.
> Die Gliedmaßen bleiben eher gerade unter dem Körper, das Pferd muss gefühlt weniger gegen das »Nach-außen-Driften«, also die Zentrifugalkraft, ankämpfen, die unteren Gelenke werden weniger unphysiologisch belastet.
> Die Bauchmuskeln sind spürbar aktiv.

Die Biegung in ventraler Kette ist die in der klassischen Pferdeausbildung erwünschte Variante. Sie trainiert die zum Tragen des Reitergewichts und für die spätere Versammlung nötige Bauchmuskulatur. Wichtig: Das Pferd soll dabei keineswegs dauerhaft die Bauchmuskulatur festhalten, es geht nur um eine zur Phase der Bewegung passende etwas höhere Aktivität. Das Pferd muss Biegung unter Einsatz der Bauchmuskulatur erlernen und Schritt für Schritt trainieren. Das geschieht bereits beim oben beschriebenen »Longieren als Dialog« einfach durch Bewegungserfahrung. In der reiterlichen Ausbildung zielt dann die gesamte klassische Hilfengebung in der Biegung (genau erläutert dazu ab S. 54) darauf ab, die ventrale Kette zu aktivieren.

Zu Beginn versuchen Pferde, die Biegung in dorsaler Kette zu nutzen, wenn sie Übertreten und später Schulterherein oder Konterschulterherein lernen. Die Beine werden auch dabei nach außen vom Körper wegbewegt und es scheint für Pferde naheliegend zu sein, das in dorsaler Kette zu probieren. Man merkt das daran, dass junge Pferde sich zunächst herausheben, wenn sie beispielsweise ins Schulterherein gehen. Es ist ein Lernprozess und unser Ziel, dem Pferd das »gebogene Geradeausgehen« mithilfe der ventralen Muskelkette zu erklären.

Dass die korrekte Biegung auch im Seitengang erhalten bleibt, erfordert Vorbereitung und Training. Pferde können leider durchaus auch »ohne Rücken« seitwärts gehen.

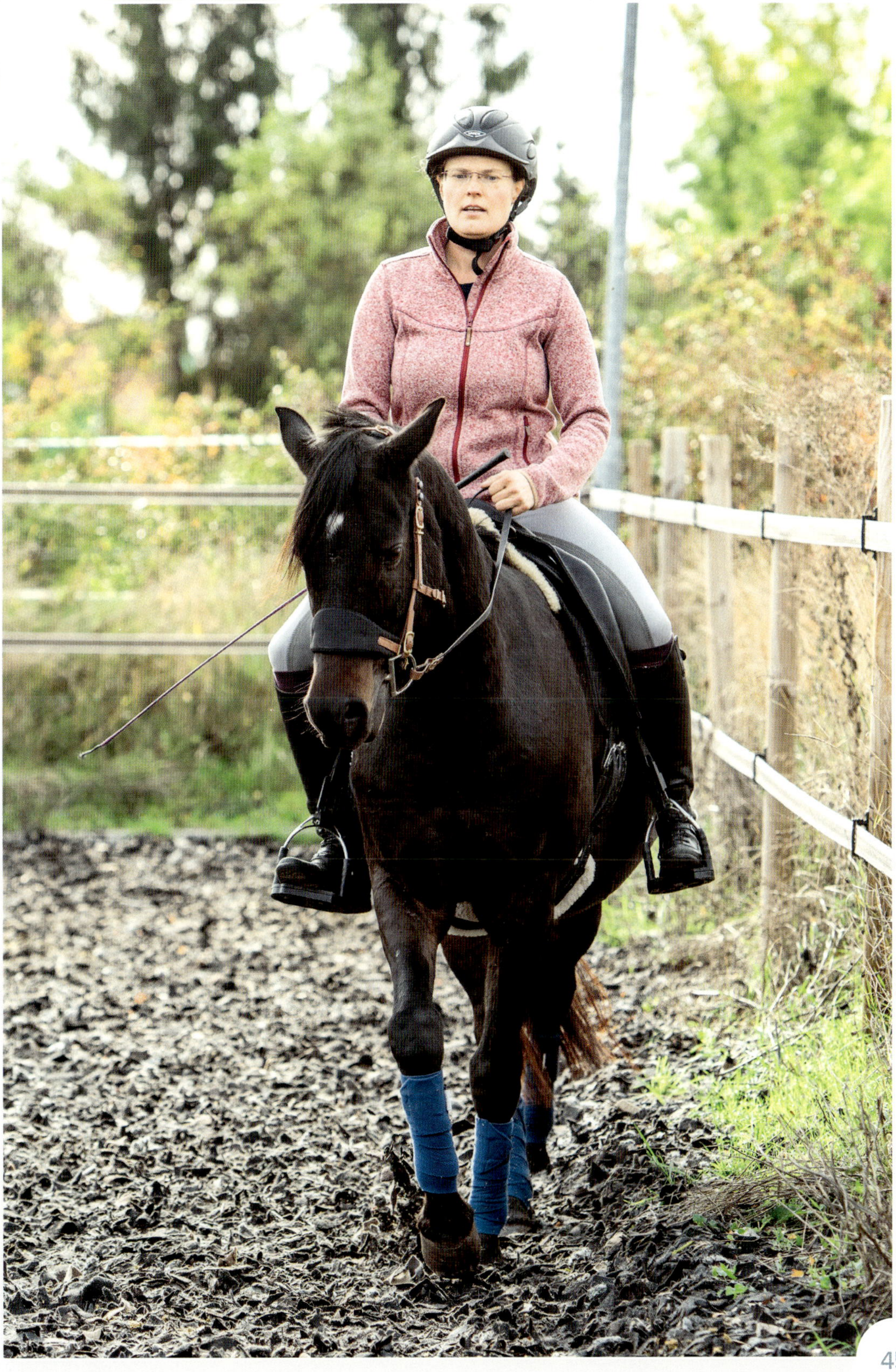

Gewöhnung an das Reitergewicht und Anreiten

Hat das Pferd seinen Rumpftrageapparat und sein Fasziennetz auf die beschriebene Weise hinreichend auftrainiert und auch bereits ohne Reitergewicht gelernt, sich im Rahmen der Basisübung in Schritt und Trab auf großen Volten zu biegen und dabei seine Bauchmuskulatur schon ein wenig zu nutzen, ist es auf einen (leichten) Reiter vorbereitet.

Im Rahmen der Gewöhnung darf es unter einem passiv im Remontesitz sitzenden Reiter zunächst wieder »einfach« geradeaus gehen (unser praktisches Vorgehen beschreiben wir im Buch *Jungpferdeausbildung mit System*). Sein Hals gehört aus oben beschriebenen Gründen unbedingt in seine natürliche Haltung, also mittig vor den Rumpf mit der Stirn-Nasenlinie deutlich vor der Senkrechten. In mittlerer Höhe (in der Gebrauchs- oder Dehnungshaltung mit dem Maul idealerweise etwa auf Buggelenkshöhe) arbeitet der Rumpfträger optimal, was nun unter dem zusätzlichen Reiterweicht umso nötiger ist, um die unteren Strukturen nicht zu überlasten.

Die Rolle des Zügels

Die Zügel rahmen den Halsansatz seitlich ein, ohne den Hals in seiner Länge zu begrenzen. In dieser Phase der Gewöhnung geht es um rein funktionales Wenden, man reitet hauptsächlich ganze Bahn und wechselt die Hand mit möglichst geradem Hals auf diplomatisch gestalteten Diagonalen, und zwar ausdrücklich ohne nennenswerte Biegung. Auch das leichte Nach-außen-Nehmen des Pferdehalses in der Wendung ist in den ersten Einheiten unter dem Reiter völlig normal und muss dem Pferd gestattet werden, solange es das braucht. Ein exaktes Reiten auf Linie (siehe S. 52) ist in diesem Stadium noch nicht möglich. Der Reiter begrenzt mit eher tiefen (aber keineswegs absichtlich »heruntergedrückten«), passiven Händen jeweils seitlich des Widerristes den Hals darin, zu einer Seite abzuknicken.

Die Zügel sollten immer so lang wie möglich gefasst werden, um den Hals nicht zu verkürzen und das Pferd noch nicht beizuzäumen. Sie müssen andererseits kurz genug gefasst werden, dass das Pferd seinen Hals eben nicht zur Seite wegdrehen kann. Ziel ist es, das Trensengebiss des Pferdes mittig im Maul zu halten und mit beiden Zügeln eine möglichst **gleichmäßige** Verbindung zu ermöglichen, und zwar ungeachtet von der optischen Form, in der sich Hals und Kopf in diesem Ausbildungsstadium befinden.

Wann immer sich der Hals mittig vor dem Rumpf befindet, also nicht seitlich abknickt, können die Zügel durch Herauskauenlassen (genau beschrieben im Buch Dehnungshaltung) verlängert werden. Verbiegt das Pferd seinen Hals dagegen am Ansatz, müssen sie sanft wieder verkürzt werden, damit der eine Zügel

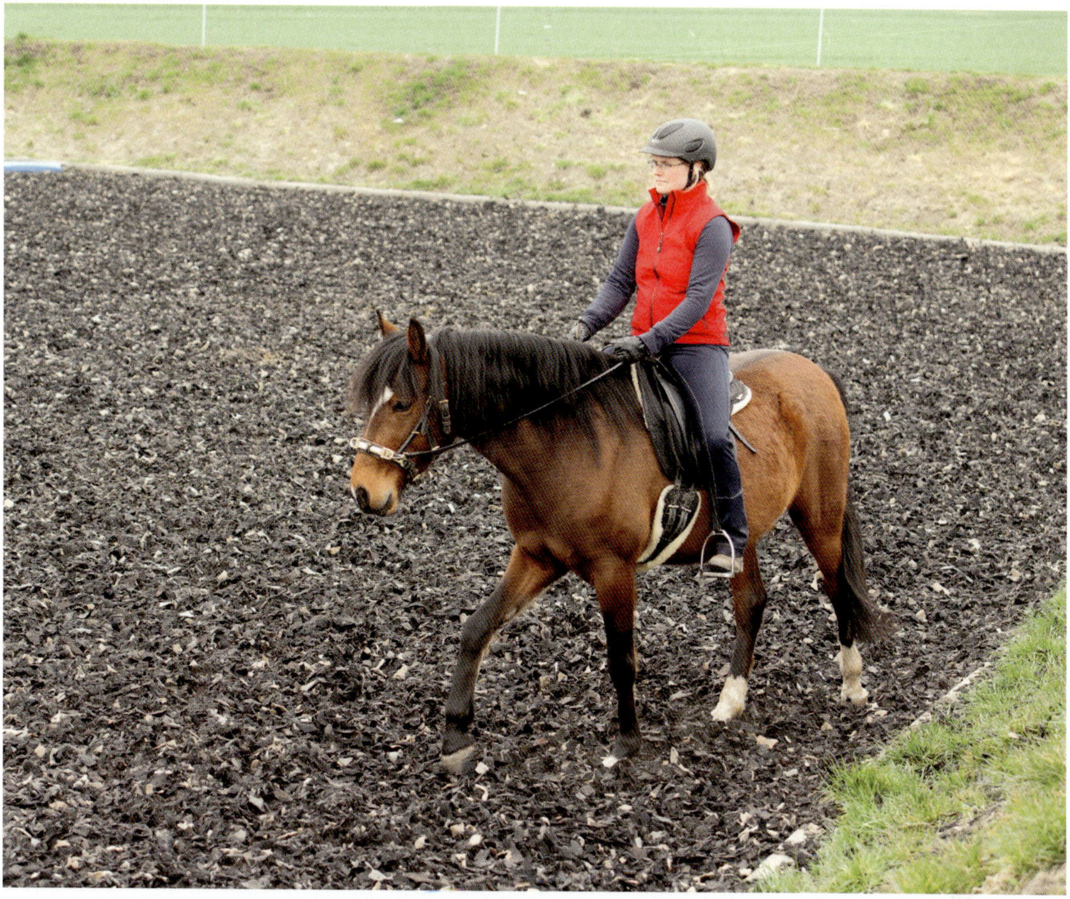

Die Zügel rahmen den Hals des Jungpferdes (hier beim Anreiten noch am Kappzaum) lediglich seitlich ein, um ihn auch beim Abwenden mittig vor dem Rumpf zu halten.

bei passiv und eher tief getragener Hand jeweils das Abknicken zur anderen Seite verhindert. Sobald der Hals stabil ist und ein auf beiden Zügeln annähernd gleichmäßiger Kontakt entsteht, sind die Zügel wieder so weit zu verlängern, wie es möglich ist, ihn mittig zu halten.

Ein einseitig kürzeres Ausbinden oder ein über die Reiterhand hergestelltes Nach-innen-Stellen des Pferdes kann massive Probleme auslösen. Wird eine Biegung forciert, bevor das Pferd diese leisten kann, wird es auf die einseitige Einwirkung nämlich nicht mit korrekter Biegung und Genickstellung antworten, sondern mit einem Verwerfen (siehe S. 14) und/oder dem Abknicken im Halsansatz. Damit würde man dem Pferd schädliche Dinge beibringen, die es besser gar nicht erst lernt.

Um die Zügel möglichst wenig überhaupt zum »Lenken« nutzen zu müssen, bietet es sich in dieser Phase der Ausbildung an, hinter einem gelassenen Führpferd herzureiten und/oder sich von einem am Boden mitgehenden Menschen

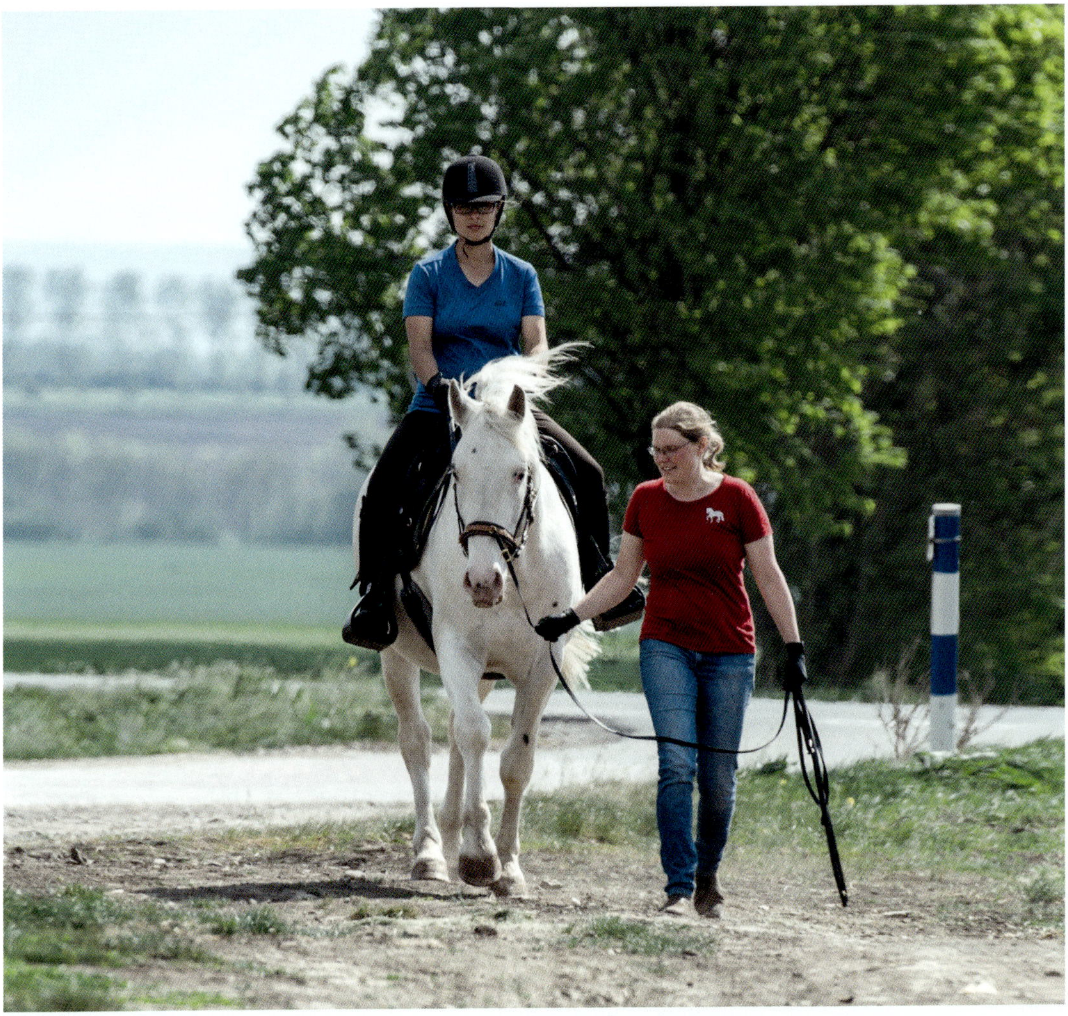

Ungebogen ins Gelände geht das Jungpferd hier beim ersten Mal noch mit Bodenpersonal.

körpersprachlich unterstützen zu lassen. Kennt das Pferd das Longieren als Dialog, lässt es sich ganz unspektakulär wenden und treiben. Wir selbst setzen den Reiter anfangs gänzlich ohne Zügel an der Longe in den Sattel, sodass das Pferd seinen Hals wirklich völlig frei einsetzen kann.

Ideal ist außerdem das Handpferdreiten im Gelände. Kennt das Pferd das bereits, wird es nun auch unter einem Reiter ganz unspektakulär neben seinem Führpferd hergehen und -traben. Durch das zusätzliche Gewicht des Reiters ergibt sich ein weiterer Trainingsreiz auf den Rumpftrageapparat, denn dieser muss nun ein paar Kilo mehr abfedern und darauf anpassen, indem er wiederum über mehrere Wochen immer kräftiger wird.

Je nachdem, ob der Reiter im leichten Sitz oder im Leichttraben und später dann auch kurzzeitig schon im Aussitzen unterwegs ist, werden auch die Bauchmuskeln bereits ein klein wenig mit trainiert. (Was welche Sitzform des Reiters warum im Pferdekörper trainiert, wird erklärt im Buch *Dehnungshaltung*.) Ziel ist, dass das Pferd Takt und Losgelassenheit in Schritt und Trab unter dem Reiter entwickelt.

Takt

Takt ist das räumliche und zeitliche Gleichmaß aller Schritte, Trabtritte und später auch Galoppsprünge. Das Pferd soll sich also in seinen Grundgangarten in einer gleichmäßigen Frequenz und mit gleichbleibender Trittlänge vorwärtsbewegen. Gerät unser Jungpferd immer mal wieder ins Stocken oder ins Eilen, ist es noch nicht im Takt. Tritt ein Hinterbein merklich kürzer als das andere, auch nicht. Störungen des Taktes können zahlreiche Ursachen haben (alle Arten von gesundheitlichen Problemen, unpassender Sattel, mangelhafte Vorbereitung, ungünstig sitzender oder verkehrt treibender Reiter) und sind immer ein K.-o.-Kriterium für die weiteren Ausbildungsschritte. Stimmt der Takt schon auf der Geraden nicht, müssen Fachleute konsultiert werden. Im ersten Schritt sollte der Ausbilder die reiterliche Einwirkung überprüfen und Fehler ausschließen, aber auch zeitnahe Hilfe durch osteopathischen Pferdetherapeuten und gegebenenfalls Tierarzt, Hufbearbeiter und Sattler sind zu empfehlen.

Losgelassenheit

Losgelassenheit kann sich nur gemeinsam mit taktmäßiger Bewegung entwickeln. Sie bezeichnet das rhythmische An- und Abspannen der gesamten Muskulatur in ihren Ketten und geht auch mit der inneren Losgelassenheit, einer gelassenen Konzentration auf den Bewegungsdialog, einher. Voraussetzung für die Losgelassenheit ist die Zwanglosigkeit (genau erläutert im Buch Dehnungshaltung). Zeichen vom Übergang von der Zwanglosigkeit zur Losgelassenheit ist die Entstehung von **Anlehnung, der gleichmäßig leicht federnden Verbindung zwischen Reiterhand und Pferdemaul:** *»Zwanglos geht das Pferd auch ohne auf den noch lang hingehaltenen Zügel getroffen zu sein, losgelassen aber erst dann, wenn es sich streckend diesen aufgesucht hat.«* (*Von der Koppel bis zur Kapriole*, Waldemar Seunig) Weitere Anzeichen für die Losgelassenheit sind der schwingende Rücken mit pendelndem Schweif, gelegentliches Abschnauben, ein entspanntes Ohrenspiel und eine ruhige Kautätigkeit bei geschlossenem Maul (weiter erläutert im Buch *Pferde sinnvoll lösen*, Katharina Möller).

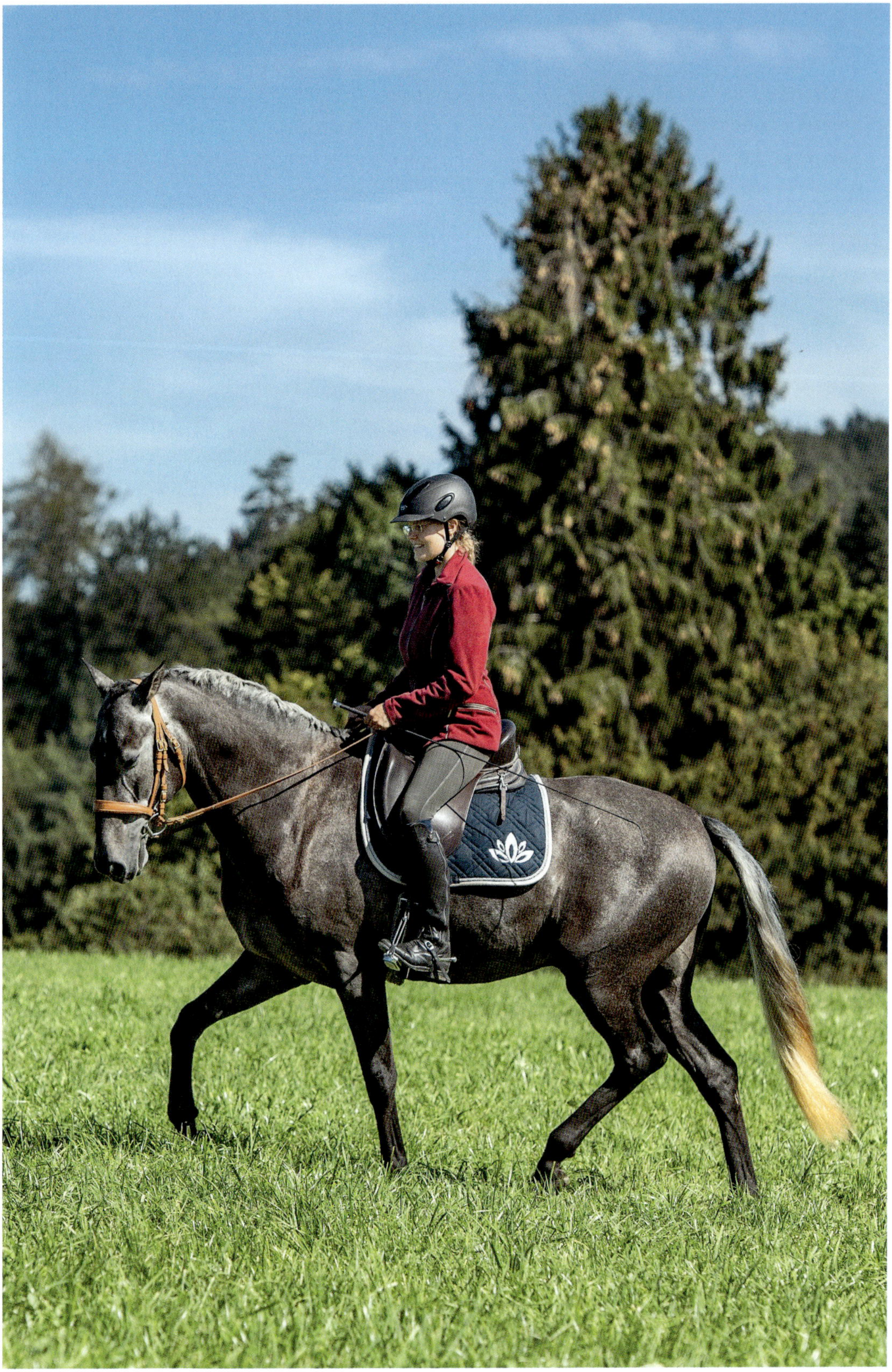

Biegung in der **GRUNDAUSBILDUNG**

Sobald das Pferd die vorbereitende Arbeit an der Longe (mindestens neun Wochen lang) und die beschriebene Gewöhnung an den passiv im Schritt und Trab sitzenden Reiter nach einigen weiteren Wochen abgeschlossen hat, beginnt erst die eigentliche Grundausbildungsarbeit, die ab dann noch mindestens ein Jahr kontinuierliches Training umfasst. Im Vorfeld konnte sich dank regelmäßiger Trainingsreize (Trab unter Reitergewicht jeden zweiten bis dritten Tag) die Rumpftragemuskulatur entwickeln und das Jungpferd sich an das Gerittenwerden gewöhnen.

Takt und Losgelassenheit als Maßstab für die mögliche Biegung in der Grundausbildung

Wie lange muss man denn nun schlicht geradeaus reiten? Ab wann kann man beginnen, das Pferd zu biegen und wie eng dürfen und sollen Biegungen überhaupt auf welchem Ausbildungsstand sein? Auch das hängt unter anderem vom Trainingszustand des *M. serratus ventralis* und von der gesamten Faszienstabilität des Pferdes ab. Bei der Vielzahl an unterschiedlichen Pferdetypen in der heutigen Zeit macht es wenig Sinn, eine allgemeingültige Wochen- oder Monatsangabe zu formulieren. Es gibt jedoch Kriterien, anhand derer man selbst bei seinem individuellen Pferd sehen kann, wie eng die Wendungen ausfallen und wie viel Biegung schon gefordert werden darf. Diese Kriterien gelten generell bereits an der Longe und später auch unter dem Sattel: Sobald sich ein Pferd »ungebogen« hinreichend sicher in Takt und zumindest beginnender Losgelassenheit bewegt, kann man gebogene Linien mit hinzunehmen, und zwar erst große gebogene Linien und dann nach und nach kleiner werdende gebogene Linien. Bleibt das Pferd auf der gebogenen Linie

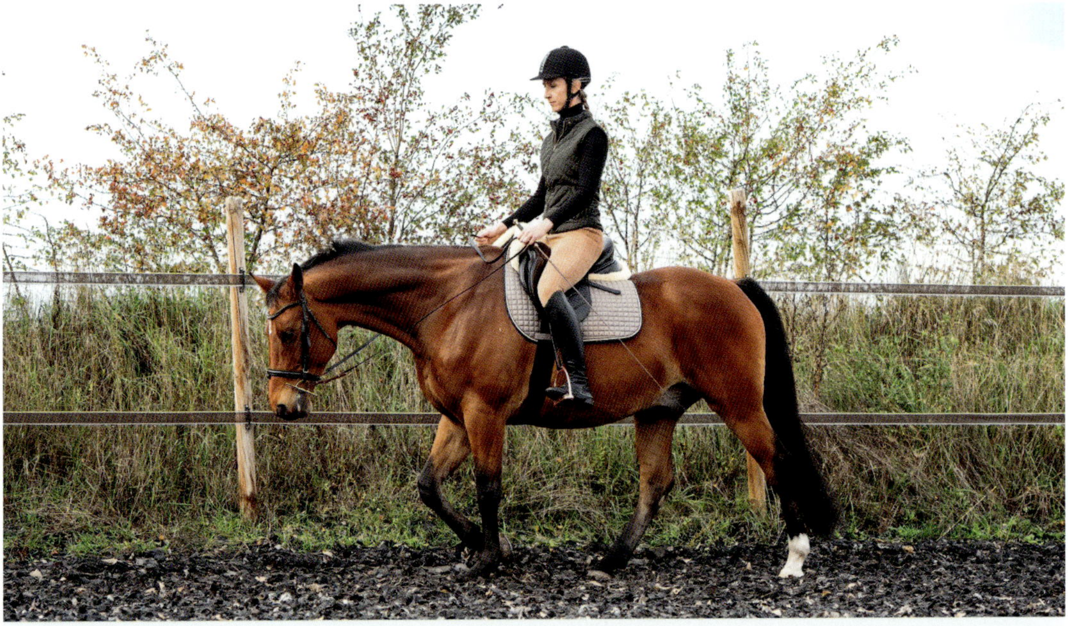

Takt und Losgelassenheit führen zur Anlehnung. Funktioniert das auf großen Linien hinreichend, können die Zügel aufgenommen und Biegungen erarbeitet werden.

im Takt (siehe S. 49), kann man weiter mit dieser Biegungsgröße arbeiten. Kommt es zu Taktverlusten und wird die Losgelassenheit schlechter, muss man größere Bögen wählen! Verbessert sich die Losgelassenheit (siehe S. 49) durch die Arbeit auf gebogenen Linien, kann man davon ausgehen, dass das Maß der Biegung bei dem aktuellen Ausbildungsstand genau richtig ist. Man kann dann sukzessive sogar probieren, die Kreise noch etwas kleiner zu machen.

Reiten auf Linie: vom Leichten zum Schweren

Ziel ist es, das Pferd immer besser auf genau die Linie einstellen zu können, die man gerade reitet. Ein Zirkel mit 20 Metern Durchmesser, mit dem man nach der Phase der Gewöhnung vermutlich beginnen wird, ist eine nur geringgradig gekrümmte Linie. Entsprechend muss auch ein Pferd sich noch wenig biegen, wenn es auf diese Linie eingestellt wird (die reiterliche Hilfengebung dazu finden Sie ab S. 54). Je nach Größe und Typ des Pferdes ist die Biegung auf dem Zirkel noch kaum spürbar oder sichtbar.
Durfte sich das gänzlich grüne Pferd in den ersten Wochen der Gewöhnung mit dem Hals ausbalancieren und diesen auch noch nach außen nehmen, gehört er nun im Rahmen der Grundausbildung wirklich genau auf die zu reitende Linie. Stellt sich der Reiter die leicht gekrümmte Zirkellinie vor, soll der Hals diese von oben betrachtet verdecken. Die zu reitende Linie beginnt dann

genau zwischen den Ohren des Pferdes, siehe Abbildung.
Gelingt das auf beiden Händen ohne Taktverlust oder das Auftreten von Alarmsignalen, dann sind Pferd und Reiter bereit für kleiner werdende Kreise.
Im Verlauf der Grundausbildung können sukzessive immer mehr und immer kleinere Biegungen hinzugenommen werden. Eine Volte von 10 Metern Durchmesser stellt eine unverkennbar stärker gekrümmte Linie dar als ein 20-Meter-Zirkel. Um das Pferd auf diese Linie einstellen zu können, muss es sich in allen Segmenten deutlich mehr biegen.
Eine auf beiden Händen wirklich korrekt gerittene 10-Meter-Volte im Trab ist der Beweis für eine korrekte Grundausbildung. Erst in der weiterführenden Dressurausbildung werden noch kleinere gebogene Linien verlangt.
Die maximal geforderte Biegung liegt für ein fertig ausgebildetes Pferd (wohlbemerkt auf S-Dressur-Niveau) bei Volten mit 6 Metern Durchmesser.
Sofern Sie und Ihr Pferd also dieses Niveau noch nicht erreicht haben, trainieren Sie bitte auf größeren gebogenen Linien, um Ihr Pferd nicht zu schädigen!
Der Grundsatz »vom Leichten zum Schweren«, also von der langsamen Steigerung der Biegung, gilt auch für sämtliche weitere Hufschlagfiguren, zum Beispiel

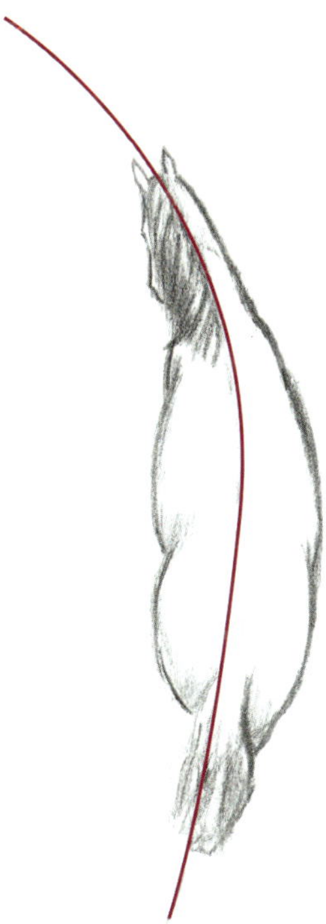

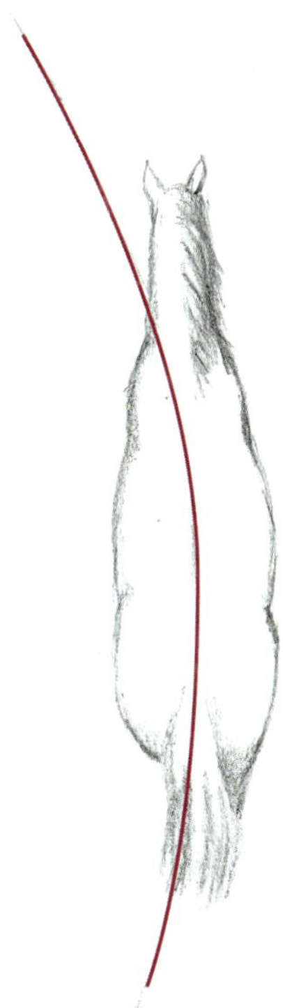

Kleine Kringel mit rohen Pferden? Bitte nicht!

In sogenannten Horsemanship-Konzepten oder der heute auch in der Freizeitreiterszene propagierten »Freiheitsdressur« werden junge, unausgebildete Pferde oft rundenlang auf deutlich engeren Kringeln um den Menschen herum gezirkelt. Dabei drehen die Pferde auf dem inneren Vorderbein, während das äußere Hinterbein aus der Wendung schleudert und oft zu allem Übel auch noch der Halsansatz abknickt. Egal, ob dieses Kreiseln mit positiver oder negativer Verstärkung (Futterbelohnung oder nachlassendem Druck) erarbeitet wird, nimmt der Pferdekörper dabei ab der ersten Runde massiven Schaden, der leider oft erst Monate oder Jahre später sichtbar wird. Auf derart engen Kreisen kann der Pferdekörper sich nicht reell biegen, deswegen »trainiert« das Pferd bei diesen Spielchen nur Ausweichbewegungen und Kompensationsmuster. Wer Wert darauf legt, sein Pferd zu einem langfristig gesunden Reitpferd auszubilden (und nicht nur zum Ziel hat, dass es »brav funktioniert« oder »hübsch aussieht«), sollte diese Art der Bewegung unterlassen.

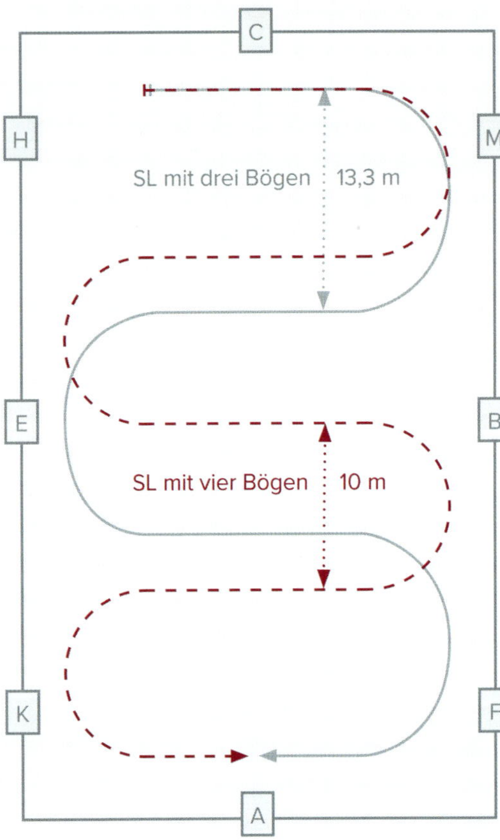

für die Schlangenlinie durch die Bahn: Wird die Bahn in drei Bögen aufgeteilt, beträgt der Radius der halben Volten auf einem Standartreitplatz 13,3 Meter. Wird die Schlangenlinie durch die Bahn später in bis zu fünf Bögen geritten, muss das Pferd bereits in der Lage sein, sich deutlich mehr zu biegen, denn dann liegt der Radius der halben Volten bei nur noch 8 Metern und damit befinden wir uns bereits schon nicht mehr in der Grundausbildung, sondern in der Campagneschule, dazu später mehr.

Hilfengebung in der Biegung

Wie bewerkstelligt man das nun aus reiterlicher Sicht, dass das Pferd sich »auf Linie« bewegt und man es möglichst exakt gemäß der erst größeren gebogenen und dann über Monate und Jahre immer kleineren gebogenen Linien einstellt? Die Hilfengebung in der Biegung ist höchst anspruchsvoll, denn wie wir bereits im Anatomie-Teil (Kapitel eins) gesehen haben, ist es für Pferde in unterschiedlichen Bereichen ihres Körpers auf unterschiedliche Weise möglich, sich zu biegen. Was die Reitlehre vereinfacht zusammenfasst als »gleichmäßige Längsbiegung« kommt in der Realität sowohl durch Seitneigung als auch Rotationsbewegungen zustande und hängt von vielen weiteren Faktoren ab. Beim Biegen ist es dem Pferd wie bereits beschrieben auch möglich, Bewegungen auszuführen, die reiterlich nicht erwünscht sind, weil sie den Pferdekörper auf Dauer verschleißen und/oder der weiteren Ausbildung im Wege stehen würden.

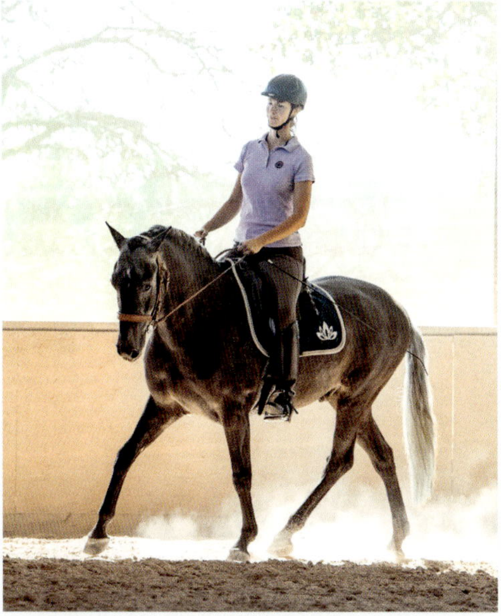

Am Anfang der Ausbildung war weniger mehr, dann ergeben sich die weiteren Schritte gemäß der Reitlehre in logischer Reihenfolge.

Weniger ist mehr!

Genau wie man bei einem noch nicht weiter ausgebildeten Pferd erst nur wenig Biegung verlangen kann, um keine falschen und schädlichen Ausweichbewegungen zu etablieren, gilt auch in der Ausbildung des Reiters, dass anfangs weniger mehr ist. Die Hilfengebung in der Biegung ist fehleranfällig und falsch verstandenes Biegenwollen kann zu gravierenden Sitzfehlern und »schlechten Angewohnheiten« des Reiters führen. Vorab muss unbedingt ein ausbalancierter, absolut zügelunabhängiger Grundsitz in allen Sitzformen (leichter Sitz, Leichttraben, Dressursitz) etabliert sein, bevor der Reiter überhaupt in der Lage sein kann, gezielte, gefühlvolle und geschmeidige biegende Hilfen zu geben. **Auch in puncto Hilfengebung sind Takt und Losgelassenheit des Pferdes das übergeordnete Kontrollkriterium:** Führen (auch noch so gut gemeinte) biegende Einwirkungen des Reiters zu Taktstörungen und Losgelassenheitsverlust, dann waren diese Einwirkungen entweder technisch falsch, wurden zu stark dosiert oder zum falschen Zeitpunkt eingesetzt. Da die Losgelassenheit von Pferd und Reiter natürlich in enger Wechselbeziehung stehen, muss insbesondere im Reitunterricht selbstverständlich auch auf die Losgelassenheit des Menschen

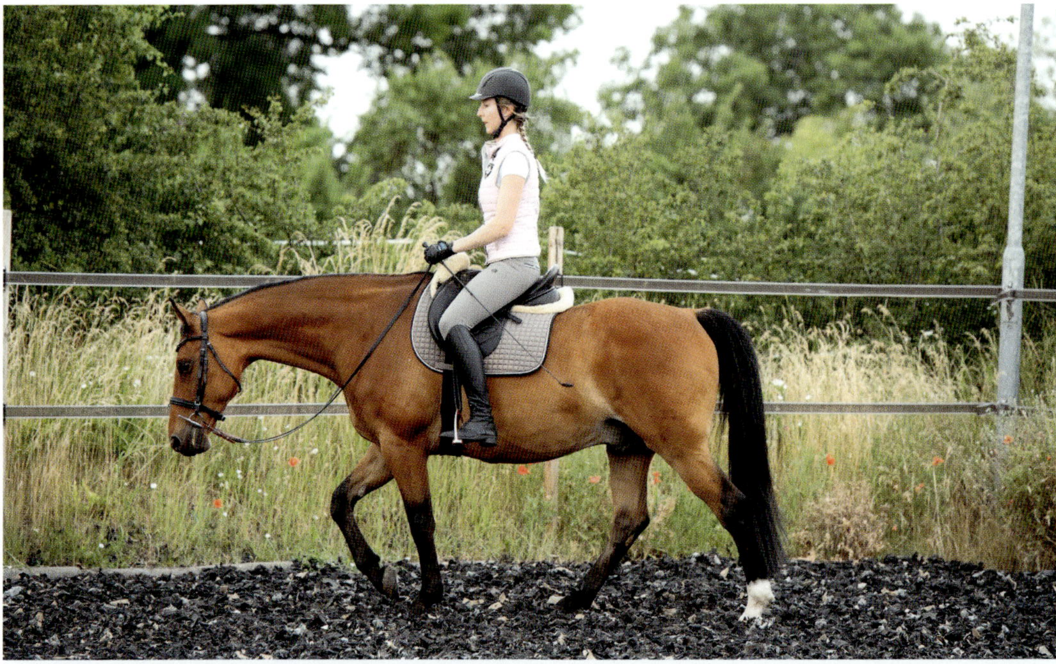

Mit hingegebenem Zügel zeigt sich, wer sein Pferd aus dem Sitz heraus lenken kann.

Rücksicht genommen werden: Führt das »Biegensollen« zu sichtlichem Losgelassenheitsverlust des Reiters, hilft es nichts, ihn immer weiter mit dem Thema zu stressen. Häufige Wechsel zwischen Biegung und Geradeaus, viele Handwechsel und didaktisch kluge Abwechslung mit positiven Handlungsanweisungen bringen weitaus mehr als das sprichwörtliche »Festbeißen« an reiterlichen Fehlern.

Wenden und Biegen: Form und Funktion

Ein Reiteinsteiger sollte zunächst lernen, sein Pferd funktional zu wenden, ohne es dabei nennenswert zu stören – und allein das ist gar nicht so leicht! Wie wir bereits im Kapitel über das Anreiten beschrieben haben, muss sich das Pferd in der Wendung nicht zwingend biegen: Ein Pferd kann durchaus auch mit geradem Hals oder in Außenstellung um die Kurve gehen und wird das vermutlich ohne weitere Ausbildung und Einwirkung des Reiters auch tun, genau wie es auf der Koppel den Hals meist nach außen nimmt, wenn es etwa vor dem Zaun wendet.

Erst wenn der Reiter sein Pferd ohne erwähnenswerten Einsatz der Zügel funktional wenden kann (genau erklärt im Buch *Basis-Guide für feine Hilfen*), ist er in der Lage, auch die Form des Pferdes in eine reelle Biegung umzuwandeln.

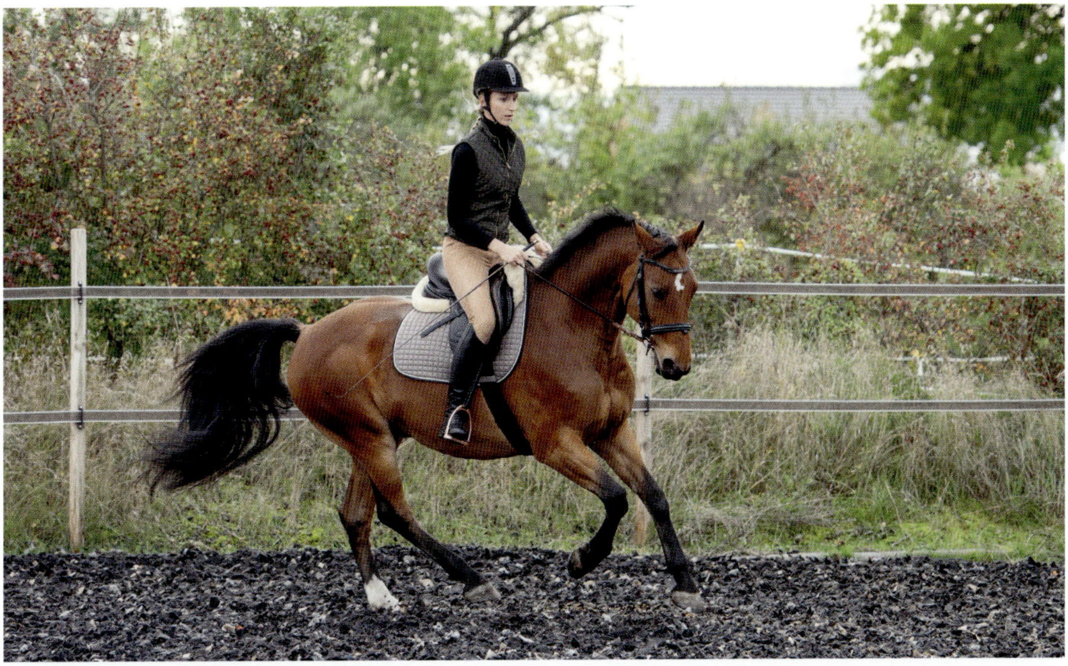

Der imaginäre »Bauchnabelstrahler« scheint zwischen den Pferdeohren hindurch und erhellt den Weg, auf dem das Pferd galoppieren wird.

In der Praxis scheitern erfahrungsgemäß häufig auch Leute mit jahrelanger Reiterfahrung daran, ihr Pferd – zumindest im Schritt! – mit tatsächlich hingegebenem Zügel aus dem Sitz heraus abwenden zu können. Sich das zu erarbeiten ist gar nicht so leicht, aber es lohnt sich, denn nur auf dieser Grundlage steht der Weg zu wirklich feiner Biegung und damit zu Fortschritten in der klassischen Dressur offen. Hat der Reiter dagegen noch nennenswerte »Lenkprobleme«, wird er immer dazu neigen, mit dem inneren Zügel rückwärts (so in Richtung seines eigenen Körpers) zu wirken, was die korrekte Biegung und insbesondere die Genickstellung des Pferdes empfindlich stört und häufig auch Problemverhalten nach sich zieht.

Der Drehsitz

Um ein Pferd aus dem Sitz heraus lenken und biegen zu können, nutzen wir das innere Bild des »Bauchnabelscheinwerfers«: Man stelle sich vor, aus dem eigenen Bauchnabel würde ein Scheinwerfer wie etwa der eines Autos leuchten. Mit diesem erhellt man den Weg. Man leuchtet immer über die Pferdeohren hinweg geradeaus oder leicht nach rechts oder links genau auf die Linie, die das Pferd gehen soll. Bei dieser Vorstellung dreht der Reiter seinen Rumpf im Ganzen (ausgehend von der Körpermitte, deswegen befindet sich der Scheinwerfer im Bauchnabel oder sogar wenige Zentimeter darunter) in einer ganz ruhigen, kraftvollen Bewegung **nur um ganz**

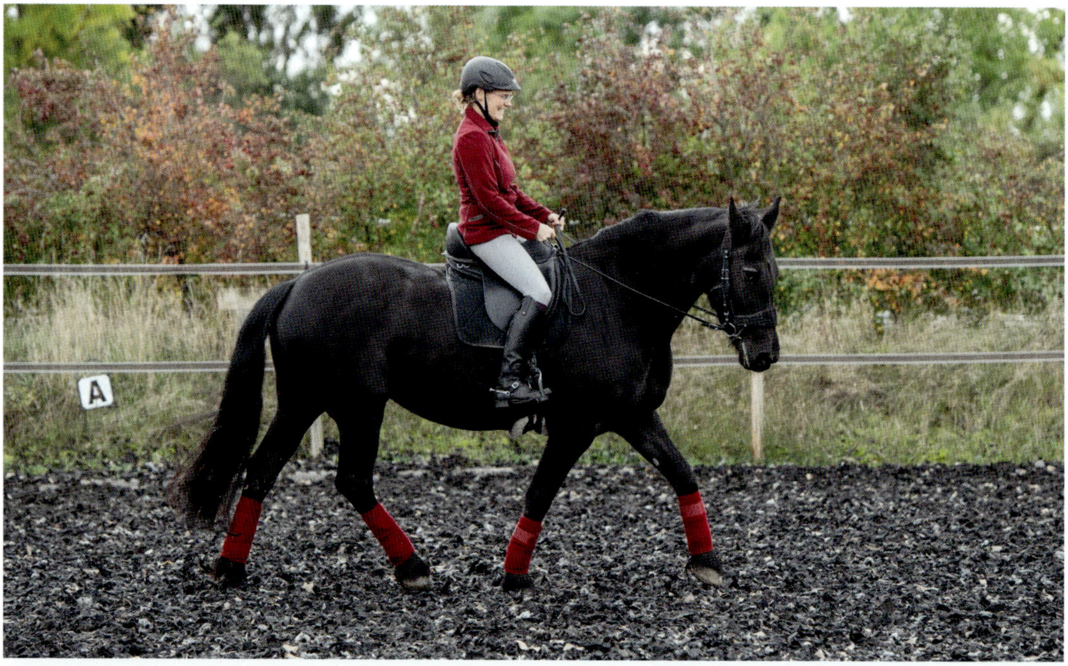

Die Blickrichtung geht zwischen den Pferdeohren hindurch und dann vor dem Pferd in die Richtung, in die man reiten möchte.

wenige Millimeter in die erwünschte Richtung und nimmt das Pferd dabei mit. Dabei kann man sich vorstellen, die eigenen Sitzbeinknochen wären die beiden Pole eines Steckers und das Pferd die Steckdose. Sitz man mit beiden Sitzbeinen eingestöpselt »im Pferd«, wie die Reitlehre so schön sagt, fließt sinnbildlich der Strom zwischen Pferd und Reiter und wenn man den Stecker dreht, dreht die fest verbundene Steckdose sich mit.

Immer zwischen den Pferdeohren hindurchschauen!

Den Drehsitz anzuwenden ist so einfach wie natürlich. Viele Reiter nutzen die oben beschriebene Bewegung intuitiv, ohne sie als Drehsitz zu bezeichnen oder überhaupt näher zu beschreiben. Pferde reagieren ebenso intuitiv auf den korrekten Sitz, wie wir später erläutern werden. In der Reitlehre heißt es schlicht, der Reiter solle zwischen den Pferdeohren hindurch in die Richtung schauen, in die er reiten möchte. Hier findet sich bereits die erste typische Fehlerquelle: Menschen sind ebenso wie Pferde ja in der Lage, den Kopf isoliert zu drehen, ohne den Rumpf mitzubenutzen. Dreht man jedoch allein den Kopf in die gewünschte Richtung, während der imaginäre Bauchnabelscheinwerfer in eine andere strahlt, funktioniert der Drehsitz nicht, denn dann bedeuten die Gewichtshilfen dem Pferd eben nicht, dass es abwenden soll, sondern es geht beispielsweise weiter

Einknicken in der Hüfte

Nicht immer ist der Reiter der »Schuldige«, wenn es um das Einknicken in der Hüfte geht. Die meisten Pferde haben aufgrund ihrer eigenen Schiefesituation einen mehr oder minder ausgeprägten Beckenschiefstand und setzen den Reiter ungleich. Werden nicht nur Sie, sondern auch andere Reiter auf Ihrem Pferd immer in eine bestimmte Richtung eingeknickt, empfiehlt sich eine osteopathische Kontrolle Ihres Pferdes. Andersherum: Knicken Sie beispielsweise immer in der rechten Hüfte ein, egal, welches Pferd Sie reiten, wäre ein Besuch beim Humantherapeuten angezeigt. Eine nachhaltig erfolgreiche Korrektur dieses Fehlers bedarf dann einer Kombination aus Behandlung und Training. Nach der osteopathischen Behandlung arbeiten wir mit konkreter Sitzschulung für den Reiter und individuell geraderichtenden Lektionen für das Pferd.

geradeaus anstatt auf den Zirkel. Zieht der Reiter dann auch noch fälschlicherweise am inneren Zügel, knickt das Pferd im Halsansatz ab und läuft »über die Schulter« nach außen.
Probleme entstehen außerdem oft dann, wenn der Reiter es allzu gut meint und sich zu schnell und zu weit dreht und der imaginäre Bauchnabelscheinwerfer dann neben dem Pferdehals vorbei »strahlt«, anstatt über die Pferdehals hinweg. Durch das Überdrehen kommt es häufig zum Einknicken in der Hüfte, wobei ein Sitzbeinknochen seitlich vom Pferd abrutscht, der Reiter also nicht mehr mittig im Sattel senkrecht über dem Pferd sitzt. Er kann dann keine korrekten Hilfen mehr geben, weil er den Grundsitz verloren hat.
Wichtig: Die korrekte Drehung ist eine ganz geringgradige, langsame Bewegung, der das korrekt ausgebildete Pferd folgt, also sich unter dem Reiter mit in die Wendung bewegt. Von außen sieht ein Beobachter oder der Reitlehrer bei korrekter Anwendung des Drehsitzes nur, dass das Pferd »einfach abwendet«. Jede von außen sichtbare Drehung oder gar Verwringung des Reiterrumpfes ist zu viel!
Die klassische Reitlehre enthält einen ebenso simplen wie wirksamen Tipp gegen übermäßiges Drehen: Achten Sie darauf, dass sich die Pferdeohren jederzeit am unteren Rand Ihres Gesichtsfeldes befinden. Sehen Sie die Ohren nicht mehr, haben Sie sich zu weit gedreht und/oder hängen zu einer Seite. Diese militärisch anmutende Anweisung, immer zwischen den Ohren hindurchzublicken, begrenzt nicht nur das falsche Überdrehen, sondern hat noch einen weiteren Vorteil: Der Gleichgewichtssinn des Menschen ist nicht nur vom vestibulären System abhängig, sondern nutzt auch

viele weitere Sinneseindrücke. Nehmen wir die Ohren des Pferdes ganz nebenbei wie den Horizont wahr, hilft uns das unwillkürlich dabei, uns auf dem Pferd auszubalancieren.

Immer einen Viertelkreis voraus denken!

Ein weiterer hilfreicher Tipp für das passende minimale Maß an Körperdrehung ist es, sich jede Kreislinie in vier Viertel einzuteilen. Die Hufschlagfigur »auf dem Zirkel geritten« hat ja sowieso vier Markierungspunkte. Befinden Sie sich mit Ihrem Pferd neben Punkt C, visieren Sie den ersten Zirkelpunkt an (ohne die Pferdeohren am unteren Rand Ihres Gesichtsfeldes zu verlieren). Haben Sie den Zirkelpunkt erreicht, richten Sie Ihren Bauchnabelscheinwerfer auf den X-Punkt aus. Wenn Sie dort sind, lassen Sie ihn auf den zweiten Zirkelpunkt strahlen und von dort aus wieder auf C und so fort.
Im Reitunterricht haben wir sehr gute Erfahrungen damit gemacht, auch sämtliche andere zu reitende Kreise mit vier Pylonen zu markieren (konkrete Übungsaufbauten dazu finden Sie im Buch *Basis-Guide für feine Hilfen*) und den Reiter daran zu erinnern, sich und damit sein Pferd immer nur um die jeweils nächste Viertelpylone herum auszurichten. Nicht etwa auf die gegenüberliegende – dann hätte sich der Reiter nämlich zu weit gedreht und das Pferd überstellt. Ist das passende, geringe Maß an Drehung verinnerlicht, gelingen dem fortgeschrittenen Reiter dann auch wirklich runde Kreise ohne Pylonenmarkierung.

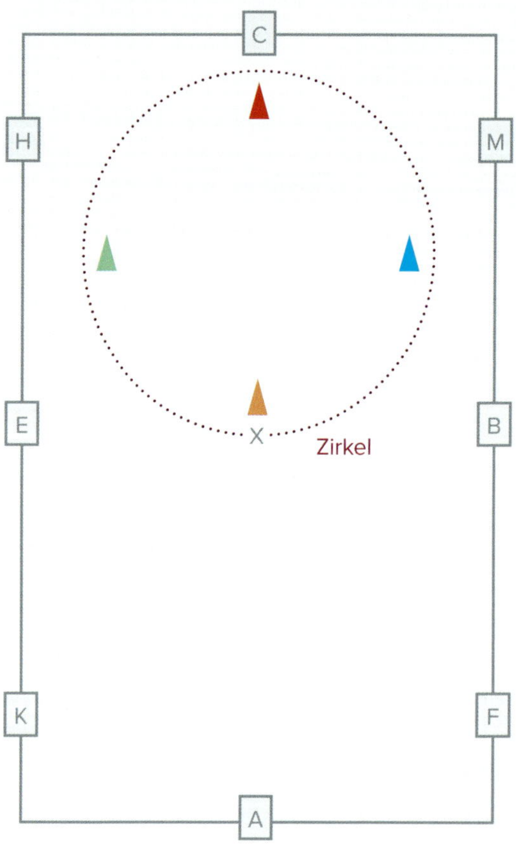

Trockenübung zum Drehsitz: Was dreht wann wohin?

Wie oben beschrieben erläutern wir den Drehsitz schlicht mit Hilfe des Bauchnabelscheinwerfers und schränken ein falsches Überdrehen mit den genannten Korrekturen ein. Das gilt für die **einfachen Biegungen auf zwei**

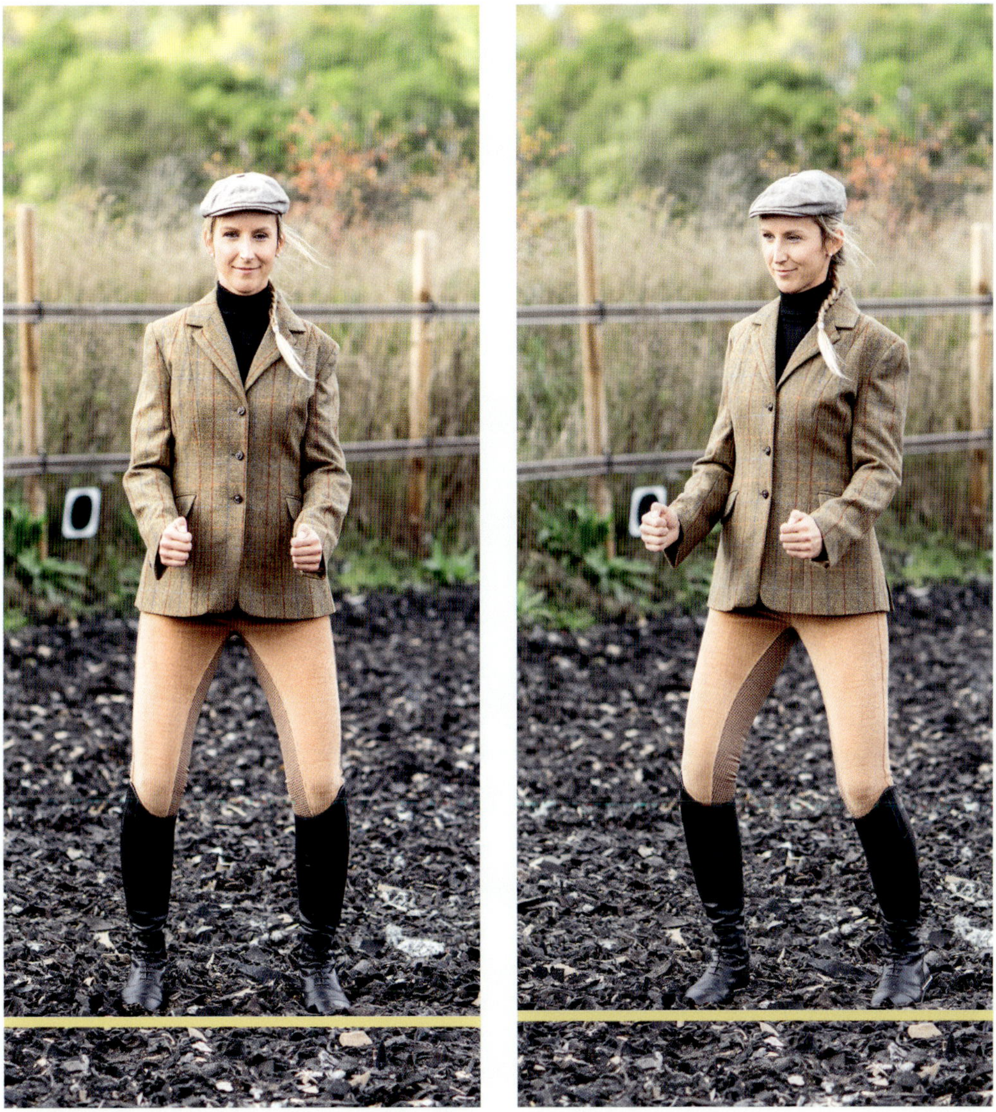

Diese Trockenübung verdeutlicht den Drehsitz.

Hufschlaglinien, spezieller wird das dann nochmal in den Seitengängen, etwa im Travers und Renvers, was jedoch nicht Thema dieses Buches sein soll.
In der Literatur finden sich jedoch noch viele weitere, sich teilweise widersprechende Anweisungen, was genau nach vorne oder hinten gedreht werden soll oder eben genau nicht. Wieder andere Ausbilder sehen so viele Sitzfehler im Namen des Drehsitzes, dass sie ihn gar nicht erst thematisieren. Wir möchten an dieser Stelle zwischen den Konzepten vermitteln. Um zu klären, was sich wohin

dreht und warum verschiedene Autoren den Drehsitz unterschiedlich beschreiben, machen wir folgende Übung: Stellen Sie sich bitte mit leicht gebeugten, schulterbreiten Beinen aufrecht hin und nehme Sie die Arme gleich mit in die korrekte Position wie beim Reiten (Foto Seite 61 links): Die Oberarme hängen entspannt am Oberkörper herab, die Unterarme sind angewinkelt (zwischen 90 und 110 Grad), die Fäuste halten Sie aufrecht und locker geschlossen. Sie reiten gedanklich einfach geradeaus.

Drehen Sie nun Ihren imaginären Bauchnabelstrahler langsam nach rechts, als würden Sie nach rechts reiten wollen, bis in die Position, die auf Foto 2 gezeigt wird. Drehen Sie dabei Ihre auf dem Boden stehenden Füße mit, sodass Ihre Fußspitzen ebenfalls in die zu reitende Richtung zeigen (dabei kann man sich vorstellen, auch aus den Fußspitzen würden kleine Scheinwerfer leuchten, die ebenfalls den zu reitenden Weg seitlich ausleuchten, also in dieselbe Richtung strahlen wie der Scheinwerfer im Bauchnabel). Bei dieser Drehbewegung haben Sie Ihre linke Beckenschaufel und Ihre linke Schulter **in Richtung vorne** gedreht. Das ist auch auf dem Pferd insofern korrekt, als dass die äußere Seite des Pferdes in der Biegung ja den längeren Weg zu beschreiben hat und Ihre äußere Beckenschaufel den längeren Schritt des äußeren Beinpaares mitmachen muss. Sind Sie **in der Endposition** angekommen, steht aber nun von oben betrachtet (quasi in der »Draufsicht«) Ihre innere Hüfte geringfügig weiter vorne als die äußere. Auch das ist korrekt und widerspricht, wie wir sehen, der Drehrichtung eben nur scheinbar.

Innen oder außen sitzen?

Auch über diese Frage können sich verschiedene Reitlehren und Ausbilder, insbesondere Deutsche und Franzosen, erschöpfend streiten. Wir finden alleine die Formulierung der Frage unglücklich gewählt, denn sie führt in der Praxis häufig dazu, dass Reiter sich betont zu

Innen

INNEN ist immer die Richtung, zu der hin das Pferd gestellt oder gebogen ist, unabhängig davon, auf welcher Seite sich die Bahnmitte oder die Bande befindet. Diese Definition aus der klassischen Reitlehre verwenden wir sowohl in diesem Buch als auch in der Praxis aus gutem Grund, denn auf ihr beruht die Logik der Hilfengebung und die folgerichtige Bezeichnung der späteren Konterlektionen (wie etwa Konterschulterherein oder Kontergalopp).

Kontrastübung: Angeschossener Indianer

Rutschen Sie bei dieser Übung mit dem gesamten Beckengürtel im Sattel nach rechts, sodass sich Ihr linker Sitzbeinknochen mittig auf dem Sattel befindet und der rechte seitlich davon gefühlt »in der Luft hängt«. Lassen Sie Ihr Pferd von einem Helfer im Schritt führen und Ihre Beine entspannt am Pferd herunterbaumeln. Genießen Sie die mögliche Dehnung Ihrer Hüftbeuger, -klemmer oder auch der Rückenfaszie. Nach eineinhalb bis drei Minuten rutschen Sie wieder zurück in die Mitte des Sattels und machen sich beide Sitzbeine bewusst, bevor Sie danach nach links rutschen, sodass sich nun der rechte Sitzbeinknochen direkt über der Mitte des Pferdes befindet, während der linke schwebt. Wie fühlt sich die Dehnung auf dieser Seite an? Wechseln Sie die Seite mehrfach. Diese Übung verbessert nicht nur Ihr Gefühl für den mittig ausbalancierten Sitz, sondern gymnastiziert auch viele Strukturen, die daran beteiligt sind.

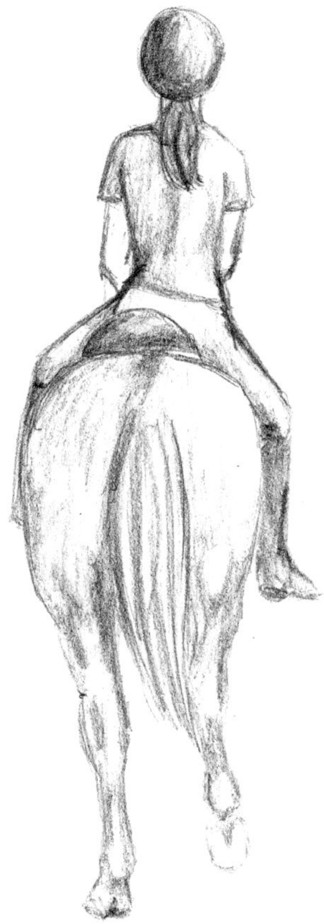

einer Seite beugen und in dem Bestreben, ihr Gewicht richtig »zu verlagern«, in der Mittelpositur einknicken oder gar tatsächlich im Sattel herumrutschen und das Pferd dabei im Rücken viel mehr stören als ihm zu helfen. Für das (nach egal welcher Façon ausgebildete) Pferd ist der Reiter nämlich dann am einfachsten auszubalancieren, wenn er sich **senkrecht** über dem Pferd befindet. Halten Sie Ihren Körperschwerpunkt immer mit dem des Pferdes in Übereinstimmung, indem Sie Ihr Brustbein jederzeit senkrecht über dem Widerrist des Pferdes balancieren. Beugen Sie sich keinesfalls zu einer Seite hin und achten Sie grundsätzlich darauf, dass Sie auch in den Biegungen immer noch Ihre **beiden** Sitzbeine spüren (vgl. Übung »Angeschossener Indianer«, siehe Kasten). Überprüfen kann man das als Reitlehrer oder Beobachter am besten von vorne oder hinten, weswegen der Ausbilder (oder falls Sie sich selbst per Videoanalyse korrigieren möchten, die Kamera) auch immer außerhalb des zu reitenden Zirkels stehen sollte und nicht in dessen Mitte. So kann er den Reiter in jeder Runde nicht nur von innen, sondern auch von außen sowie von vorne und hinten auf sich zu und von sich weg reiten sehen. Welches Sitzbein dabei vermehrt belastet wird, ist eine Frage der Wahrnehmung. Wie wir bereits wissen, rotiert der innere Rippenbogen, wenn das Pferd unter dem Einsatz seiner ventralen Muskelkette in die Biegung geht, »nach oben«, also dem inneren Sitzbeinknochen des Reiters entgegen. Die in der deutschen Reitlehre geforderte und auf korrekt gerittenem Pferd auch fühlbare vermehrte Belastung des inneren Sitzbeinknochens im Rahmen der sogenannten einseitig belastendenden Gewichtshilfe rührt also keinesfalls daher, dass der Reiter sich nach innen in die Kurve lehnt, sondern womöglich daher, dass das Pferd den Reiter auf dieser Seite geringgradig anhebt.

Spürt man als Reiter diesen vermehrten Druck gegen das innere Sitzbein nicht, dann hilft es nichts, wenn man versucht, sich ganz besonders darauf zu setzen. Lehnt man sich nämlich betont nach innen, passiert oft sogar das Gegenteil: Das Pferd biegt sich dann eben gerade nicht besser, sondern driftet mit innen abgesunkenem Brustkorb seitlich weg, der Reiter knickt in der Mittelpositur ein und zieht in Folge der dysfunktionalen Gewichtshilfe das Pferd dann nur noch mit dem Zügel um die Kurve.

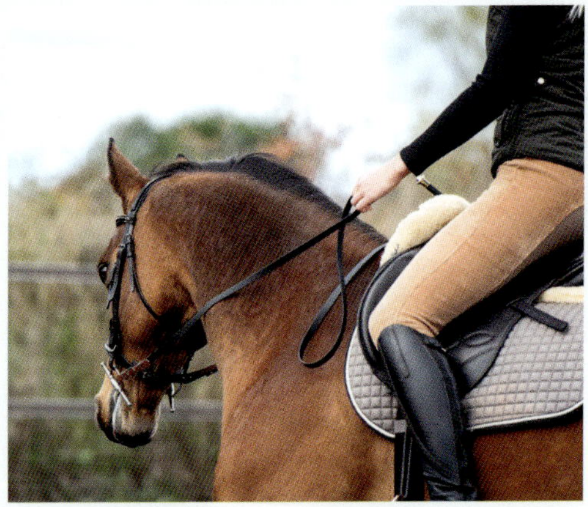

Den eigenen Körperschwerpunkt mittig über dem Pferd auszubalancieren und seinen Bewegungen geschmeidig zu folgen ist grundlegendes Kennzeichen guten Reitens, auch in der Biegung!

Umgekehrt kann man die korrekte Biegung in der ventralen Kette manchem Pferd dadurch erleichtern, dass man gefühlt den inneren (oft besonders den inneren rechten, siehe Kapitel zur natürlichen Schiefe) Sitzbeinknochen »um einen Millimeter anhebt«, um das Pferd gefühlt mit sich zu ziehen. Das mag sich dann anfühlen (und wurde von verschiedenen Autoren dann so beschrieben), also würde man vermehrt auf dem äußeren Sitzbeinknochen sitzen.

Unser Tipp aus der Praxis für die Praxis bleibt also, dass der Reiter sich ausschließlich leicht drehen, aber nie zu einer Seite rutschen oder beugen soll. Aktivieren Sie durch korrektes Treiben die ventrale Muskelkette und nehmen Sie den Druck unter Ihren Sitzbeinen als Gradmesser der Brustkorbrotation wahr. Bleiben Sie einfach mittig sitzen und beobachten Sie innerlich, in welchen Biegungen und später Seitengängen Sie auf welchem Sitzbein mehr Druck spüren. Im individuellen Einzelfall kann die eine oder andere graduelle und von außen auf jeden Fall unsichtbare Einwirkungsidee Sinn machen und bestimmte Ergebnisse bringen. Aus diesem Grund weisen wir im Reitunterricht auch je nach Situation, Pferd und Reiter mal das eine, mal das andere an. Nachdem Sie einen fehlerlosen Grundsitz erarbeitet und darin genügend Erfahrung im passiven Fühlen gesammelt haben, können Sie Ihre Vorstellung von der Druckverteilung auf den beiden Sitzbeinen wie beschrieben ganz sachte variieren und schauen, was welchen Effekt auf Ihr Pferd hat. Lassen Sie sich dabei fortlaufend von einem guten Ausbilder kontrollieren, um nicht fälschlich über das Ziel hinaus zu schießen und die Bewegungsantworten des Pferdes richtig einzuschätzen.

Die Schenkellage in der Biegung hängt am Drehsitz und macht biomechanisch Sinn!

Nutzt der Reiter den Drehsitz korrekt, bringt dieser die klassische korrekte Schenkellage für die Biegung mit sich. In oben beschriebener Übung stehen Sie nun nach der Drehung (siehe rechtes Foto Seite 61) nämlich wie in der Reitlehre gefordert mit einem vorderen inneren (hier rechten) Schenkel und dem »zurückgenommenen« verwahrenden äußeren (hier linken) Schenkel. Die Beine sind nur durch Drehung in diese Position gelangt, ohne dass die Reiterin ihre Füße vom Boden abgehoben und aktiv nach vorne oder hinten versetzt hätte, wie die Linie am Boden zeigt. In der Realität dreht man sich natürlich geringfügiger, der Unterschied zwischen dem inneren und äußeren Schenkel wird und muss nicht so groß sein, wie wir ihn dem Foto dargestellt haben. Die Reitlehre nennt »eine Handbreit«, also etwa zehn Zentimeter. Wichtig: Die Position der Beine kommt durch den Winkel zwischen Oberschenkel und Hüfte zustande – nicht etwa durch ein Vorstrecken beziehungsweise Zurückklappen des Unterschenkels aus dem Knie heraus! Die Unterschenkel hängen auf dem Pferd einfach entspannt und möglichst senkrecht nach unten. Damit diese Bewegung des Oberschenkels »aus der Hüfte heraus« möglich ist, bedarf es guter Gymnastizierung des Reiters. Regelmäßige Yogapraxis ist empfehlenswert. Wenn Sie bei der hier gezeigten Übung merken, dass Sie sich in die eine Richtung deutlich besser drehen können als in die andere oder es beispielsweise im Kreuz oder um die Hüfte herum zwickt, vereinbaren Sie bitte einen Termin beim Osteopathen für sich selbst! Wer sein Pferd gesunderhaltend reiten und geraderichten möchte, muss dazu sich selbst im Auge behalten.

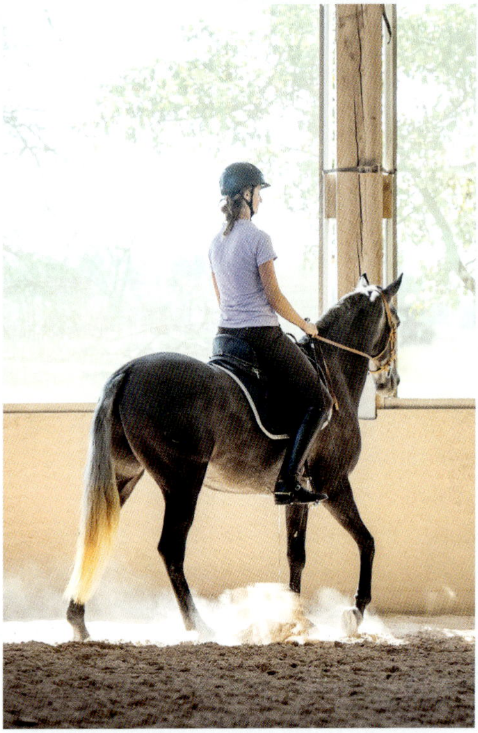

Der verwahrende äußere Schenkel (hier im Konterschulterherein) liegt »eine Handbreit« weiter hinten als der innere.

Warum muss der in der Biegung innere Schenkel denn vorne »am Gurt« treiben?

Laut Reitlehre soll das Pferd sich »um den inneren Schenkel des Reiters biegen«. Wie wir heute wissen, ist das im Bereich zwischen der 9. und 14. Rippe tatsächlich möglich (siehe Kapitel eins), der treibende Schenkel liegt also im klassischen Sitz genau an der richtigen Stelle. Korrektes Treiben aktiviert die Bauchmuskulatur des Pferdes und führt dazu, dass es unter Einsatz seiner ventralen Muskelkette »über den Rücken« in die Biegung geht. Dieses Treiben darf man sich jedoch keinesfalls als Klopfen oder Pressen vorstellen, sondern als ein Nach-unten-Federn aus Knie und Sprunggelenk im Takt der Pferdebewegung. So bleibt der Unterschenkel senkrecht und rutscht eben nicht nach hinten, wo er biomechanisch die korrekte Biegung sogar verhindern würde. Insbesondere auf der rechten Hand fällt es auf noch nicht geradegerichteten Pferden oft schwer, den inneren Unterschenkel wirklich vorne am Gurt zu lassen, wenn der Reiter durch die Schiefe »andersherum gesetzt« wird (mehr dazu im Kapitel über die natürliche Schiefe).

Warum liegt der äußere Schenkel »verwahrend eine Handbreit hinter dem Gurt«?

Die Lage des Beines kommt wie gesagt durch den Drehsitz zustande. Ausschlaggebend für das Pferd sind eher die Gewichtshilfen, aber der dadurch zurückgelegte äußere Oberschenkel hilft außerdem dabei, die Seitneigung und Rotation »um den inneren Schenkel« herum zu ermöglichen. Der Unterschenkel liegt unbedingt flach und möglichst entspannt am Pferd an, denn die äußere Flanke des Pferdes wird in der Biegung ja »länger«.
Ein pressender äußerer Schenkel mit hochgezogener Ferse oder im schlimmsten Fall »in die Rippen gehaktem« Sporn würde für deutlich zu viel Spannung außen sorgen, was salopp gesagt diese

Expiratoren

Die Bauchmuskeln sind Expiratoren, also Atemhilfsmuskeln, die die Ausatmung unterstützen. Aktiviert man sie zu stark und dauerhaft, kann das unangenehm sein und eine tiefe Atmung beeinträchtigen. Auch deswegen ist pressender Dauerdruck unbedingt zu vermeiden.

Körperseite verkürzt, die sich ja eigentlich verlängern sollte. Dadurch würde die korrekte Biegung biomechanisch verhindert.

Die Aufgabe des äußeren Schenkels ist es, das äußere Hinterbein des Pferdes zu »verwahren«, also zu begrenzen. Wenn man den Pferdehals nach innen biegt, könnte das Pferd in sich gerade bleiben und mit der Hinterhand nach außen ausweichen, anstatt sich tatsächlich in seiner Längsachse zu krümmen. Diesen Job erledigt der äußere Schenkel in aller Regel passiv durch seine Anwesenheit. Er federt aus dem korrekten Grundsitz heraus im Takt der Pferdebewegung leicht nach unten und reibt dabei mit flacher Wade ganz entspannt, ohne aktiv zu drücken. Wenn der Reiter mit der inneren Hand keine Fehler macht (dazu später mehr) und keine zu starke, dem Ausbildungsstand noch nicht angemessene Biegung forciert, weil er den klassischen Ausbildungsweg einhält, dann hat die Hinterhand keinen Grund, nach außen zu schleudern. Aktiv werden muss der

EXKURS: Traversale

Seitengänge sollen eigentlich nicht Thema dieses Buches sein, aber denken Sie als fortgeschrittener Reiter ruhig schon mal voraus: In der Traversale ist das Pferd in Bewegungsrichtung gebogen. Es biegt sich nach rechts, um den rechten Schenkel herum und läuft dabei nach rechts. Würde der Reiter die Seitwärtsbewegung so reiten, dass er das Pferd dem permanent aktiv treibenden linken Bein ausweichen lässt, kann das Pferd sich aus oben genannten Gründen dabei nicht mehr reell nach rechts biegen. Es würde im Rumpf gerade werden wie beim Schenkelweichen und der Reiter könnte allenfalls noch den Pferdehals dabei nach rechts ziehen. Diese unter klassischen Gesichtspunkten falsche Art der »Traversale« sieht man leider häufig.

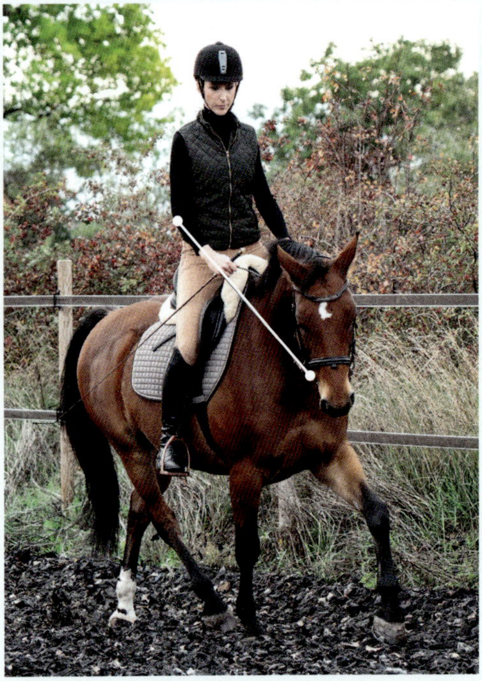

Eine gerade Linie vom Gebissring zum Ellbogen der Reiterin zeigt die korrekte Handhöhe und -breite an. Das Gebiss darf nie zu einer Seite herausgezogen werden.

verwahrende Schenkel nur bei Bedarf in kurzen Momenten, in denen er für wenige Trabtritte oder Galoppsprünge nicht nur passiv federt, sondern diese Bewegung zu einem aktiven Treiben verstärkt, bevor er sich wieder entspannt. Eine besondere Bedeutung kommt ihm dann erst später im Rahmen der versammelnden Übung »Reiten in Stellung« zu.

Auch die Arme des Reiters hängen am Drehsitz

Bei der beschriebenen Simulation des Drehsitzes im Stehen (Fotos auf S. 61) halten Sie Ihre Arme einfach in der korrekten Zügelführungsposition, die ein Teil des klassischen Grundsitzes ist. Wenn man nur den Körper dreht, bewegt sich die äußere Schulter und damit auch die äußere Zügelfaust nach vorne (in Richtung Gebiss/Maulspalte), ohne dass der Ellbogen den Oberkörper des Reiters verlässt. Dieses Vorgeben außen ist notwendig, damit das Pferd seine äußere Halsseite verlängern kann, um sich nach innen biegen zu können (Seitneigung in der Halswirbelsäule). Die innere Schulter dreht sich dagegen ein klein wenig nach hinten, wodurch sich die innere Zügelfaust ohne aktive eigene Bewegung ein ganz klein wenig vom imaginären Pferdehals weg Richtung innen bewegt. Stellen wir uns nun vor, wir säßen auf einem klassisch korrekt ausgebildeten Pferd, das an den Hilfen steht und »die Anlehnung sucht«, also bestrebt ist, die Zügel gleichmäßig gespannt zu halten. Wir drehen uns aus der Körpermitte heraus, nehmen unsere Arme dabei mit und die beiden Zügel bleiben dabei gleichmäßig leicht gespannt. (Sie können sich die Zügel wie zwei Bambusstäbe vorstellen, die von Ihren Fäusten zu den Gebissringen reichen.) Das Gebiss bewegt sich bei der Körperdrehung nach rechts ebenfalls nach rechts und entfernt sich auf der linken Seite außerdem etwas weiter von Ihnen. Das Pferd folgt dem Gebiss und wird auf diese Weise auch im Hals automatisch mit in die gewünschte Richtung gestellt.

Die Zügel in der Biegung

Wenn alles optimal läuft, ist es also möglich, ein ausgebildetes Pferd wirklich rein »aus dem Sitz heraus« zu wenden und gemäß seiner Biomechanik zu biegen. Das sollte definitiv Ziel der Ausbildung sein. Jede zusätzliche, speziellere Einwirkung über die Zügel sollte nur im Bedarfsfall erfolgen und muss sobald wie möglich wieder abgestellt werden. Grundsätzliches Ziel dabei bleibt immer eine gleichmäßige, leichte Anlehnung an beiden Gebisshälften. Kennzeichen korrekter Einwirkung und Geraderichtung ist es, dass keine der beiden Gebisshälften weiter seitlich aus dem Maul herausgezogen wird als die andere.
Im Rahmen der Ausbildung oder gar Korrektur eines Pferdes wird natürlich nicht gleich alles perfekt rein aus dem Sitz heraus laufen und immer dann, wenn ein Pferd gerade nicht oder noch nicht perfekt an den Hilfen steht und geradegerichtet ist, sind verschiedene Zügelhilfen in Ergänzung zu den beschriebenen Gewichts- und Schenkelhilfen möglich.

Anpassen der Zügellänge

Da sich die äußere Halsseite des Pferdes in der Biegung verlängern können muss, während sich die innere Seite verkürzt, ist es legitim, die Zügellänge entsprechend anzupassen, falls die Drehung des Rumpfes allein nicht ausreicht. Der innere Zügel darf um wenige Zentimeter verkürzt und der äußere Zügel entsprechend um wenige Zentimeter verlängert werden, um sich dem Biegungsgrad des Halses anzupassen. Zu Beginn der Ausbildung, wenn Pferd und/oder Reiter nur auf großen Linien mit eher geradem Hals das Wenden üben, ist das noch nicht relevant. Geht es dann jedoch bei der weiteren Ausbildung darum, das Pferd tatsächlich korrekt auf gebogene Linien einzustellen, wird die Anpassung der Zügellänge oft notwendig. Der Vorteil dabei ist, dass der Reiter das Pferd eben nicht aktiv nach innen zieht oder zupft und dabei das Gebiss womöglich schmerzhaft im Maul herum bewegt (worauf viele Pferde mit Gegenziehen und/oder Herausheben antworten!), sondern seine Hände nach dem Nachfassen einfach weiterhin weich federnd in der korrekten Position seitlich des Halses trägt. Das Gebiss soll ruhig und entspannt im Pferdemaul liegen, sodass das Pferd sich weiterhin vertrauensvoll daran anlehnen kann. Der Reiter kommt dadurch in die Lage, seine Hände wieder zu vergessen und kann sich auf Sitz- und Schenkelhilfen konzentrieren.

Einhändig reiten auf Trense

Eine hervorragende Übung in der Ausbildung sowohl des Pferdes als auch des Reiters ist das einhändige Reiten auf Trense, welches leider heute viel zu wenig praktiziert wird. Es bietet dem Pferd die Chance, sich konstant auf gebogener Linie eingestellt an das ruhig liegende

Wenn Theorie und Praxis zwei Paar Stiefel sind

Wenn Sie die in diesem Buch erläuterten reiterlichen Übungen verstanden haben, diese aber in der Praxis nicht funktionieren wie beschrieben, dann lassen Sie sich zunächst von einem versierten Ausbilder korrigieren. Reiten ist nun mal ein anspruchsvoller Sport und es können Welten zwischen dem Verstehen der Theorie und der Umsetzung in der eigenen Praxis liegen. Ist es aber auch mit Unterricht oder unter einem sehr guten Reiter nicht so ohne weiteres möglich, die Übungen mit Ihrem Pferd wie beschrieben nachzureiten, dann ist das ein Fall für einen qualifizierten osteopathischen Pferdetherapeuten. Häufig haben Pferde zum Beispiel Rotationsfehlstellungen des Atlas und wenn das der Fall ist, dann können sie sich technisch nicht korrekt stellen (sondern werden stattdessen eng und/oder verwerfen sich), bis diese behoben sind.]

Gebiss heran zu dehnen. Der Reiter überprüft und verbessert dabei das reelle Reiten aus dem Sitz heraus, ohne mit Hilfe der Zügel »nachhübschen« zu können. Nehmen Sie dazu beide Zügel in eine Hand (traditionell in die linke, aber zur eigenen Geraderichtung trainieren Sie bitte beide!) und fassen Sie den inneren Zügel um so viel kürzer, wie es die Biegung erfordert. Dann tragen Sie die Zügelfaust möglichst passiv vor sich her, regeln die Lenkung mit Hilfe Ihres Drehsitzes und die exakte Linienführung mit Hilfe Ihrer Schenkel: Fällt das Pferd nach innen in den Kreis hinein, treiben Sie es mit dem inneren Schenkel mehr nach außen. Droht es nach außen zu driften, treiben Sie womöglich kurzzeitig mit dem äußeren Schenkel und achten darauf, dass der Halsansatz festgestellt bleibt (vielleicht ist der innere Zügel zu sehr verkürzt?).
Falls Ihr Pferd bei beidhändiger Zügelführung auf gebogenen Linien im Genick tendenziell zu eng wird, weil es anstatt sich zu stellen (Seitneigung) den Genickwinkel schließt (Beugung), dann ist das Einhändigreiten Gold wert! Fassen Sie den inneren Zügel zunächst auf großen gebogenen Linien nur geringfügig kürzer als den äußeren und reiten Sie sanft fließende Tempounterschiede (Tritte verlängern) einhändig. Wenn Sie gleichmäßigen Zug auf beiden Zügel spüren, verkleinern Sie den Zirkel und fassen entsprechend den inneren Zügel ein klein wenig kürzer. Reiten Sie wieder sanfte Tempounterschiede in eher ruhiger Frequenz. Bei korrekter Einwirkung sollte es nach einigen Runden »klick machen«, dass das Pferd sich tatsächlich nach innen stellt und dabei weiterhin an das Gebiss herantritt, während Ihre Hand passiv getragen wird.

Einhändiges Reiten auf Trense sollte wieder zur Grundausbildung gehören.

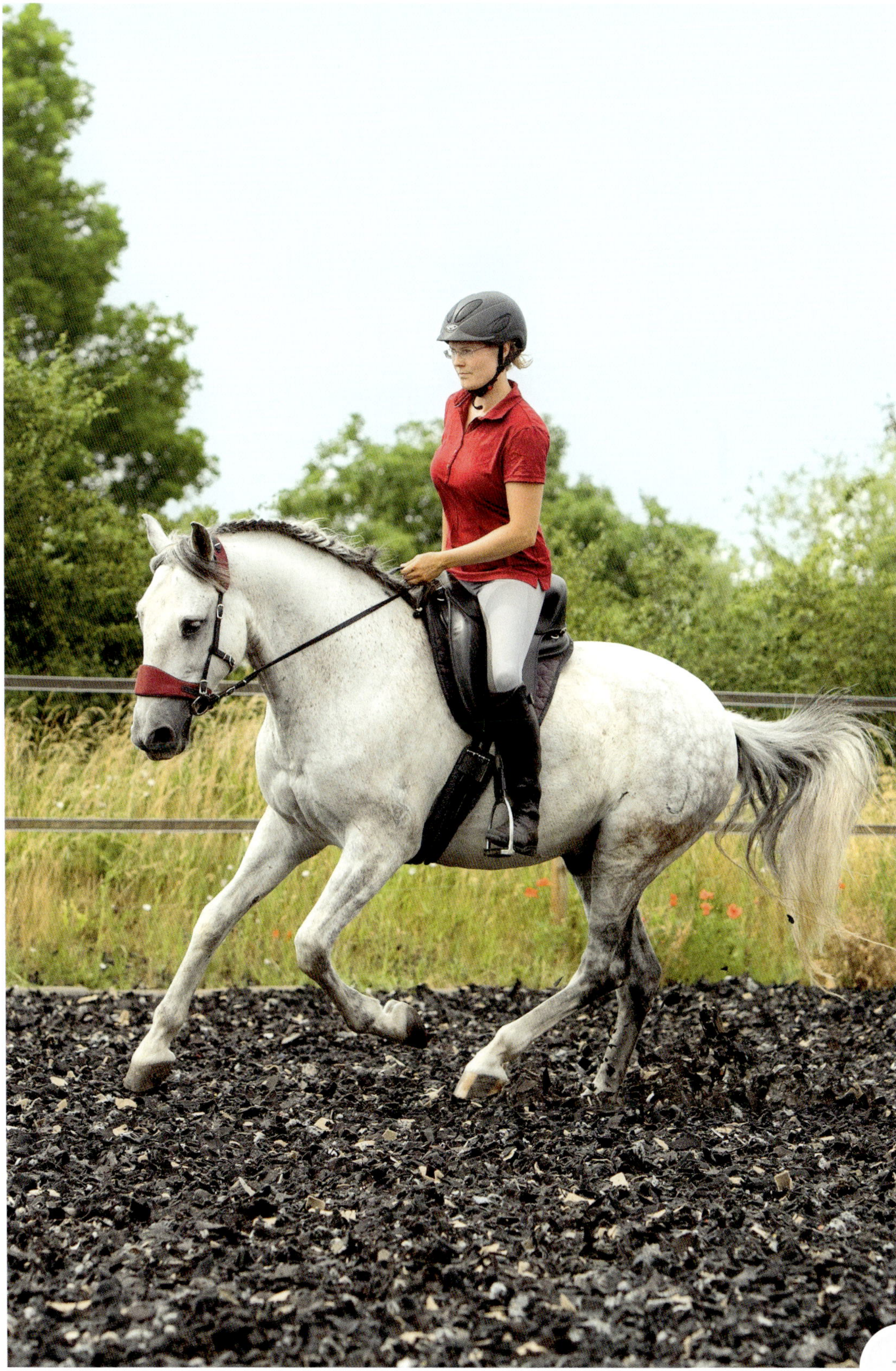

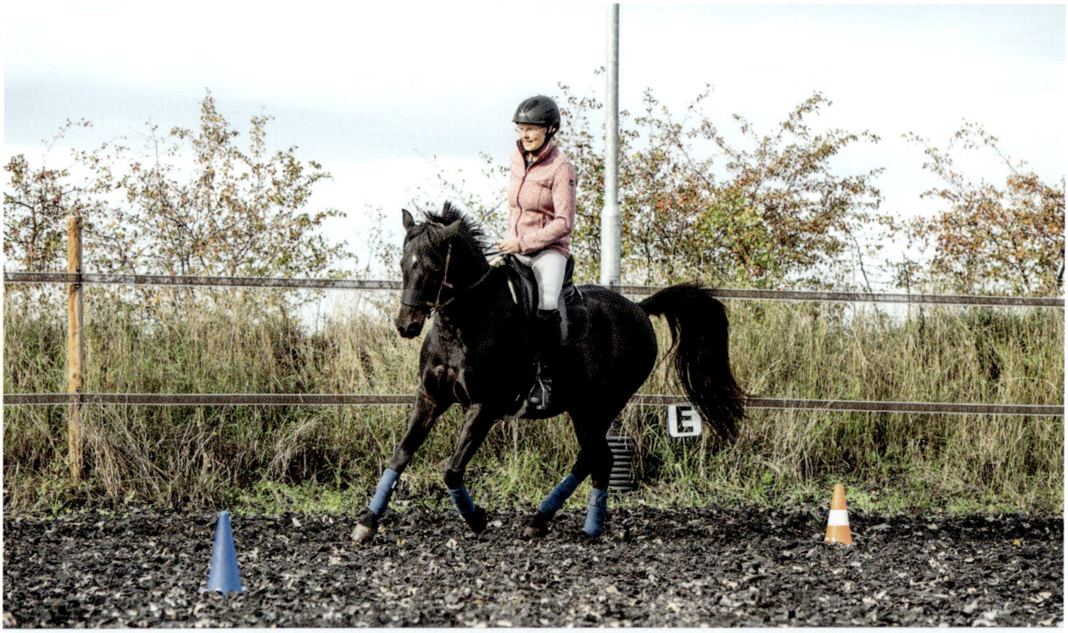

Werden Kreislinien mit mindestens vier Pylonen markiert, geben diese Orientierung und die Möglichkeit zur Selbstkontrolle, ob die Volte wirklich rund und das gesamte Pferd auf Linie ist.

Seitwärtsweisende Zügelhilfe und Biegung ersten Grades

Widmen wir uns nun nach der Erklärung des Drehsitzes und der grundsätzlichen Hilfengebung in der Biegung wieder der fortschreitenden Pferdeausbildung. Sobald der Reiter das Pferd im Rahmen der Grundausbildung wirklich auf die Zirkellinie einstellen möchte, es allein dem Drehsitz aber noch nicht Folge leistet, kann er die seitwärtsweisende Zügelhilfe einsetzen. Dabei dreht man den inneren Unterarm so nach innen, dass der Daumen zur Kreismitte und die Fingernägel zum Himmel zeigen. Der Oberarm bleibt am Oberkörper, während sich die Faust langsam und nur so viel wie nötig seitwärts bewegt und damit den Pferdehals mit nach innen nimmt.

Diese Art der direkten Biegung unter Zuhilfenahme des inneren Zügels wird nach Waldemar Seunig als »Biegung ersten Grades« bezeichnet. Die Oberlinienspannung auf der äußeren Seite wird durch das sanfte Herumnehmen des Halses aktiv gebrochen. Der äußere Zügel muss dazu die Einwirkung des inneren Zügels erlauben, verwahrt also nur ganz leicht (Ellbogen am Oberkörper lassen, nicht etwa den ganzen Arm nach vorne strecken) und lässt den äußeren Zügel nötigenfalls etwas durch die Hand gleiten (Finger öffnen). Sollte das Pferd den Hals zu weit herumnehmen und in der Halsbasis abknicken, anstatt sich gleichmäßig gemäß der Linie zu krümmen, hat der innere Zügel zu stark eingewirkt und/oder der äußere Zügel muss doch etwas mehr verwahren, also nicht ganz so viel Biegung zulassen. Bei korrekter Technik des Reiters gibt das Pferd sich am inneren Zügel selbst nach, denn dieser entspannt sich während des Wendens. Damit das funktioniert, ist es wichtig, dass der Reiter die Faust beim Seitwärtsweisen keinesfalls nach hinten in Richtung des eigenen Oberschenkels (also rückwärts) bewegt, sondern gefühlt sogar in einem kleinen Bogen nach seitwärts-vorne. Damit das Pferd sich tatsächlich biegt und nicht mit geradem Hals nach innen fällt, muss gleichzeitig der innere Schenkel treibend einwirken. Beim Reiten um den Pylonenkreis lässt sich das besonders gut üben, denn der Reiter merkt anhand der Markierung, ob ihm das Pferd nach innen drängt (dann muss er mit dem inneren Schenkel mehr treiben) und er merkt, ob sich das Pferd im Hals noch nicht genügend oder sogar zu viel biegt, wenn er die Krümmung des Halses mit der gedachten Linie bis zur nächsten Pylone abgleicht.

Durchkommen mit dem inneren Schenkel

Um eine Längsbiegung des Pferdes zu erreichen ist es wichtig, dass das Pferd auf den einseitig treibenden Schenkel korrekt reagiert. Kommt man mit dem inneren Schenkel nicht durch, bleibt es in sich gerade und driftet bei der Anwendung der zum Biegen gedachten Hilfen stattdessen ins Innere des Zirkels. Korrektes Durchkommen mit dem inneren

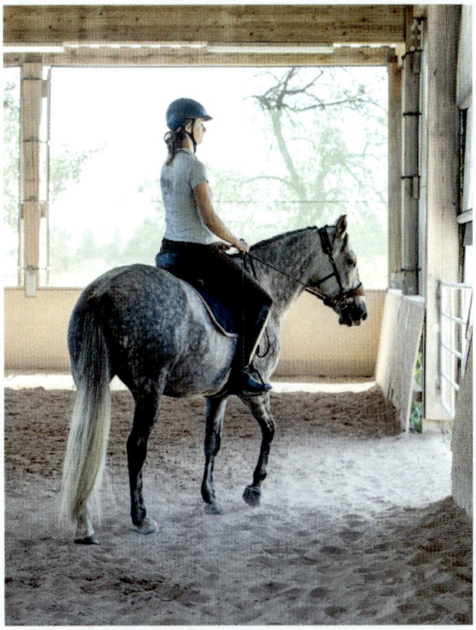

Wie der Name schon sagt: Das Pferd lernt im Schenkelweichen, dem einseitig treibenden Schenkel des Reiters zu weichen.

Schenkel bedeutet, dass das Pferd eben nicht mit seinem Rumpf gegen den Schenkel geht, sondern diesem weicht. Um diese Nachgiebigkeit auf den einseitig treibenden Schenkel zu erlernen, enthält die klassische Grundausbildung verschiedene Übungen wie das Schenkelweichen und die Vorhandwendung, die das Pferd einerseits körperlich lösen und ihm dabei aber eben auch die so wichtige und richtige Reaktion auf den Einsatz des Schenkels beizubringen. Diese lösenden Lektionen der Grundausbildung erfordern noch keine Biegung, können aber durch den Lerneffekt, dass man grundsätzlich dem treibenden Schenkel weicht, die Voraussetzung dafür sein, dass sich die Biegung verbessert. Wenn Sie also bei einem Pferd den Eindruck haben, Sie kommen mit dem inneren Schenkel nicht

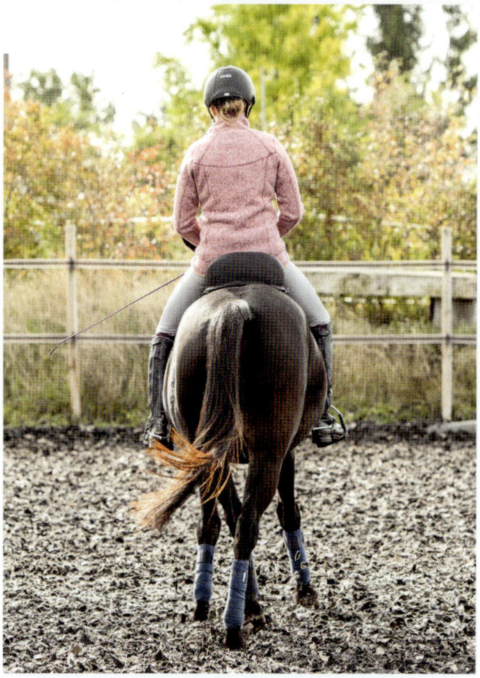

Reiten Sie das Schenkelweichen in vielen verschiedenen Varianten, hier etwa als »Viereck vergrößern«.

richtig durch oder das Pferd drückt gar gezielt gegen Ihr Bein, dann lohnt es sich, sich noch einmal eingehender mit den genannten Übungen zu befassen.

Das Schenkelweichen

Die einfachste Version des Schenkelweichens ist die hier gezeigte mit dem Kopf in Richtung der Bande. Der Reiter schrägt die zweite Ecke einer kurzen Seite ab, sodass er in einem verkürzten Arbeitstempo in sich selbst Gerade im 45-Grad-Winkel auf die Bande trifft. Diese begrenzt die Bewegung nach vorne. Nun treibt der Reiter das Pferd in eine Vorwärts-seitwärts-Bewegung, wobei die Vorder- und Hinterbeine (im Schritt abwechselnd, im Trab gleichzeitig) kreuzen sollen.
Wie der Name treffend sagt, geht es darum, dass das Pferd den einseitig treibenden Schenkel weicht. Lernpsychologisch handelt es sich dabei um eine negative Verstärkung: Der Reiter treibt, hier beispielsweise mit dem rechten Schenkel, das Pferd weicht nach links aus und der Reiter nimmt daraufhin den Schenkeldruck weg.
Dazu sind Technik und Timing der treibenden Hilfe entscheidend: Üben Sie den sanften Druck mit dem oberen Teil der flachen Wade (nicht einer hochgezogenen Ferse!) genau in dem Moment aus, in dem das betreffende Hinterbein, welches Sie seitwärts treiben wollen, abfußt. Im Moment des Auffußens muss der Schenkeldruck in jedem Fall wieder aussetzen, also das Reiterbein passiv hängen gelassen werden. Treiben Sie jeweils auf das abfußende Hinterbein nur dann erneut aktiv, wenn das Pferd den Rhythmus verliert, also stehen zu bleiben oder auszufallen droht. Solange es in ruhigem Tempo flüssig weiter kreuzt, lassen Sie Ihr Bein einfach passiv im Bügel nach unten federn, wodurch der Impuls erhalten bleibt, bevor Sie ihn so spät wie möglich eben wieder durch aktives Treiben verstärken müssen.
Reagiert das Pferd auf den vorwärts-seitwärts-treibenden Schenkel nicht oder gar entgegengesetzt, sodass es sich nicht von ihm weg, sondern auf ihn zu bewegt, setzen Sie sofort die Gerte direkt hinter

Unterschätztes Schenkelweichen

Über die beschriebene Lernerfahrung hinaus hat das Schenkelweichen noch weitere, auch gymnastische und trainingsrelevante Vorteile. Da das Pferd dabei die Körpermitte kreuzt, ist Schenkelweichen crosskoordinatives Training, das dabei hilft, beide Hirnhälften besser miteinander zu verknüpfen. Zudem wird der *M. pectineus* aktiv (siehe S. 34) und damit die Bauchmuskulatur. Schenkelweichen eignet sich desweiteren, um das äußere Hinterbein aufzutrainieren.

Ihrem Schenkel ein und touchieren das Pferd so lange, bis es in die richtige Richtung weicht. Nehmen Sie beim ersten Schritt in die erwünschte Richtung sofort jeglichen Druck weg und sparen Sie nicht mit Lob, auch wenn das Pferd dann wieder stehen bleibt. Gerade durch mehrfaches, schrittweises Seitwärtstreten kann man dem Pferd das Weichen auf den Schenkel ideal erklären (weitere Anleitung dazu im Buch *Basis-Guide für feine Hilfen*).
Dass der Schenkeldruck in dem Moment aussetzt, in dem das Pferd wie erwünscht reagiert, gilt grundsätzlich, also auch in den Biegungen: Sowie ein Pferd auf einen aktiven Impuls richtig reagiert, muss dieser passiv werden und der Schenkel das Pferd nurmehr federnd begleiten.
Die folgenden korrekten Schritte führt das Pferd dann ohne erneuten Druck aus.
Gelingt das Schenkelweichen mit dem Kopf zur Bande, sollte baldmöglichst zu anderen Varianten des Schenkelweichens übergegangen werden. Besonders wertvoll für einen stabilen Halsansatz

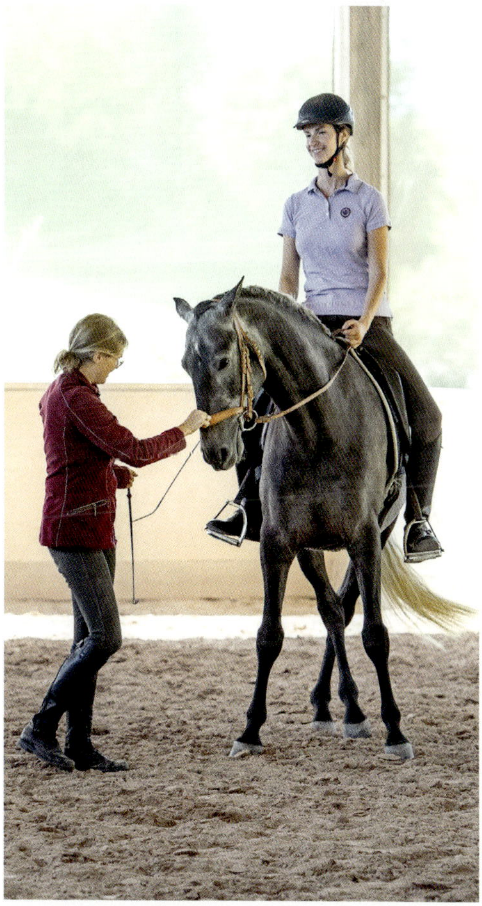

Auch im Übertreten kreuzt das Pferd schenkelweichenartig, hier mit Unterstützung vom Boden.

und einen mittigen Reitersitz ist korrekt gerittenes »Viereck verkleinern und vergrößern«. Besonders interessant hinsichtlich des Durchkommens mit dem inneren Schenkel auf der Biegung ist das Übertretenlassen auf der offenen Zirkelseite oder später auf einer Volte. Dabei bewegt sich das Pferd auf einer Kreislinie wie der Uhrzeiger auf dem Zifferblatt einer Uhr: Pferd und Reiter schauen in die Kreismitte, die Hinterhand wird außen um die Vorhand herumbewegt.

Der lösende Effekt der Biegung

Auf diesem Ausbildungsstand wirken derart gerittene Biegungen auf das Pferd lösend: Sie mobilisieren sämtliche Facettengelenke der Wirbelsäule und dehnen Muskulatur und Faszien der jeweils äußeren Körperseite. Dazu zählt die Muskulatur der Halsoberlinie, die beim falsch trainierten Reitpferd oder bei Pferden, die aktuell oder in der Vergangenheit Stress oder Schmerzen (etwa durch unpassende Sättel) haben oder hatten, häufig verkürzt ist. Dass ein Pferd Einschränkungen in diesem Bereich hat, sieht man daran, dass die Oberlinie verkürzt wirkt, der Unterhals sichtbar hervortritt. Spüren lässt es sich, wenn ein Pferd eben Probleme damit hat, sich geschmeidig zu biegen. Im Bereich des Rückens kommt in Biegung Bewegung in die Rückenlendenbinde (*Fascia thoracolumbalis*, siehe Kasten auf S. 100), die eigentlich bei fast jedem Reitpferd mehr oder weniger starke Restriktionen aufweist. Grund ist die aktive Dehnung des *M. latissimus dorsi*, der aus der Rückenlendenbinde entspringt und ein Rückführer der Gliedmaße ist, da das äußere Vorderbein die längere Vorführphase hat. Außerdem aktiviert die Biegung die Bauchmuskeln, was über die reziproke

Biegung löst Dehnungsbereitschaft aus. Das Zügel-aus-der-Hand-kauen-Lassen erfolgt optimal auf gebogener Linie oder von gebogener Linie kommend.

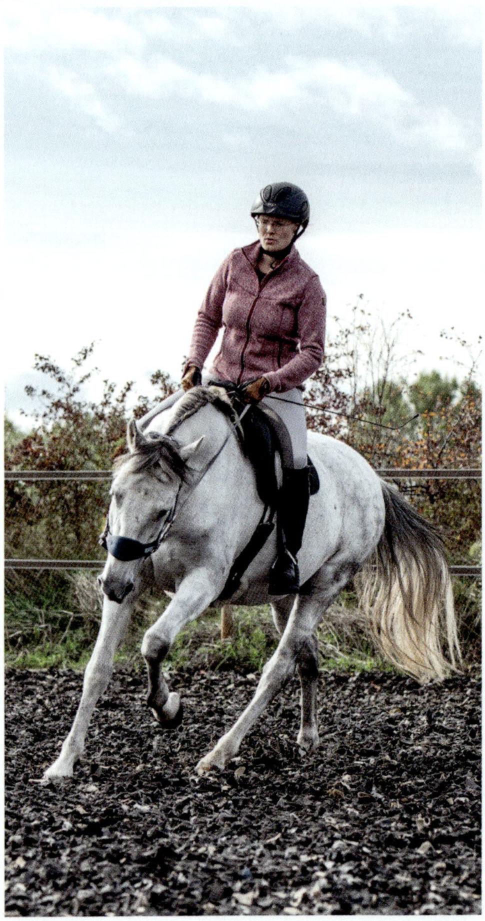

Hemmung (wenn ein Muskel aktiv ist, deaktiviert das den Gegenspieler) zur Entspannung der Oberlinie führt. Die Biegung kann dadurch die Dehnungsbereitschaft (die wiederum das Kriterium für Losgelassenheit ist) auslösen oder verbessern.

Biegung zweiten Grades: Diagonale Hilfengebung

Die Biegung ersten Grades verändert sich dann mit weiterem Fortschritt der Ausbildung zur Biegung zweiten Grades, in dem das Pferd sich nun tatsächlich in annähernd allen Segmenten der Wirbelsäule (siehe Kapitel eins) unter vorherrschender Aktivität der ventralen Muskelkette biegt. Optisch erscheint es dann tatsächlich in seiner Längsachse von Kopf bis Schweif gemäß der Linie gekrümmt, auf der es sich bewegt. Kennzeichen der Biegung zweiten Grades ist es, dass diese Biegung nun unabhängig vom inneren Zügel wird: Das Pferd tritt an den äußeren Zügel heran, während sich der innere wieder entspannt. Der Hals krümmt sich und lehnt sich dabei mit seiner äußeren Seite an den äußeren Zügel an, ohne dass der Reiter die Handhaltung (Endziel: jede Hand befindet sich eine Faust breit neben und eine Faust hoch über dem Widerrist) verändern würde. Die Biegung wird erhalten vom treibenden inneren Schenkel, der die Bauchmuskulatur des Pferdes aktiv hält, welche für die Biegung (biomechanisch vor allem Rotation) des Brustkorbes sorgt. Dieses Treiben »mit dem inneren Schenkel an den äußeren Zügel heran« wird als diagonale Hilfengebung beschrieben. Der innere Zügel wird nun nicht mehr aktiv benutzt.

Überstreichen

Diese für die Versammlung so wichtige Unabhängigkeit der Biegung vom inneren Zügel kann man überprüfen und verbessern durch das Überstreichen mit dem inneren Zügel. Reiten Sie eine gebogene Linie, also etwa einen Zirkel oder eine Volte. Wenn Sie das Pferd gut »am Sitz« haben, also korrekt gedreht sind und es mit beiden Waden gut umrahmen können, während es korrekt nach innen gestellt ist (der Hals also auf der zu reitenden Linie liegt, sich beide Ohren auf einer Höhe befinden und Sie den Rand des inneren Auges leicht schimmern sehen) und Sie spüren, dass der äußere Zügel dabei in Anlehnung gekommen ist, während der innere sich ganz leicht entspannt, dann streichen Sie mit dem inneren Zügel über: Dazu bewegen Sie die Faust mit dem kleinen Finger dicht am Mähnenkamm nach vorne, sodass die Anlehnung am inneren Zügel für einige Trabtritte oder Galoppsprünge lang aufgegeben wird. Danach bewegen Sie die Faust langsam und sanft wieder zurück in die normale Position (in die Nähe des Widerristes mit angewinkeltem Ellbogen). Bleibt das Pferd exakt auf der Kreislinie, also weiterhin

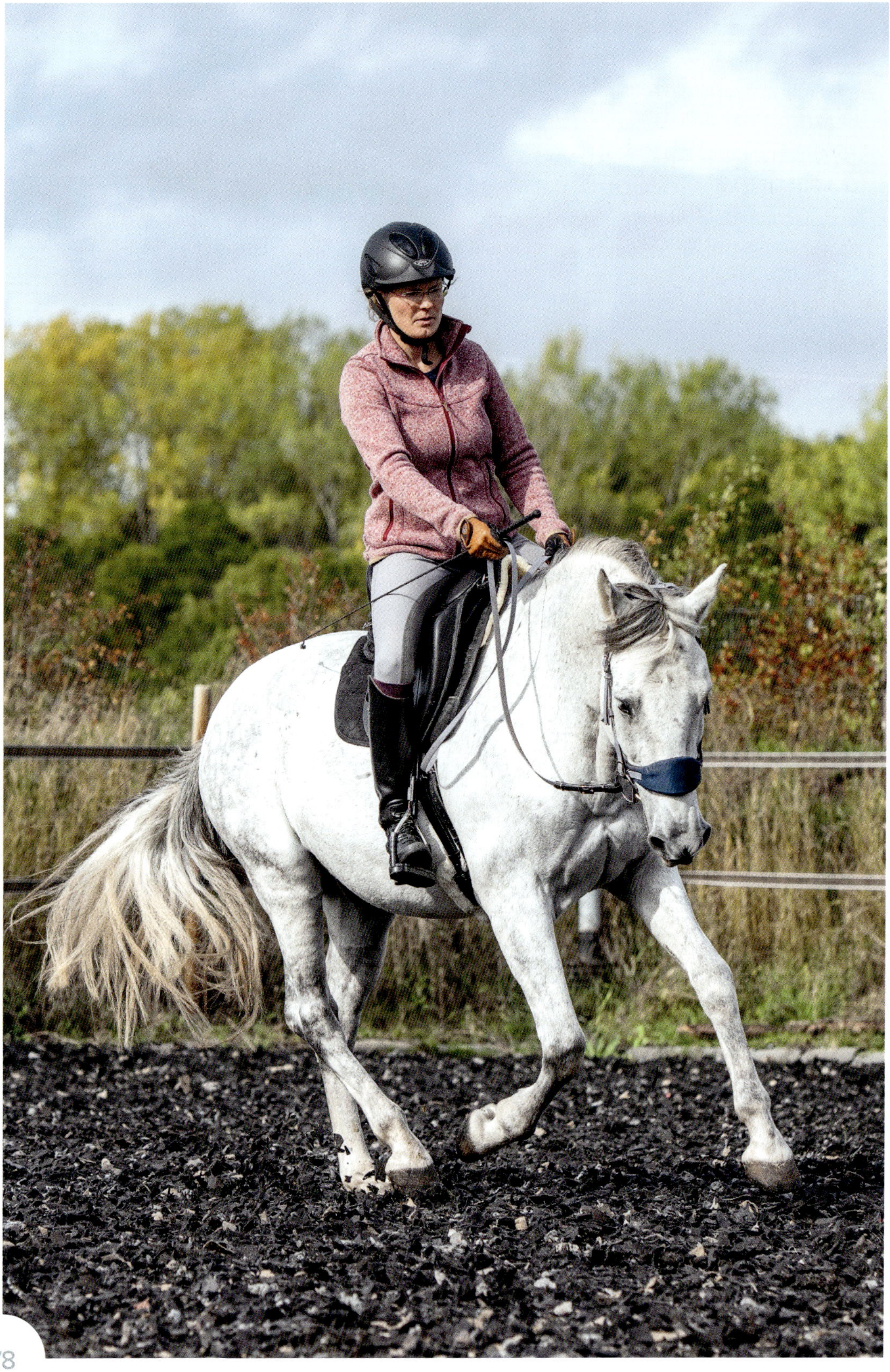

nach innen gestellt und gebogen, während der innere Zügel beim Überstreichen durchhängt, dann ist die Biegung zweiten Grades optimal erreicht.
Mögliche reiterliche Fehler dabei sind die Folgenden: Wenn die Arm- und Handhaltung vorher schon nicht korrekt war (meist die Oberarme nicht wirklich am Oberkörper nach unten hingen und beide Ellbogen des Reiters nicht gleichmäßig gewinkelt waren), dann klappt es nicht, die Verbindung innen aufzugeben. Dem Reiter erscheint »sein Arm zu kurz« oder aber er fällt beim Überstreichen nach vorne. Achten Sie außerdem darauf, wirklich ausschließlich den inneren Arm zu verändern, aber Ihren korrekten Drehsitz dabei nicht aufzugeben. Drehen Sie beim Überstreichen nämlich versehentlich Ihren Schultergürtel mit in die andere Richtung, ist es logisch, dass das Pferd sich dann ebenfalls mit dreht und in die andere Richtung stellt.
Das Überstreichen wirkt auf Pferde wie eine Belohnung und bringt lernende Reiter dazu, sich tatsächlich auf ihren Sitz zu besinnen, anstatt das Pferd mit dem inneren Zügel um die Kurve zu ziehen. Eine schöne Übung dazu ist die Schlangenlinie durch die Bahn mit drei Bogen, wobei der Reiter in jedem Bogen einmal mit dem inneren Zügel überstreichen soll.

Das Überstreichen mit der inneren Hand ist eine gute Kontrolle.

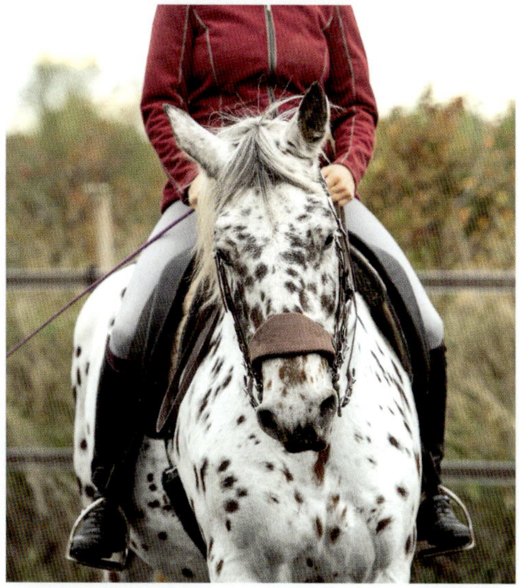

Das Pferd ist hier verworfen: Die Ohren befinden sich nicht auf derselben Höhe.

Anheben einzelner Hände

Die Handposition des Reiters ist in der klassischen Reitlehre definiert: Die Fäuste des Reiters sollen sich (sowohl von der Seite aus betrachtet als auch von oben) auf einer geraden Linie zwischen Gebissring und angelegtem Ellbogen befinden. Das ist wichtig, denn nur auf dieser geraden Linie funktioniert das »Mitschwingen«, also etwa das Begleiten der Nickbewegung im Schritt oder die nachgebenden Zügelhilfen, optimal und das Trensengebiss wirkt korrekt auf die Maulwinkel des Pferdes. Nur dann wirkt die Hand des Reiters für das Pferd angenehm.
Je nach Kopfhöhe des Pferdes (in Abhängigkeit des Ausbildungstandes und der jeweiligen Situation) und dem Körperbau von Pferd und Reiter darf die Handhöhe

also grundsätzlich leicht variieren, um immer auf dieser Geraden zu bleiben. Das Endziel bei einem fertig ausgebildeten Pferd, das an den Hilfen steht, ist traditionell eine Faust breit neben und ein bis zwei Fäuste über dem Widerrist. Dieses ist jedoch wie bereits gesagt im Rahmen der Ausbildung nicht von Beginn an und immer einzuhalten. Die seitwärtsweisende Zügelhilfe haben wir bereits besprochen. Wie steht es mit dem Anheben einzelner Hände, wenn diese dann nach oben aus besagter Geraden herausgehoben werden? Dabei kann es sich um eine sinnvolle Korrekturmaßnahme handeln, um unerwünschten Bewegungen entgegenzuwirken. Am einfachsten erklärt ist das in Bezug auf das verworfene Genick. Befinden sich nicht mehr beide Ohren auf einer Höhe, kann der Reiter versuchen, dies mit Hilfe der Handhöhe wieder anzugleichen. Steht etwa das rechte Ohr tiefer, lassen Sie die rechte Hand ganz sanft und vor allem ohne den Zug auf dem Zügel zu erhöhen langsam um wenige Zentimeter nach vorne-oben ansteigen, während die linke Hand in der normalen Position, also gefühlt eher tief in der Nähe des Widerristes bleibt und verwahrend dafür sorgt, dass das Gebiss stabil in der Mitte des Mauls liegen bleibt. Sobald das Pferd reagiert, in dem es kaut und das Verwerfen auch nur ansatzweise abstellt, sinkt die Hand wieder ganz entspannt in die normale Position zurück.

Wichtig: Damit solche Korrekturmaßnahmen wirken können, muss der Reiter technisch bereits weit fortgeschritten sein und alle sonstigen Hilfen reibungslos einsetzen können. Die Einwirkung der Zügel bildet quasi die »i-Tüpfelchen« im Alphabet der Hilfen und darf und kann niemals benutzt werden, um über andere Mängel hinweg zu täuschen! Liegen irgendwelche Sitzfehler vor oder sind die Arme nicht durch jahrelange Sitzschulung wirklich völlig unabhängig vom Rumpf, so

Ausrüstung

Die hier beschriebenen möglichen Einwirkungen der Hände beziehen sich auf das klassische Reiten mit Trense und bereiten das fortgeschrittene Reiten auf Kandare vor. Mit Stangengebissen ist dann die beschriebene einseitige Einwirkung nicht mehr möglich, weswegen erst auf Kandare umgestellt werden kann, sobald die Biegung zweiten Grades sicher »aus dem Sitz heraus« etabliert ist und keinen aktiv wirkenden inneren Zügel mehr benötigt.

Die verwendete Ausrüstung muss logischerweise grundsätzlich zur Reitweise passen. Weil alternative Kopf- und Mundstücke anders reagieren und anders wirken, kann man eben nicht alle Hilfengebungen mit jeder Ausrüstung beliebig kombinieren.

sollten derartige Korrekturmaßnahmen einem in der Trainingstherapie geschulten Bereiter (siehe Seite 154) vorbehalten bleiben. Falsch ausgeführt (im falschen Moment, zu ruckartig oder einfach zu schnell und zu hoch) kann das Anheben nachhaltig das Vertrauen in die Reiterhand beschädigen und dadurch die Anlehnung und Dehnungsbereitschaft zerstören.
Falls es nicht funktioniert, das Verwerfen abzustellen, kann das daran liegen, dass die Ursache nicht allein im Genick zu finden ist. In dem Fall nutzt es auch nicht, die Hände immer höher zu heben oder stärkeren Zug aufs Gebiss zu bringen. Nicht jedes Problem muss reiterlich lösbar sein. Ein Fallbeispiel finden Sie im letzten Kapitel.

Keine rückwärts wirkenden Zügeleinwirkungen

Rückwärts wirkende Zügeleinwirkungen sind zu Recht in der klassischen Reiterei verpönt und insbesondere in Bezug auf Biegung auch wirklich schädlich. Zieht man das Gebiss im Maul einseitig nach hinten, also in Richtung des Rumpfes, quetscht das Gebiss zunächst einmal die Lefze des Pferdes, was mit Sicherheit nicht angenehm ist. Auf eine schmerzhafte Einwirkung wird ein Pferd dann eben gerade nicht reagieren, in dem es einen solch sensiblen Bereich wie sein Genick loslässt! Im Gegenteil: Es wird versuchen, sein Genick zu schützen, in dem es gegenspannt und dazu unter anderem seine kurzen Nackenstrecker (siehe Kapitel eins) nutzt. Lässt man den Zügel auf der anderen Seite los, wird es im Halsansatz abknicken, was Stress auf den CTÜ bringt und ihn im schlimmsten Fall schädigen kann. Hält der äußere Zügel dagegen kräftig gegen, während der innere rückwärts wirkt, wird das Pferd eng werden und anstatt sich zu biegen vermutlich eher im Bereich des zweiten/dritten Halswirbels (nach Kevin Hausslers Studie ein Bereich, in dem viele Pferde röntgenologische Veränderungen aufweisen) nachgeben und damit einen falschen Knick entwickeln. Wann immer die Handeinwirkungen des Reiters das Pferd in eine unphysiologische Haltung bringen, kann es sich nicht mehr biegen!
Welche Einwirkungen mit den Händen wirken schädigend rückwärts? Am gravierendsten ist es sicherlich, wenn der Reiter den ganzen inneren Arm nach hinten zieht, sodass der Oberarm hinter die Taille kommt und die Zügelfaust auf den Oberschenkel. Aber auch das Eindrehen einer Faust ist bereits eine um mehrere Zentimeter rückwärts wirkende Hilfe. In unserem Workshop »Zügelhilfen« messen wir dabei einen Zug auf das Maul im Bereich von mehreren Kilo! Insbesondere wenn die innere Hand mehrfach rhythmisch eingedreht und wieder losgelassen wird, wird das Gebiss schmerzhaft im Maul hin und her gezogen. Dieses falsch verstandene »Annehmen und Nachgeben« bringt das Pferd mit Sicherheit nicht in eine korrekte

Korrekte Genickstellung

Wie wir aus dem Anatomieteil wissen, ist eine korrekte Genickstellung nur bei nicht zu starker Beugung und demnach mit geöffnetem Genickwinkel (also mit Stirn-Nasenlinie vor der Senkrechten) möglich.
Eine korrekte Biegung im Hals ist weder in starker Beugung noch in starker Streckung machbar. Jede Einwirkung der Reiterhand darf weder dazu führen, dass das Pferd sich im Hals einrollt, noch dass es so sehr gestresst wird, dass sich die dorsale Muskelkette verkürzt, sich das Pferd also stark heraushebt, denn dann kann es sich einfach aus anatomisch-biomechanischen Gründen nicht mehr biegen!
Nur in einer »mittleren« Kopfhöhe und mit langem Hals (in der Gebrauchs- oder Dehnungshaltung, siehe gleichnamiges Buch) ist eine gleichmäßige Biegung biomechanisch optimal möglich. In maximaler Aufrichtung und Beizäumung ist Biegung anatomisch nicht mehr machbar – deswegen enthalten eben maximal versammelte Lektionen wie Piaffe und Levade auch keine Biegung.
Ist ein Pferd überzäumt (Stirn-Nasen-Linie hinter der Senkrechten), ist keine reelle Genickstellung möglich.

Stellung und sollte dringend unterlassen werden! Abhilfe bietet das oben beschriebene einhändige Reiten, das gerade vormals nach innen geriegelte oder nach innen »gezuppelte« Pferde sehr dankbar annehmen.

Auflösen der Biegung und Pausen

Aufgrund der Nachteile, die in Biegung entstehen, wie etwa der Verengung der Zwischenwirbellöcher und der drohenden Insuffizienz des Rumpfträgers auf der inneren Seite, aber auch schlicht aufgrund von Ermüdung der trainierten Strukturen (etwa der schrägen seitlichen Bauchmuskulatur innen oder der Schubkraft des äußeren Hinterbeines) kann kein Pferd die Biegung unendlich lang halten.
Anfangs macht es Sinn, einen Kreis so lange zu reiten, bis die Biegung gemäß des Ausbildungsstandes erreicht ist, also bis das Pferd sich eben auf die Linie hat einstellen lassen, und dann die Kreislinie direkt zu verlassen und das Pferd wieder geradeaus zu reiten. Das Auflösen der Biegung ist die Belohnung für die korrekte Reaktion auf die biegenden Hilfen und damit die Erholung von der Muskelarbeit, die es in Biegung geleistet hat. Nach einem Handwechsel ist die andere Seite dran, die wiederum in eine Gerade aufgelöst und dann wieder mit der ersten Seite abgewechselt wird. So vermeidet man monotone Belastungen und damit

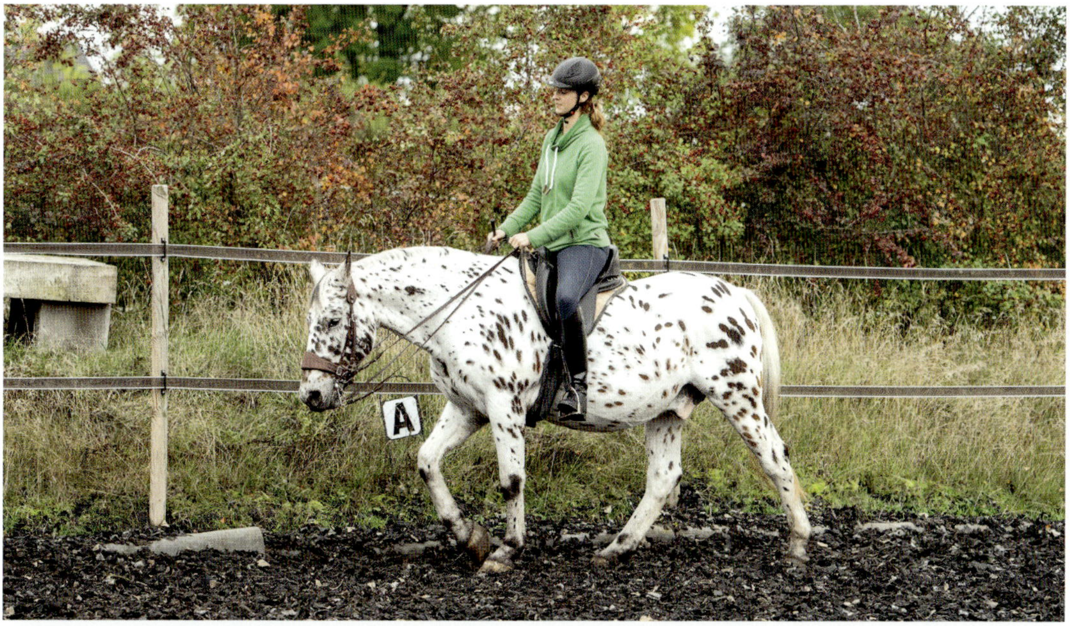

Pausen am langen Zügel geradeaus sind zwischen den Biegungen sehr wichtig.

einhergehenden Kampf und Unwillen des Pferdes gegen das Biegen.
Lässt man immer in den Biegungspausen die Zügel aus der Hand kauen, öffnen sich in jedem Fall auch die Zwischenwirbellöcher wieder und man macht etwaige Handfehler, die versehentlich passiert sein können, wieder wett. Checken Sie immer Ihren korrekten Grundsitz durch, bevor Sie in die nächste Biegung starten, denn nur aus einem korrekten Sitz heraus können Hilfen gegeben werden.
Sobald Pferd und Reiter die biegenden Hilfen grundsätzlich verinnerlicht haben macht es in der weiteren Ausbildung und auch in der Trainingstherapie aus unterschiedlichen Gründen (siehe Stangenfächer, S. 142) Sinn, eine Biegung 45 Sekunden lang konstant zu halten. Das entspricht je nach Voltengröße und Gangart dann mehreren Runden auf einer Hand, bevor die Biegung aufgelöst wird. Für die Gymnastizierung ideal ist es, dabei das Pferd auch in der Biegung herauskauen zu lassen, sodass es sich dehnt, während es auf der gebogenen Linie eingestellt bleibt, und auch die Zügel wieder sanft zu verkürzen, solange es eben noch weiterhin gebogen bleiben kann. Richtet es sich zu weit auf, wird die Biegung biomechanisch irgendwann wieder weniger. Die in Biegung mögliche Halshöhe und das optimale Zügelmaß sind individuell unterschiedlich und hängen vom Exterieur und Trainingsstand ab. Diese Zusammenhänge zu erfühlen gehört zu den Kernkompetenzen des klassischen (Be)reiters und sie entstehen durch achtsames Ausprobieren. Allerspätestens nach 90 Sekunden ist die Biegung auf jeden Fall immer aufzulösen.

Umstellen

Wechselt man von einer Biegungsrichtung in die andere, so muss man das Pferd dazwischen umstellen. Im Zuge dieses Prozesses wird erst die alte Biegung aufgelöst, also das Pferd wieder gerade gemacht, bevor es dann in die neue Richtung gestellt wird.

Schlangenlinie durch die Bahn

Dieses Umstellen sehen wir uns exemplarisch anhand der Hufschlagfigur »Schlangenlinie durch die Bahn, drei Bogen« an: Wir kommen von der linken Hand, also ab C links gebogen durch den ersten Bogen. Am Ende des ersten Bogens auf Höhe der Viertellinie wird das Pferd gerade gestellt, in dem der Reiter den Drehsitz auflöst und den imaginären Bauchnabelstrahler nun einfach geradeaus auf die gegenüberliegende Viertellinie strahlen lässt. Der vormals äußere, rechte Schenkel rutscht dabei nach vorne, sodass auf der Geraden über die Mittellinie beide Unterschenkel senkrecht am Gurt zum Liegen kommen. Der Reiter öffnet die Finger der linken, vormals inneren Hand und treibt sanft mit beiden Schenkeln, auf dass das Pferd diesen eben noch verkürzten und gleich äußeren Zügel ein wenig herauskaut, also verlängert. Dann dreht der Reiter den Sitz langsam nach rechts und strahlt ab der anderen Viertellinie zu

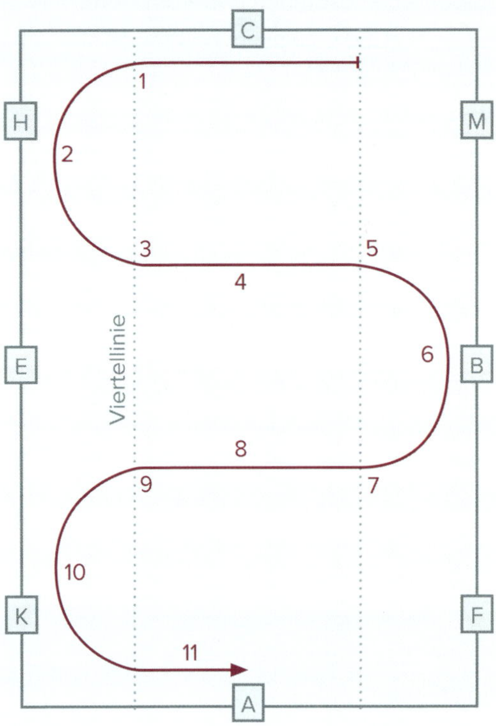

Der Prozess des Umstellens wird hier exemplarisch erklärt anhand der Schlangenlinie durch die Bahn.

1 links stellen, linken Zügel ggf. verkürzen
2 linker Schenkel vorne, rechter verwahrend vorne am Gurt
3 gerade stellen, linken Zügel ggf. herauskauen lassen
4 geradeaus, beide Schenkel treiben am Gurt
5 rechts stellen, rechten Zügel ggf. verkürzen
6 rechter Schenkel am Gurt, linker verwahrend hinter dem Gurt
7 rechten Zügel ggf. herauskauen lassen, gerade stellen
8 geradeaus, beide Schenkel treiben am Gurt
9 links stellen, ggf. linken Zügel verkürzen
10 linker Schenkel am Gurt, rechter verwahrend hinter dem Gurt
11 geradeaus

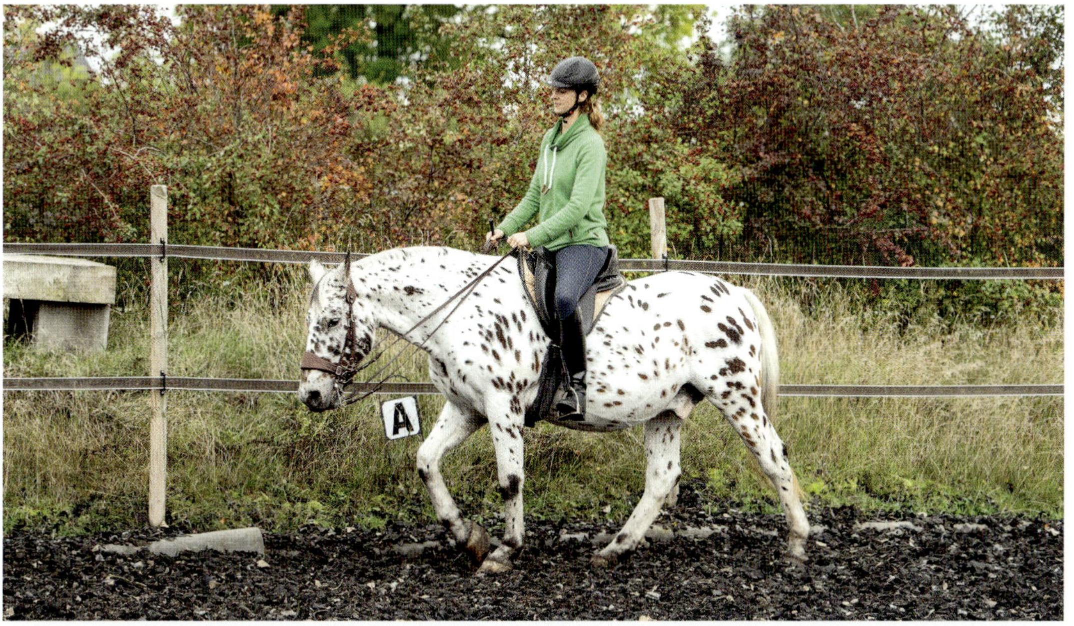

Pausen am langen Zügel geradeaus sind zwischen den Biegungen sehr wichtig.

einhergehenden Kampf und Unwillen des Pferdes gegen das Biegen.
Lässt man immer in den Biegungspausen die Zügel aus der Hand kauen, öffnen sich in jedem Fall auch die Zwischenwirbellöcher wieder und man macht etwaige Handfehler, die versehentlich passiert sein können, wieder wett. Checken Sie immer Ihren korrekten Grundsitz durch, bevor Sie in die nächste Biegung starten, denn nur aus einem korrekten Sitz heraus können Hilfen gegeben werden.
Sobald Pferd und Reiter die biegenden Hilfen grundsätzlich verinnerlicht haben macht es in der weiteren Ausbildung und auch in der Trainingstherapie aus unterschiedlichen Gründen (siehe Stangenfächer, S. 142) Sinn, eine Biegung 45 Sekunden lang konstant zu halten. Das entspricht je nach Voltengröße und Gangart dann mehreren Runden auf einer Hand, bevor die Biegung aufgelöst wird. Für die Gymnastizierung ideal ist es, dabei das Pferd auch in der Biegung herauskauen zu lassen, sodass es sich dehnt, während es auf der gebogenen Linie eingestellt bleibt, und auch die Zügel wieder sanft zu verkürzen, solange es eben noch weiterhin gebogen bleiben kann. Richtet es sich zu weit auf, wird die Biegung biomechanisch irgendwann wieder weniger. Die in Biegung mögliche Halshöhe und das optimale Zügelmaß sind individuell unterschiedlich und hängen vom Exterieur und Trainingsstand ab. Diese Zusammenhänge zu erfühlen gehört zu den Kernkompetenzen des klassischen (Be)reiters und sie entstehen durch achtsames Ausprobieren. Allerspätestens nach 90 Sekunden ist die Biegung auf jeden Fall immer aufzulösen.

Umstellen

Wechselt man von einer Biegungsrichtung in die andere, so muss man das Pferd dazwischen umstellen. Im Zuge dieses Prozesses wird erst die alte Biegung aufgelöst, also das Pferd wieder gerade gemacht, bevor es dann in die neue Richtung gestellt wird.

Schlangenlinie durch die Bahn

Dieses Umstellen sehen wir uns exemplarisch anhand der Hufschlagfigur »Schlangenlinie durch die Bahn, drei Bogen« an: Wir kommen von der linken Hand, also ab C links gebogen durch den ersten Bogen. Am Ende des ersten Bogens auf Höhe der Viertellinie wird das Pferd gerade gestellt, in dem der Reiter den Drehsitz auflöst und den imaginären Bauchnabelstrahler nun einfach geradeaus auf die gegenüberliegende Viertellinie strahlen lässt. Der vormals äußere, rechte Schenkel rutscht dabei nach vorne, sodass auf der Geraden über die Mittellinie beide Unterschenkel senkrecht am Gurt zum Liegen kommen. Der Reiter öffnet die Finger der linken, vormals inneren Hand und treibt sanft mit beiden Schenkeln, auf dass das Pferd diesen eben noch verkürzten und gleich äußeren Zügel ein wenig herauskaut, also verlängert. Dann dreht der Reiter den Sitz langsam nach rechts und strahlt ab der anderen Viertellinie zu

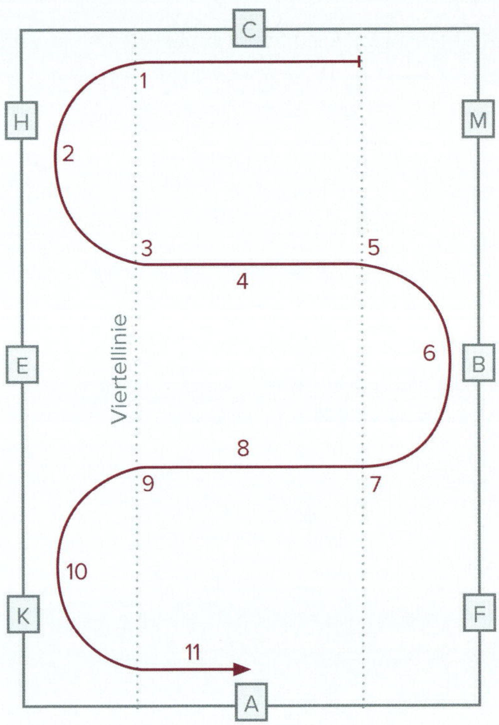

Der Prozess des Umstellens wird hier exemplarisch erklärt anhand der Schlangenlinie durch die Bahn.

1 links stellen, linken Zügel ggf. verkürzen
2 linker Schenkel vorne, rechter verwahrend vorne am Gurt
3 gerade stellen, linken Zügel ggf. herauskauen lassen
4 geradeaus, beide Schenkel treiben am Gurt
5 rechts stellen, rechten Zügel ggf. verkürzen
6 rechter Schenkel am Gurt, linker verwahrend hinter dem Gurt
7 rechten Zügel ggf. herauskauen lassen, gerade stellen
8 geradeaus, beide Schenkel treiben am Gurt
9 links stellen, ggf. linken Zügel verkürzen
10 linker Schenkel am Gurt, rechter verwahrend hinter dem Gurt
11 geradeaus

Punkt B, wo der Scheitelpunkt des zweiten Bogens liegen wird. Nötigenfalls wird der neue innere, also rechte, Zügel leicht verkürzt. Der innere Schenkel treibt das Pferd im Bogen nach außen, sodass es sich hohl macht und an den linken Zügel herantritt, während der innere Zügel etwa im Scheitelpunkt der Kurve idealerweise entspannt (wird), wenn das Pferd sich korrekt in der Biegung zweiten Grades (siehe S. 77) biegt.
Auf Höhe der Viertellinie wird der Drehsitz aufgelöst, sodass der Reiter mit dem imaginären Bauchnabelstrahler nun auf die gegenüberliegende Viertellinie strahlt. Der vormals äußere linke Schenkel rutscht dabei nach vorne, sodass auf der Geraden über die Mittellinie beide Unterschenkel senkrecht am Gurt zum Liegen kommen. Der Reiter öffnet die Finger der rechten vormals inneren Hand und treibt sanft mit beiden Schenkeln, auf dass das Pferd diesen zuvor verkürzten und gleich äußeren Zügel ein wenig herauskaut, also verlängert, weil es in der folgenden Linksbiegung die äußere Halsseite verlängern soll. Dann dreht der Reiter ab der Viertellinie den Sitz langsam nach links für den dritten Bogen. Nötigenfalls wird der neue innere, also linke, Zügel leicht verkürzt. Der innere Schenkel treibt das Pferd im Bogen nach außen, sodass es sich hohl macht und an den linken Zügel herantritt, während der innere Zügel etwa im Scheitelpunkt der Kurve idealerweise entspannt (wird), wenn das Pferd sich korrekt in der Biegung zweiten Grades (siehe S. 77) biegt.

Die Reihenfolge der Hilfengebung ist wie immer erst die Gewichtshilfe (Drehsitz), daran hängend die Schenkellage (innen vorne, außen hinten), dann das Verlängern der äußeren Seite und das Biegen um den treibenden innere Schenkel und als letztes i-Tüpfelchen gegebenenfalls das Verkürzen oder auch Seitwärtsweisen mit dem inneren Zügel, falls erforderlich.

Durch die ganze und durch die halbe Bahn wechseln

Je länger die gerade Strecke zwischen den beiden Biegungen ist desto einfacher. Aus diesem Grund reitet man mit einem jungen Pferd zum Beispiel »durch die ganze Bahn wechseln«, was eine wirklich lange Diagonale enthält, auf der man das Pferd gegebenenfalls über das Tritteverlängern und ein geringfügiges Zügel-aus-der-Hand-kauen-Lassen (genau erklärt im Buch Dehnungshaltung) wieder gut an beide Gebisshälften herantraben lassen kann, bevor man es in die neue Richtung biegen muss. Etwas schwieriger wird es beim »Durch die Halbe Bahn wechseln«, weil die Wendungen enger und die Gerade kürzer ist. Beim »Aus dem Zirkel wechseln« hat man noch etwas mehr Zeit für den Umstellungsprozess als beim »Durch den Zirkel wechseln«.
So steigt also mit zunehmender Ausbildung nicht nur der Grad der Biegung, sondern auch die Anforderung hinsichtlich des geschmeidigen, gut koordinierten Umstellens. Wie jede koordinative

Leistung bedarf das Umstellen angemessener Wiederholungen und das Niveau darf nur allmählich gesteigert werden. Klappt der große Wechsel aus dem Zirkel zum Beispiel noch nicht reibungslos, wird auch der kleine Wechsel durch den Zirkel nicht gymnastisch wertvoll sein, sondern kann sogar im Gegenteil das Pferd massiv verschleißen.

Umstellen: Vom Leichten zum Schweren. Durch die ganze Bahn wechseln (hellgrün), durch die halbe Bahn wechseln (dunkelgrün), aus dem Zirkel wechseln (orange), durch den Zirkel wechseln (rot).

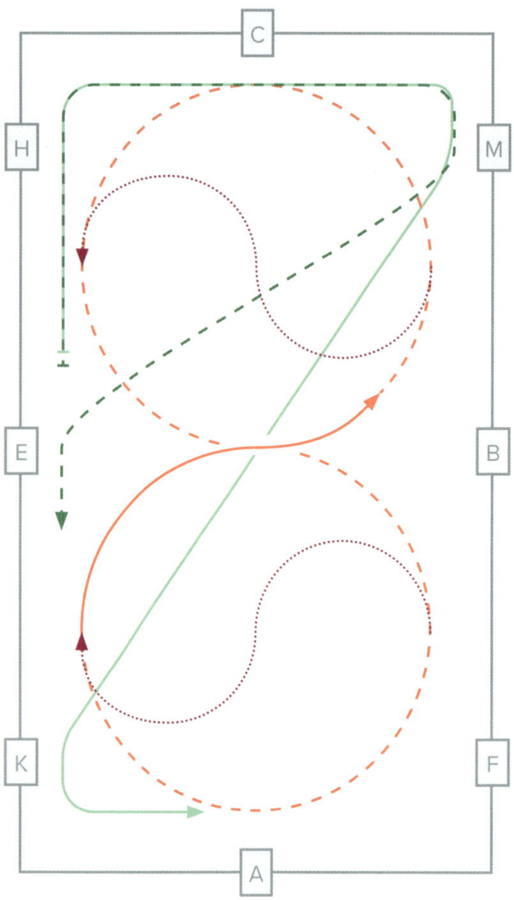

Die Reitlehre beschreibt es als Idealfall, wenn beim Umstellen von einer Seite zur anderen der Mähnenkamm »umspringt«. Direkt unterhalb des Mähnenkamms liegt der Nackenstrang *(Funiculus nuchae)*, eine dicke, elastische Bandstruktur, die paarig angelegt ist und an der *Crista nuchae* am Hinterhauptsbein ansetzt. In Stellung bewegt sich der äußere Teil der Hinterhauptsschuppe nach vorn, was den äußeren *Funiculus nuchae* etwas mehr spannt als den inneren: Der Mähnenkamm »kippt«. Ob der Reiter dieses Kippen sieht, hängt allerdings davon ab, wie viel Fettgewebe im Mähnenkamm eingelagert ist und wie viel Mähne das Pferd hat. Manche »Mähnenwunder« (Friesen, Spanier und Isländer zum Beispiel) tragen mehrere Kilo Haare sozusagen direkt über ihrem Nackenstrang. Dieser ist über die Nackenplatte, *Lamina nuchae*, mit den meisten Halswirbeln verbunden, was die Durchlässigkeit einschränken und langfristig im Extremfall zu Rotationsfehlstellungen von Halswirbeln führen kann.

Die liegende Acht als inneres Bild

Wie fühlt man, ob eine Biegung gelingt? Eine Möglichkeit ist die innere Beobachtung der »liegenden Acht« beim Schrittreiten: Man stellt sich dabei vor, auf einer dreidimensionalen liegenden Acht (siehe Abbildung Seite 87) zu sitzen und die eigenen Sitzbeine würden dieser unendlichen Form folgen. Dabei wird man nach vorne-oben bewegt, dann in einem Bogen nach rechts außen, hinten-unten und wieder mittig nach vorne-oben, in einem weiteren Bogen nach links außen, hinten-unten, mittig wieder nach vorne und so weiter. Zunächst geht es darum, die Acht passiv auf dem Pferd sitzend zu spüren, ohne es aktiv zu beeinflussen.

Je nach Tempo und Schiefesituation des Pferdes können sich die beiden Hälften der Acht »ungleich groß/schnell/hoch« oder »unrund« anfühlen. Bewegt sich ein Pferd lahmfrei und exakt geradegerichtet unter einem geradegerichteten Reiter im ausgeglichenen Verhältnis zwischen Schub- und Tragkraft geradeaus, sind beide Hälften genau gleich groß, wirklich rund und gehen fließend ineinander über. Hat die gefühlte Acht auffällige Ecken oder Aussetzer, stimmt etwas nicht.

Interessant wird es nun, wenn wir in die Biegungen gehen. Reiten Sie rechte Hand ganze Bahn. Beschreiben Sie, wie sich die aktuelle Acht Ihres Pferdes auf gerader Linie anfühlt, bevor Sie dann Mitte der langen Seite eine Volte reiten. Erspüren Sie, wie sich die beiden Hälften der Acht auf der gebogenen Linie verändern. Die äußere, also linke Hälfte der Acht müsste in der Biegung längsoval werden und kann sich dabei flacher anfühlen (denn das äußere Beinpaar des Pferdes legt einen längeren Weg zurück), die innere Hälfte der Acht wird gefühlt etwas kleiner oder der Kreisbogen richtet sich etwas mehr auf. Nehmen Sie diese Veränderungen zunächst einfach nur wahr und wechseln Sie die Hand. Wie verhält sich das im Vergleich auf der linken Hand in der Linksvolte? Vergleichen Sie mehrfach gerade Linien und 10m-Volten im Wechsel.

Beschreiben Sie sie möglichst genau und zunächst wertfrei. Zum Beispiel richtet sich die innere Hälfte in der Linksvolte mehr oder weniger auf als in der Rechtsvolte? Bekommt die äußere Hälfte in der Linksvolte hinten-außen einen kleinen »Zacken«, den sie in der Rechtsvolte nicht bekommt? Mit Übung, präziser Anleitung und Rückmeldung eines in dieser Thematik geschulten Reitlehrers kann man so jegliche Bewegungseinschränkungen des Pferdes aufspüren (und ganze Praxiskurse füllen).

Im nächsten Schritt variieren Sie nun Ihre Einwirkung und spüren, durch welche Hilfen Sie die Acht in ein ausgewogenes Verhältnis bringen können. Treiben Sie zum Beispiel mal mehr oder weniger mit dem inneren Schenkel, nehmen Sie einen Bügeltritt hinzu, weisen Sie mehr oder weniger seitwärts oder probieren Sie es mit Überstreichen. Finden Sie die individuell »richtigen« Hilfen für eine fließende Acht.

Die liegende Acht

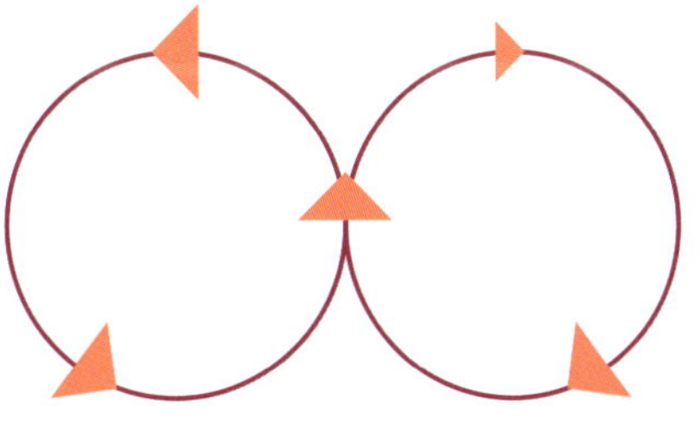

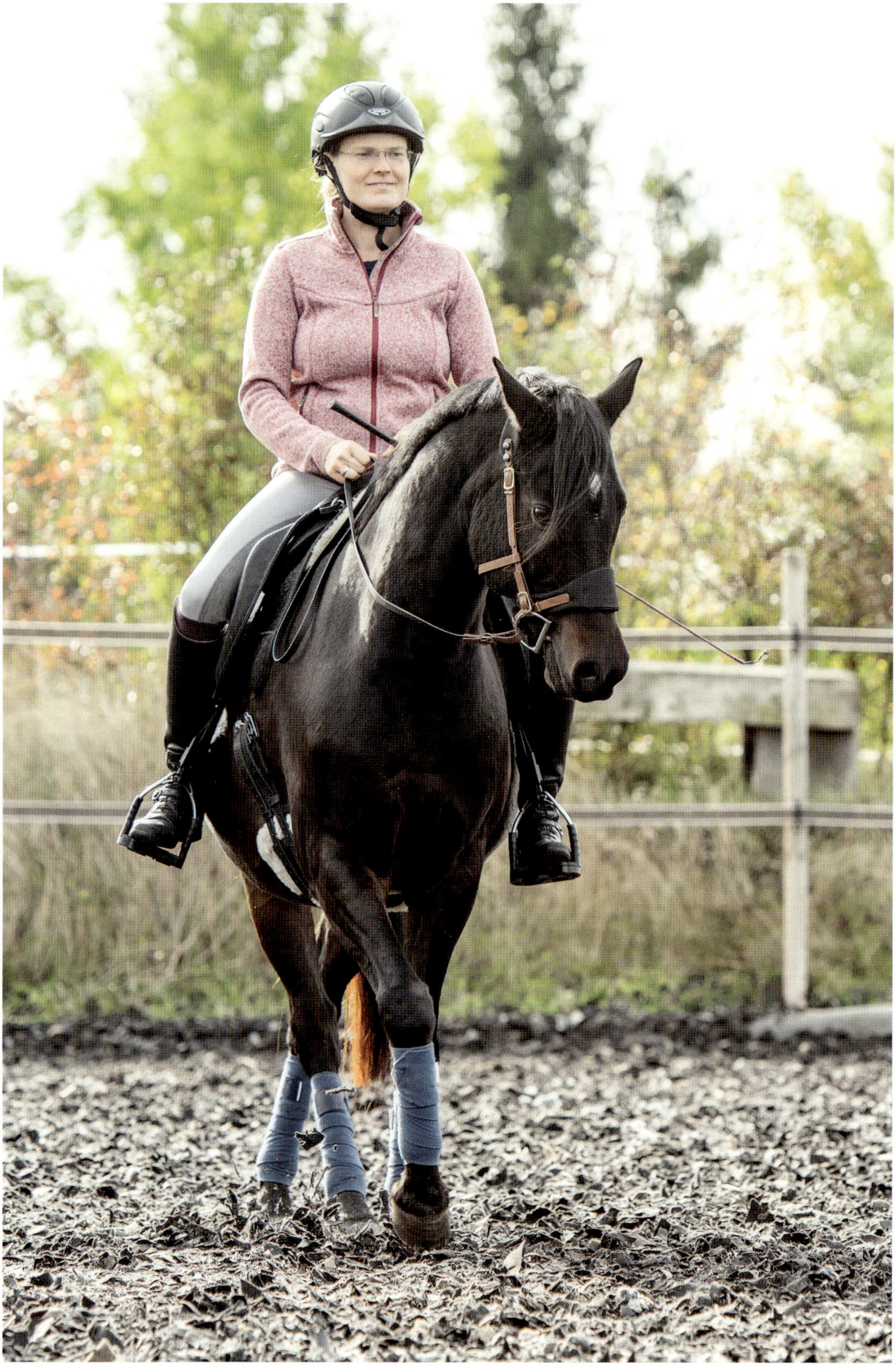

CAMPAGNESCHULE

In der Remonteschule, also der klassischen Grundausbildung, die insgesamt die ersten beiden Jahre der Pferdeausbildung umspannt, wurden zunächst »große gebogene Linien« wie etwa Zirkel, aus dem Zirkel wechseln, durch die ganze oder halbe Bahn wechseln, einfache Schlangenlinien und dann (vermutlich eher im zweiten Jahr) auch Schlangenlinien durch die Bahn in drei Bogen und Volten mit 10 Meter Durchmesser geritten.

Die Grundausbildung geht fließend in die Campagneschule über, welche mindestens die nächsten zwei Jahre der Reitpferdeausbildung umfasst (bevor besonders geeignete Reiter und Pferde in der Hohen Schule ausgebildet werden könnten). Sukzessive werden die gebogenen Linien im Rahmen der Campagneschule nun stärker gekrümmt und die Biegung des Pferdes auf jeden Fall zur Biegung zweiten Grades entwickelt, was Schritt für Schritt die Versammlung des Pferdes erhöht. Das sogenannte »Reiten in Stellung« sowie die Seitengänge Schulterherein, Konterschulterherein, Travers und Renvers kommen hinzu.

Versammlung durch Biegung

Je stärker die Biegung, desto versammelnder ihr Effekt. Einerseits erfordern kleine Volten (in der Camapgneschule im Durchmesser von acht Metern und am Ende auf S Niveau dann von sechs Metern) bereits ein versammelteres Tempo, um sie überhaupt bewältigen zu können.
Würde man im Mitteltrab eine derart enge Wendung einleiten, dann würde das Pferd mit Sicherheit mit der Hinterhand ausschwenken und könnte die Linie nicht halten.

Je größer die dorsoventrale Bewegung in der Wirbelsäule (was bei raumgreifenden Trabtritten der Fall ist, sofern das Pferd wirklich über den Rücken geht!), desto geringer kann die Seitneigung ausfallen. Zum anderen wirkt jede korrekt gerittene Biegung dann auch immer noch weiter versammelnd. Insofern ist es normal, dass jede Volte das Tempo des Pferdes reduziert. Wichtig ist jedoch, dass dabei der Takt gleichbleibt! Die Tritte dürfen kürzer und erhabener werden, aber eben in Bezug auf den Rhythmus nicht »langsamer«. In der Praxis muss man in den kleiner werdenden Biegungen dann auch nicht weniger, sondern oft sogar eher mehr treiben, damit das Pferd sich tatsächlich versammelt. Wichtig ist die Art des Treibens und insbesondere der Rhythmus der Einwirkung. Denken Sie in den Volten an kurze, aber fleißige Tritte und lassen Sie Ihren gesamten Körper und damit eben auch Ihr Bein in einem betont munteren Rhythmus schwingen, um kleine, fleißige Trabtritte zu erhalten (im Gegensatz dazu treiben Sie beim anschließenden Tritteverlängern in betont ruhigem Rhythmus, damit dabei die Tritte wieder größer, aber eben nicht eiliger werden). Im versammelten Trab kommen beide Reiterbeine klassischerweise ein klein wenig weiter hinten zu liegen als im Tritteverlängern, und das ist auch biomechanisch betrachtet gut so: Damit regt der

Stützbeinphasen

Geht ein Pferd nicht versammelt, bewegt es jedes seiner Beine in drei Hang- und in drei Stützbeinphasen: einer vorderen, einer mittleren und einer hinteren. Betrachtet werden die Stützbeinphasen, wenn man von der Hankenbeugung spricht: Ein versammeltes Pferd hat nur eine vordere und eine mittlere Stützbeinphase. Statt wie in der »normalen« hinteren Stützbeinphase die großen Gelenke der Hinterhand (Hanken) inklusive den Übergang zwischen Lendenwirbelsäule und Kreuzbein zu strecken, kommt es in der Versammlung zur vermehrten Beugung von Hüft-, Knie- und Sprunggelenk und einem leichten Abkippen des Beckens, erzeugt durch die Bauch- und Hosenmuskeln. Das Pferd wird »hinten tiefer«. Die Fortbewegung in Versammlung wurde deshalb früher auch als »Beugegang« bezeichnet. Laut Weishaupt et al 2006 nimmt ein versammeltes Pferd nicht wesentlich mehr Gewicht mit der Hinterhand auf, die verlängerte mittlere Stützbeinphase macht die Versammlung aber sehr anstrengend und kräftigt mehrere Muskeln der Hinterhand und die Bauchmuskeln. Letzteres macht das Pferd im hinteren Teil der Brustwirbelsäule »tragfähiger«, weil gut trainierte Bauchmuskeln verhindern, dass der Rücken unter dem Reitergewicht zu stark in die Streckung absinkt.

Reiter nämlich nun beidseits die schrägen Bauchmuskeln zu mehr Tätigkeit an, und das kennzeichnet die vermehrte Versammlung. Eigentlich völlig logisch: Gelingt es, auf einer nun kleineren Volte den **Takt** exakt gleich zu erhalten wie zuvor **und** die **Linie** zu halten (also kein Hinterbein nach innen oder meist außen aus der Spur schwingen zu lassen und das Pferd im Halsansatz nicht abknicken zu lassen, obwohl wir es nun in der Längsachse vermehrt krümmen müssen), dann muss es sich dazu versammeln. Die versammelte Körperhaltung, also die Aufrichtung und die Hankenbeugung, sind die automatischen Folgen von funktionaler Bewältigung der Kreislinie. Verändert sich dagegen der Takt (meist werden die Pferde langsamer) oder schwenkt die Hinterhand aus oder verliert das Pferd die Linie, weil es zum Beispiel mit abgeknicktem Halsansatz »über die äußere Schulter wegrennt«, dann handelt es sich dabei eben um kein sinnvolles, versammlungsförderliches Training, sondern unphysiologische Bewegungsmuster. Es ist wichtig, dann zunächst zu Kreisgrößen zurückzukehren, die Pferd und Reiter bewältigen können, und dort dann Sitz- und Einwirkungsfehler zu korrigieren.
Tauchen wiederkehrende Probleme auf (zum Beispiel ein Verwerfen, das offensichtlich nicht durch Handfehler des Reiters verursacht ist) oder wird ein Pferd im Laufe der Ausbildung gefühlt immer schiefer, sodass der »Qualitätsunterschied« der Rechtsvolte gegenüber der Linksvolte auch unter einem versierten Bereiter unverhältnismäßig deutlich ausfällt, dann wird ein körperliches Problem vorliegen. Nicht alles lässt sich »wegreiten«, selbst wenn man ein guter Reiter ist. Bitte stellen Sie Ihr Pferd im Zweifel einem ausgebildeten osteopathischen Pferdetherapeuten oder wenn nötig Tierarzt vor und lesen Sie gegebenenfalls weiter im Kapitel über die natürliche Schiefe.

Aufrichtung versus Biegung

Je versammelter ein Pferd ist, desto mehr richtet es sich auf, desto weniger ist jedoch Biegung (Seitneigung) in der Wirbelsäule möglich. In Aufrichtung gerät die untere Halswirbelsäule in eine mehr oder wenige starke Streckung: die Facettengelenke gleiten ineinander. Dadurch sind sie für die Seitneigung verriegelt. Um kleine Volten gehen zu können, braucht es wie beschrieben einen gewissen Versammlungsgrad – ab einem noch höheren Versammlungsgrad gehen jedoch dann keine Biegungen mehr! Je nach Größe und Exterieur des Pferdes ist die minimale Voltengröße also auf ganz natürliche Weise begrenzt. Die Reitvorschrift (siehe Seite 93) gibt als minimale Größe, auf der Biegung überhaupt noch möglich sein kann, sechs Schritt Durchmesser an.
Denken wir an die Piaffe: In dieser Lektion der hohen Schule ist das Pferd dann maximal aufgerichtet und maximal beigezäumt (Genick höchster Punkt,

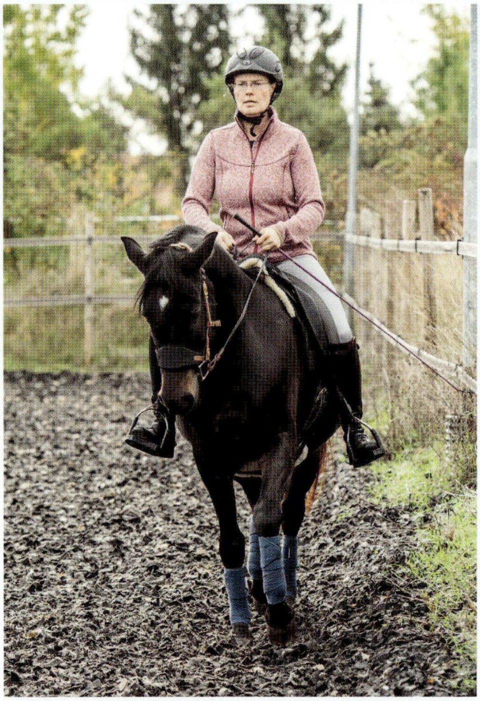

Im Schultervor sollte das innere Hinterbein zwischen den Vorderbeinen zu sehen sein.

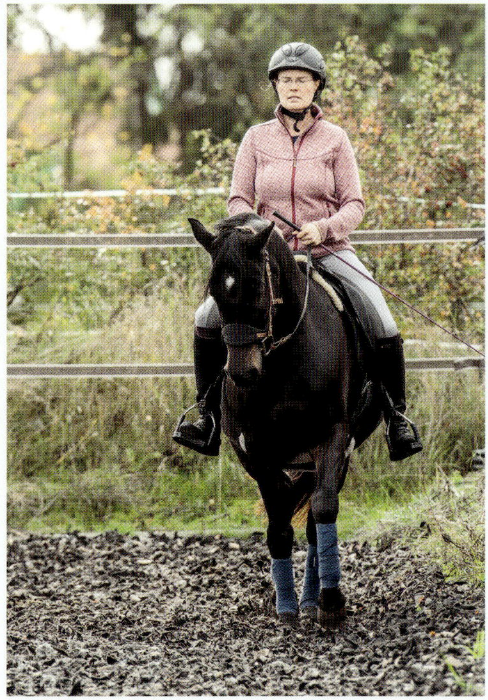

Beim Reiten-in-Stellung sollte das äußere Hinterbein zwischen den Vorderhufen zu sehen sein.

Stirn-Nasen-Linie senkrecht), aber eben in sich gerade. Auch wenn die Passage auf einer Volte (beispielsweise um die touchierende Ausbilderin herum) erarbeitet wird, begegnet uns dieses Phänomen: Zumeist schwenkt das äußere Hinterbein dabei leider aus, denn dann ist es eben nicht möglich, sich gleichzeitig noch gemäß einer Voltenlinie zu biegen.

Schultervor und Reiten-in-Stellung und Konterstellung

Beim Reiten von gebogenen Linien wird das Pferd wie bereits beschrieben natürlich auf diese gekrümmte Linie eingestellt und damit also gebogen. Reitet man jedoch mit einem gebogenen Pferd »geradeaus«, also beispielsweise an der Reithallenbande entlang, so ergeben sich dadurch eigene Lektionen, geritten zunächst im Schritt, dann vorwiegend im (abgekürzten) Trab.

Im Schultervor (auch »erste Stellung« genannt), wird das Pferd etwa auf der rechten Hand nach rechts gestellt und das innere Hinterbein in Richtung Körpermitte zwischen die beiden Vorderbeine getrieben, während sich die beiden äußeren, hier also linken, Beine auf exakt derselben Hufschlaglinie bewegen. Beim Reiten in Stellung (»zweite Stellung« genannt) rechts wird

das Pferd leicht nach rechts gebogen. Das äußere, also linke Hinterbein tritt in Richtung zwischen die beiden Vorderbeine, während die beiden inneren, hier also rechten, Beine auf derselben Linie bleiben.
Die Körperdrehung, die Schenkellage und die Zügelhilfen entsprechen der Hilfengebung auf gebogenen Linien, wobei der innere Schenkel meistens besonders aktiv dafür sorgen muss, dass das Pferd eben nicht gemäß der Biegung nach innen abwendet (und dann etwa auf eine Volte gehen würde). Der verwahrende äußere Schenkel, der das äußere Hinterbein in die geforderte Spur bringt, muss sehr dosiert eingesetzt werden, damit das Pferd eben nicht traversartig die gesamte Kruppe hereinnimmt.
Offiziell als Vorbereitung für die Seitengänge gesehen ist es nicht selten so, dass der Reiter erst durch diese differenzierte Arbeit das Pferd tatsächlich einzurahmen beginnt und lernt, wie er die inneren und äußeren Hilfen aufeinander abstimmen muss, sodass sich tatsächlich ein korrektes, möglichst konstantes Reiten-in-Stellung ergibt und das Pferd weder die Biegung verliert, noch ungewollt seitwärts ausweicht. Unkontrolliertes seitwärts Herumdriften der Hinterhand oder auch das seitliche Ausweichen der Vorhand weg von der Linie sind nämlich fehlerhafte Manöver, um den versammelnden Effekt der Biegung zu umgehen. Sie sind keinesfalls mit korrekten Seitengängen gleichzusetzen, denn sie enthalten natürlich nicht deren gymnastizierende Vorteile. Gehen Pferde in den Seitengängen unkontrolliert und mit zu viel Abstellung, dafür aber entsprechend nicht korrekter Biegung seitwärts, so sollte die Arbeit auf gerader Linie im Schultervor und das Reiten in Stellung auf den Stundenplan, anstatt »verbogene Seitwärtsgänge« zu praktizieren.

Aus der Reitvorschrift, 1912:

»Das Höchstmaß der im Gang zu fordernden Längsbiegung ist erreicht, wenn beim Reiten auf gerade Linie der äußere Hinterfuß in die Richtung zwischen die beiden Vorderfüße tritt, der innere Hinterfuß auf den gleichseitigen Vorderfuß spurt. Der Grad der Biegung muss häufig wechseln und das Biegen durch geradeausstellen unterbrochen werden. Auch darf man nicht zu lange auf derselben Hand biegen.«
»Der häufigste und folgenschwerste Fehler beim Reiten in Stellung besteht darin, dass die Kopfstellung durch zu festes Halten oder Ziehen am inneren Zügel gefordert und hierdurch dem Pferde ein richtiges Vor- und Untertreten des inneren Hinterfußes unmöglich gemacht wird.«

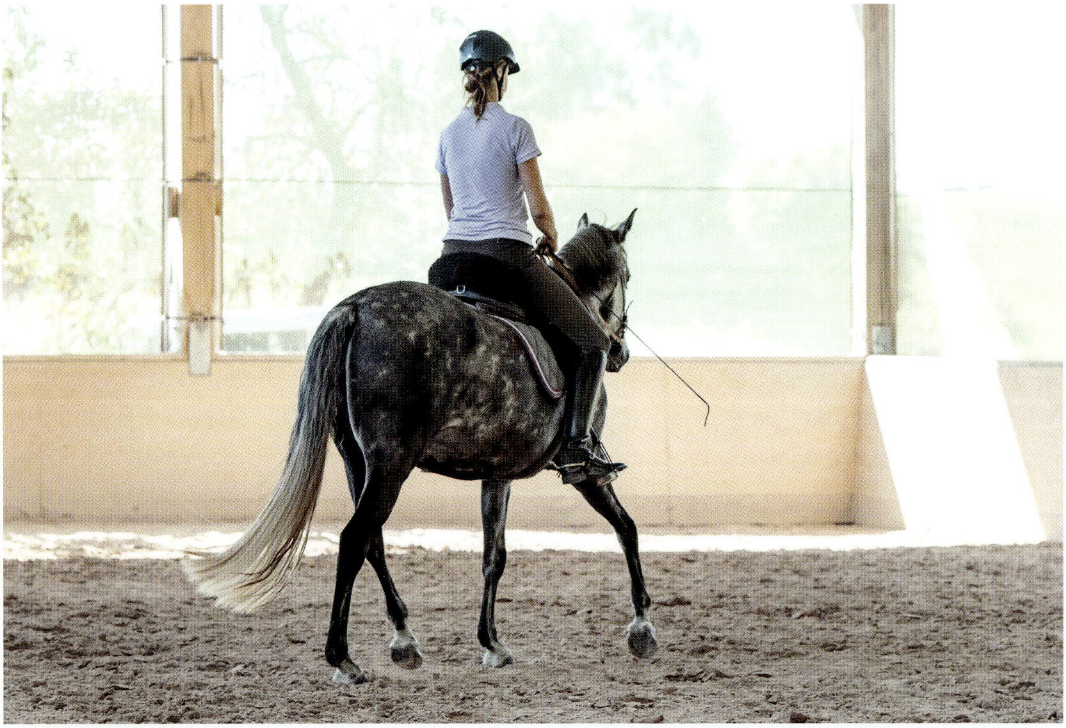

In der Konterstellung und dem Konterschulterherein wird das Pferd entgegen der Bewegungsrichtung gestellt.

Das Reiten-in-Stellung ist auch entgegen der Bewegungsrichtung, also als Konterstellung, eine sinnvolle Lektion. Dazu wird das Pferd beispielsweise nach links gebogen, während man rechter Hand auf einem Zirkel reitet.

Aus der Praxis wissen wir um den vielfältigen Nutzen insbesondere der Konterstellung. Zum einen erübrigen sich in der Konterstellung oft diverse »Lenkungsprobleme«, die sich ergeben können, wenn Reiter bislang versucht hatten, durch einen rückwärtsziehenden inneren Zügel auf den Zirkel zu wenden. Um in Konterstellung um die Kurve zu kommen, lernt man zwangsläufig den effizienten Einsatz der Gewichts- und Schenkelhilfen. Damit erledigen sich dann direkt auch die Losgelassenheitsprobleme, die Pferde aufgrund fehlerhafter Handeinwirkung des Reiters entwickelt hatten. Im Ergebnis bekommt man in der Konterstellung beispielsweise oft die Pferdenase wieder vor die Senkrechte, die beim gescheiterten Versuch einer Innenstellung eng geworden war.

Auch in der Trainingstherapie nutzen wir häufig die Konterstellung. Begegnet man beispielsweise einem auf dem Zirkel nach links nach innen abknickenden Halsansatz (also nach rechts verschobene Halsbasis) dadurch, dass man die Linkswendung als Wendung in Konterstellung ausführen lässt, so wird der Rumpfträger auf der linken Seite eben nicht insuffizient und damit das innere Vorderbein geschützt,

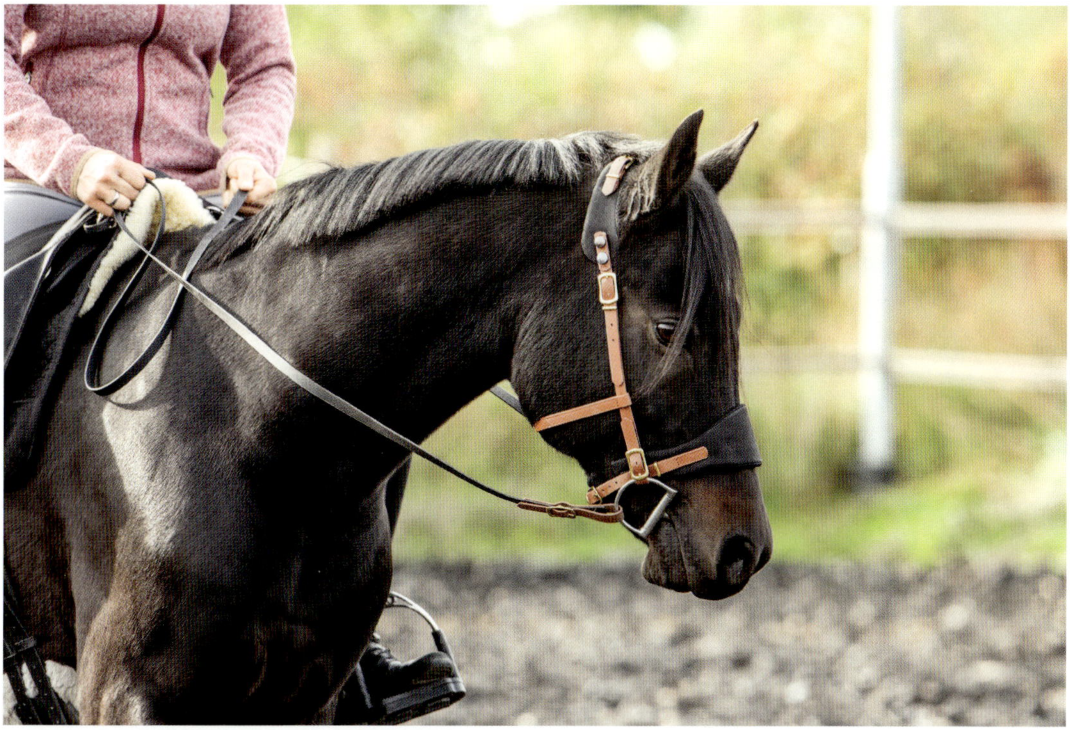

Nur korrekte Grundlagenarbeit ermöglicht die weitere Ausbildung.

während man die Halsbasis nach links, also »wieder vor den Rumpf« des Pferdes treiben kann, wo sie hingehört, um den CTÜ nicht zu schädigen. Das typischerweise oft seitlich ausfallende rechte Hinterbein bekommt man durch die Linkswendung in Konterstellung zwangsläufig dazu, korrekt zu schieben. Dadurch ergibt sich eine verbesserte Anlehnung auf dem rechten Zügel (Anlehnung ist das Ergebnis von Schubkraft!), mit Hilfe derer man dann nach dem Einrichten und Umstellen den Halsansatz gerade behalten kann, sodass er danach auch in der Linksstellung nicht mehr abknickt und dadurch dann die Grundlage für die Entwicklung korrekter Biegung geschaffen ist.

Die klassischen Seitengänge

Kennzeichen der klassischen Seitengänge Schulterherein, Konterschulterherein, Travers und Renvers ist die ihnen zugrunde liegende Biegung. Jeder Seitengang setzt sich zusammen aus einer Biegungsrichtung, die im Vorfeld ausführlich thematisiert und über mindestens zwei bis hin zu vier Jahre lang trainiert worden ist, und einer Vorwärts-Seitwärts-Bewegung, die ebenfalls im Vorfeld bereits in der Grundausbildung etwa durch das Schenkelweichen etabliert wurde. Stimmen diese beiden Voraussetzungen, ist die Erarbeitung der Seitengänge sowohl für das Pferd als auch für den Reiter eine

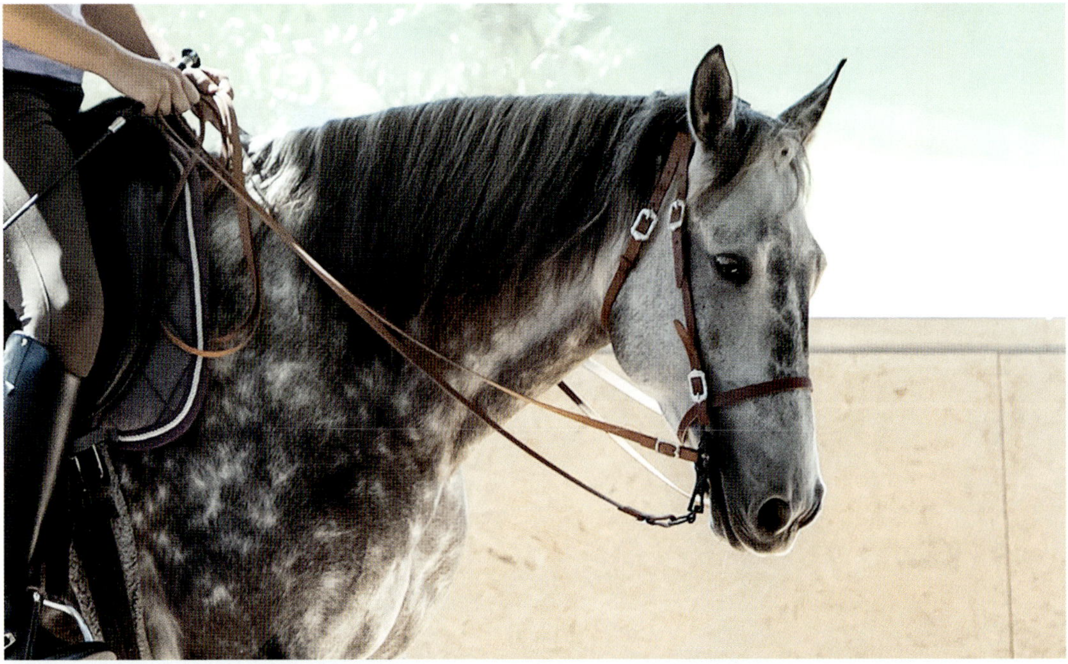

Besprechen Sie die Kandarenreife unbedingt mit einem versierten Ausbilder.

schlüssige Sache. Dieses Buch hat nicht die Seitengänge zum Thema, aus der Praxis heraus möchten wir Ihnen jedoch folgende Tipps mitgeben: Bei jeglichen Problemen in einem Seitengang perfektionieren Sie zuerst die genannten Grundlagen! Wenn Sie eine **wirklich runde** Volte mit einer **wirklich konstant gleichbleibenden Biegung zweiten Grades** (siehe Seite 77) reiten können (und nicht etwa alle zehn Sekunden die Biegung verlieren oder noch mit dem inneren Zügel »nachhübschen« müssen), dann klappt auch das Schulterherein. Funktioniert eine konstante Konterstellung bei korrekter Einhaltung der Zirkellinie, dann bauen Sie darauf Ihr Konterschulterherein auf. Von korrektem Reiten-in-Stellung ist es nicht weit zum Travers und so weiter.

Kandarenreif?

Die Grundausbildung absolvieren wir im klassischen Reiten aus gutem Grund auf einem gebrochenen Trensengebiss, denn nur weil sich die beiden Gebisshälften unabhängig voneinander bewegen lassen, sind einseitige Zügeleinwirkungen wie die seitwärtsweisende Zügelhilfe oder auch das Anheben einer Hand, beispielsweise gegen das Verwerfen, möglich.
Bei ungebrochenen Zäumungen, also auf Stange und noch extremer auf Stangengebissen mit Hebelwirkung, also Kandaren, führt die einseitige Einwirkung dazu, dass die andere Seite der Stange sich im Maul verkantet, was für das Pferd extrem schmerzhaft werden kann.
Kandarenreif in Bezug auf Biegung ist ein Pferd-Reiter-Paar dann, wenn keine oder

allenfalls nur noch sehr geringe einseitigen Einwirkungen nötig sind, wir also die Biegung ersten Grades bereits hinter uns gelassen haben. Im Laufe der Campagneschule kann also zu gegebener Zeit auf Kandare mit Unterlegtrense und erst am Ende der Ausbildung auf blanke Kandare, die klassischerweise immer einhändig geführt wird, umgestellt werden. Bitte besprechen Sie jeden dieser Schritte jedoch immer mit einem versierten Ausbilder, der sowohl Ihre eigenen reiterlichen Fähigkeiten (insbesondere den Gebrauch Ihrer Reiterhand) als auch den Ausbildungsstand des Pferdes realistisch einschätzen kann.
Treten auf Kandare Probleme auf, die Sie mit Trense nicht hatten, dann vereinbaren Sie bitte einen Termin mit einem Pferdezahnarzt und im Anschluss mit einem osteopathischen Pferdetherapeuten.

Und was ist mit gebisslosen Zäumungen?

Zu Beginn der Grundausbildung nutzen viele klassisch orientierte Reiter einen Kappzaum und viele Freizeitreiter das dem Westernreiten entlehnte Sidepull. Werden die Zügel seitlich an der Pferdenase befestigt, lässt sich das Herumführen des Kopfes in die gewünschte Richtung damit sehr einfach üben und für die Phase der Gewöhnung an das Reitergewicht ist ein Kappzaum optimal. Die Nachgiebigkeit zur Seite ist jedoch nicht alles, denn sobald es um die hier beschriebene Entwicklung einer konstanten Anlehnung im klassischen Sinne geht, benötigt man in der Grundausbildung ein Trensengebiss. Dieses liegt auf der Zunge, also einem dicken Muskel, der das Gebiss abpolstert, wohingegen das Nasenbein nur von einer dünnen Haut direkt über der schmerzempfindlichen Knochenhaut überspannt wird. Es wäre nicht pferdefreundlich, auf dieser empfindlichen Stelle eine Anlehnung erreiten zu wollen, die über das Eigengewicht eines durchhängenden Zügelns hinaus geht. Dabei entstehen nicht selten langwierig schmerzhafte Knochenhautreizungen. Am schlimmsten ist diese Reizung, wenn der Nasenriemen seitwärts über die Nase gezogen wird. Deswegen gilt: Kurzfristige seitwärtsweisende Einwirkung in der Gewöhnung sind über die Nase möglich, wobei das Nasenteil gut gepolstert sein muss und nicht verrutschen darf, konstante Verbindung aber nur über das Gebiss. Deswegen kombinieren viele klassische Ausbilder den Kappzaum bald mit einem Gebiss, bevor sie gänzlich auf Gebiss umstellen.

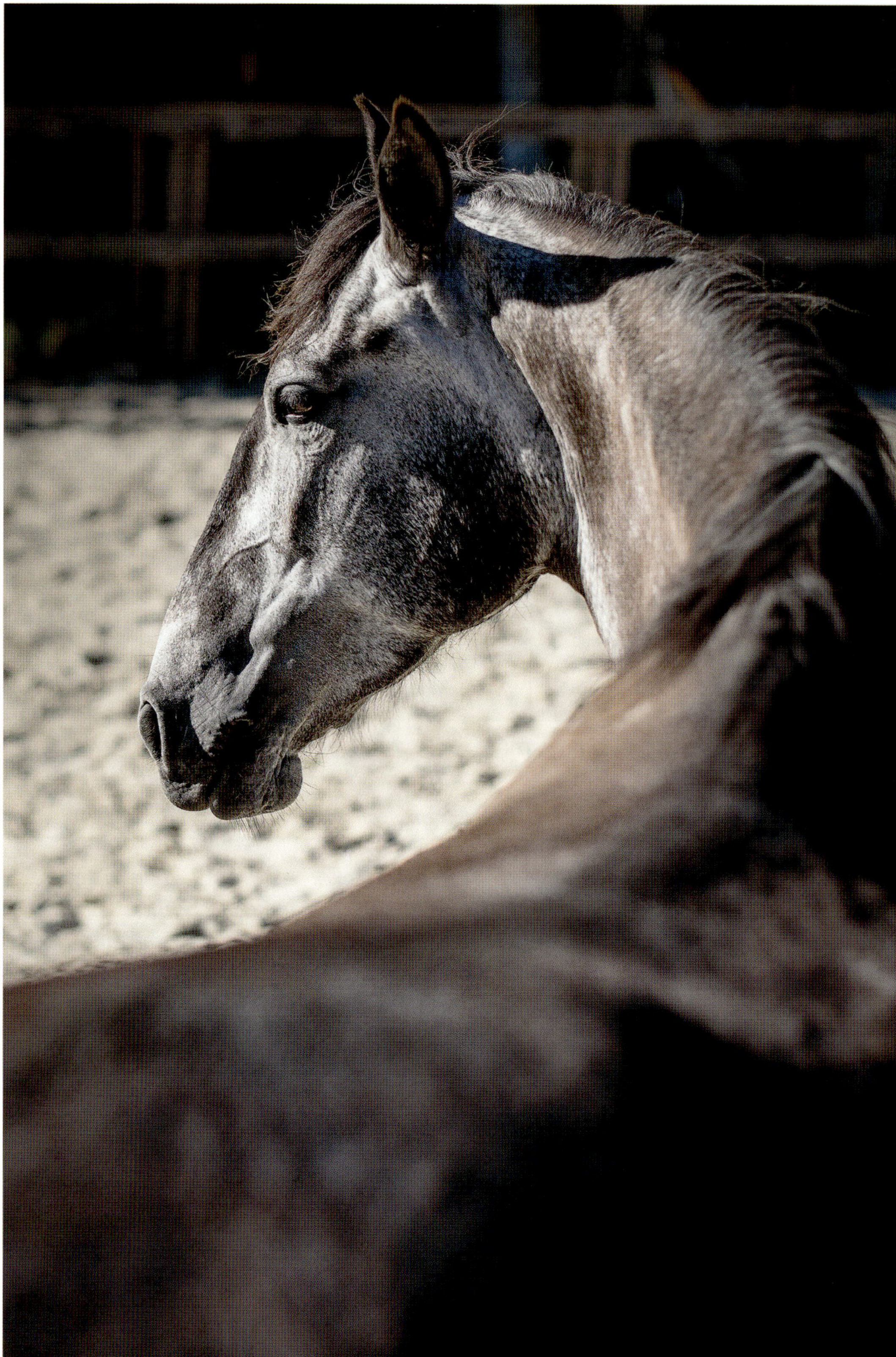

WANN BIEGUNG NUTZT
und wann sie schadet

In diesem Kapitel fassen wir die positiven und negativen Aspekte der Arbeit in Biegung zusammen. **Wie bei einem Medikament entscheidet die Dosis darüber, ob Biegung heilsam wirkt oder dem Körper Schaden zufügt.** Und selbst wenn sie dabei nutzt, ein Ziel zu erreichen, gibt es möglicherweise Nebenwirkungen, die man kennen sollte.

Vorteile der Biegung

In der Ausbildung und in der Trainingstherapie leistet die Biegung wertvolle Dienste. Warum das so ist, beschreiben die folgenden Abschnitte.

Dehnung der äußeren Strukturen und Mobilisation

In der Biegung wird die jeweils äußere Körperhälfte aktiv und dynamisch, also in Bewegung, gedehnt (zum Beispiel Muskulatur im Hals-, Schultergürtel-, Rücken- und Lendenbereich und auch die Zwischenrippenmuskulatur). Verspannte Muskeln und verklebte Faszien lassen sich so sehr gut durch Arbeit in Biegung trainingstherapeutisch lösen. Viele Reitpferde haben durch die Belastung durch das Reitergewicht mit Verklebungen im Bereich der Rückenlendenbinde *(Fascia thoracolumbalis)* zu kämpfen. Diese Restriktionen machen Pferde zu schmerzbedingten Schenkelgängern (die Bewegung des Rückens wird eingeschränkt). Sie sind sehr häufig verantwortlich für Rückenschmerzen, mangelnde Dehnungsbereitschaft und unphysiologische Exterieurveränderungen wie Rückständigkeit oder Senkrücken (siehe *Einmal überbaut, immer überbaut*, Welter-Böller und Weingand).

Rückenlendenbinde *(Fascia thoracolumbalis)*

Die mehrere Zentimeter dicke Faszie bedeckt die ganze Sattellage und zieht bis zum Becken. Sie ist nicht nur Ursprungsort des breiten Rückenmuskels, sondern auch dicht mit Rezeptoren, unter anderem Schmerzrezeptoren, besiedelt. Durch unpassendes Equipment, zu langes Reiten, zu wenige Reitpausen oder ein zu hohes Reitergewicht wird sie irritiert, was schnell zu einer eingeschränkten Verschieblichkeit im Fasziengewebe und zu gravierenden Rückenschmerzen führen kann.

In der Biegung greift das äußere Vorderbein weiter vor als das innere, was über die Dehnung des breiten Rückenmuskels *(M. latissimus dorsi)* auch Restriktionen der Rückenlendenbinde löst.
Stellung und Biegung mobilisieren zudem die Wirbelsäule, weil sie Bewegung in die kleinen Facettengelenke bringen. Bei vielen osteopathischen Befunden (Atlasfehlstellungen, Shifts und Rotationsfehlstellungen im Hals-, Brust- und Lendenwirbelbereich) sorgt Längsbiegung sanft für eine verbesserte Beweglichkeit und kann langfristig den Behandlungserfolg sichern. Technisch falsch ausgeführt können reiterliche Biegungsversuche jedoch auch den Behandlungserfolg zunichtemachen! Deswegen kombinieren wir in unserem OsteoDressage-Konzept immer Behandlung, Trainingstherapie durch versierten Beritt und anschließende Unterrichtserteilung für den Pferdebesitzer und einen Trainingsplan. Der Pferdebesitzer muss nicht nur wissen, **was** er gemäß der Befunde seines Pferdes reiten soll, sondern auch ganz genau **wie** (und wie nicht), außerdem wie lange, wie oft und wie er im individuellen Fall spürt, dass das Training in die richtige oder falsche Richtung läuft.

Biegung und Parasympathikus

Gelingt es dem geschickten Reiter oder Ausbilder, dass ein aufgeregtes Pferd sich mithilfe der ventralen Muskelkette (siehe vorheriges Kapitel), also mithilfe der Bauchmuskulatur, biegt, wird das das Pferd psychisch beruhigen. Der Effekt ist bekannt: Seit vielen Jahrzehnten existiert der Ratschlag, ein durchgehendes Pferd auf eine Volte abzuwenden. Was die alten Meister durch ihre Praxiserfahrung wussten, nennt sich in der Physiotherapie reziproke Hemmung: Ist ein Muskel aktiv und löst eine Bewegung aus, kann der Gegenspieler nicht gleichzeitig eine Bewegung ausführen, er wird gehemmt. Die ventrale Muskelkette ist der Gegenspieler der dorsalen Muskelkette, die ja vom Sympathikus aktiviert wird: Gehen

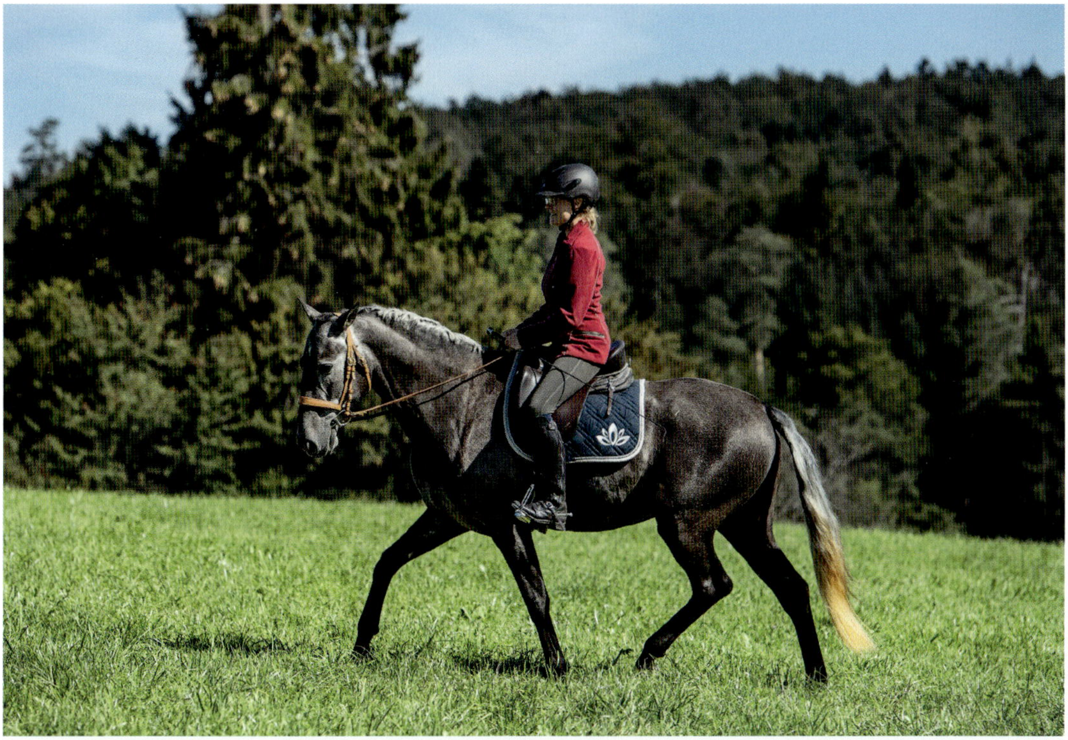

Biegung lässt sich natürlich auch wunderbar im Gelände trainieren, sofern man auf einer freien Fläche wie etwa einer Wiese reiten darf.

die Bauchmuskeln »an«, bricht das die Oberlinienspannung. Das Pferd wird den Hals etwas sinken lassen und sich auch psychisch beruhigen, also vermehrt in den Parasympathikus »umschalten«. Nur dann ist losgelassenes, physiologisches Reiten möglich.
Achtung: Ziehen Sie das Pferd nie auf rutschigem Untergrund (zum Beispiel nassem Wiesenboden) allein mit dem inneren Zügel herzhaft auf eine Volte, denn dabei wird es vermutlich wegrutschen und kann sogar stürzen. Wenden Sie auch im Notfall so korrekt wie möglich mit stabiler Halsbasis und lassen Sie dafür den äußeren Zügel eher tief geführt anstehen.

Bauchmuskeltraining

Biegung im klassischen Sinne findet mit aktiver ventraler Kette auf der Innenseite statt. Jeder Schritt oder Tritt in Biegung trainiert also die Bauchmuskulatur des Pferdes. Das ist essentiell für den reiterlich erwünschten und für die Gesundheit des Pferdes unerlässlichen »schwingenden Rücken«. Nur mit gut trainierten Bauchmuskeln kann der mittlere und hintere Abschnitt der Brustwirbelsäule des Pferdes das zusätzliche Gewicht des Reiters physiologisch tragen.
Gut trainierte Bauchmuskeln sind außerdem Voraussetzung für die Arbeit im Galopp und die Versammlung.

Training der Hinterbeine

In der Biegung hat das innere Hinterbein den kürzeren Weg, das äußere den längeren. Außen trainiert man also Schubkraft: Das äußere Hinterbein muss den Pferdekörper sozusagen »um die Kurve schieben«. Dadurch wird besonders der *M. gluteaus medius* angesprochen, der die hintere Stützbeinphase übernimmt. Da das Pferd sich weiterhin taktmäßig bewegen soll, das innere Hinterbein aber den kürzeren Weg hat, wird die sogenannte Tragkraft trainiert. Der Begriff ist eigentlich irreführend, denn natürlich trägt das innere Hinterbein nicht wirklich mehr Gewicht. Die mittlere Stützbeinphase ist nur länger, wodurch ein Sekundenbruchteil etwas »Hankenbeugung« trainiert wird. Muskeln

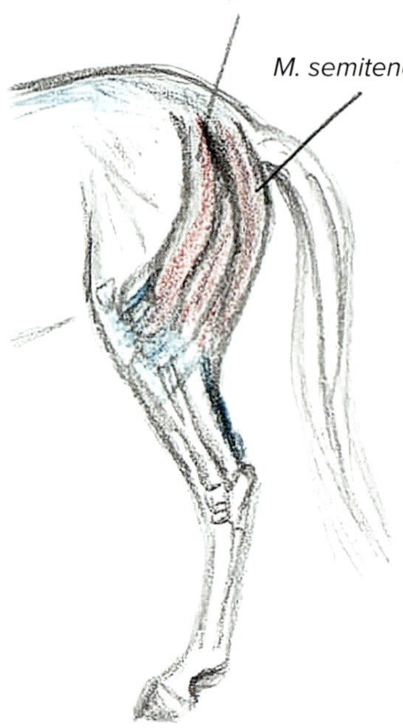

Gewicht

Fälschlicherweise ging man früher davon aus, dass in der Versammlung bzw. in Aufrichtung die Hinterbeine mehr Gewicht tragen als die Vorderbeine. Das wurde widerlegt, etwa durch Weishaupt et al 2006. Tatsächlich ist das nur in der Levade der Fall.
Die Bewegungsart der Hinterbeine und der großen Gelenke der Hinterhand (Hanken) ändert sich aber und wird deshalb durchaus anstrengender.
Ein Beispiel verdeutlicht das: Sie wiegen 65 Kilogramm. Wenn Sie normal gehen, belasten Sie jedes Bein also abwechselnd mit 65 Kilogramm. Gehen Sie mit gewinkelten Hüft- und Kniegelenken (kniebeugenartig), fällt Ihnen das Gehen zwar sehr viel schwerer, weil es andere Muskeln beansprucht, Ihre Beine tragen aber immer noch abwechselnd 65 Kilogramm. Was sich ändert ist die Dauer der mittleren Stützbeinphase – die Beine tragen das Gewicht einfach länger und anders.

werden auftrainiert, die später für Übergänge und letztlich Versammlung nötig sind (Hosenmuskeln: *M. biceps femoris*, *M. semitendinosus*).

Koordinationstraining/ Gewandtheit

Auf gebogenen Linien zu gehen und dabei die Hufe auf ganz exakt definierte Linien zu setzen ist je nach Ausbildungsstand des Pferdes eine große koordinative Leistung. Koordinationstraining ist sehr wichtig, weil es das Pferd dazu befähigt, sich seines Körpers bewusst zu sein und sich mit geringem Verletzungsrisiko zu bewegen. Je koordinierter ein Pferd ist, desto weniger verliert es »vor Schreck die Füße«. Koordinationstraining verbessert das »Embodiment«, also das Zuhause-Sein im eigenen Körper, was Pferde selbstbewusster und zufriedener macht und gesunde Bewegungsmuster fördert.

Reiterliche Vorteile

Zusammenfassend kann man sagen, dass ohne Biegung das Reiten in begrenzten Räumen wie einer Reithalle praktisch nicht möglich oder jedenfalls verschleißend wäre. Wie wir sehen, dient Training von korrekter Biegung außerdem dazu, entsprechende Strukturen zu kräftigen, mit Hilfe derer ein Pferd das Reitergewicht sinnvoll »über den Rücken« tragen kann. In diesem Sinne ist Biegung tatsächlich »für das Pferd da«.

Darüber hinaus bildet die korrekte Biegung eine Grundlage für Versammlung und die Voraussetzung für Seitengänge und klassische Pirouetten. Damit stellt die Längsbiegung also die Basis für jede weitere dressurmäßige Ausbildung des Pferdes und damit der Verwirklichung reiterlicher Ziele dar.
Auch die reiterliche Geraderichtung basiert auf Biegearbeit, wie wir später noch sehen werden. Ein geradegerichtetes Pferd kann gesünder und damit eben auch schmerzfreier (!) alt werden als ein nicht geradegerichtetes, weil ersteres kein Bein früher verschleißt. Außerdem ist auch die Geraderichtung reiterlich betrachtet wiederum eine Voraussetzung für Versammlung. Ein Reiter mit einem gewissen dressurmäßigen Anspruch kommt nicht um sie herum.

Wann Biegung schadet

Jede Medizin kann verkehrt angewendet und zu hoch dosiert zu Gift werden.
Falsch verstandene oder überzogen praktizierte Biegung kann also auch Schaden anrichten, der von kurzfristigem Unwohlsein über die Störung weiterer Ausbildung bis hin zu nachhaltigen körperlichen Schäden mit entsprechenden Schmerzen und letztlich Unreitbarkeit eines Pferdes reichen kann.
Es gibt Pferd-Reiter-Kombinationen mit bestimmten Befunden, bestehenden Erkrankungen und entsprechender Vorgeschichte, die man für den Rest des

Pferdelebens besser gänzlich ungebogen am langen Zügel ins Gelände oder im Härtefall auf großen Weiden in den Ruhestand schickt.

Schäden am knöchernen Skelett und Folgen

Wann immer man vom Pferd verlangt gebogen zu gehen, sollte man sich vor Augen halten, was auf der Innenseite der Biegung passiert: Die Facettengelenke gleiten ineinander und die Zwischenwirbellöcher verengen sich. Auf den Gelenkfortsätzen kommt es zu einer je nach Biegungsgrad beachtlichen und ggf. Strukturen schädigenden Kompression. Gerade im Bereich der Halswirbelsäule, des CTÜ und der vorderen Brustwirbelsäule gibt es sehr häufig pathologische Veränderungen, wie eine 2019 veröffentlichte Studie von Dr. Kevin Haussler vom College of Veterinary Medicine in Colorado zeigt.
Er und sein Team untersuchten bei 56 euthanasierten Pferden die Wirbelsäule vom zweiten Halswirbel bis zum dritten Brustwirbel. Der Tod der Pferde stand nicht im Zusammenhang mit Problemen im Hals- und Genickbereich, sie waren also wegen anderer Probleme eingeschläfert worden. Die Pferde gehörten verschiedenen Rassen an und kamen aus verschiedenen Disziplinen, wurden aber größtenteils geritten. Haussler kam auf erschreckende Zahlen: 72 Prozent der Tiere wiesen knöcherne Veränderungen im Bereich zwischen dem zweiten Halswirbel und dem dritten Brustwirbel auf. Besonders große Pferde und ältere Pferde zeigten Veränderungen.
In den meisten Fällen handelte es sich um arthrotische Veränderungen an den Wirbelkörpern, Gelenkfortsätzen und an Muskelansatzbereichen.
Haussler teilte die Schäden in »mild« (geringgradig), »moderate« und »severe«(hochgradig) ein: Geringgradige Veränderungen traten vorwiegend zwischen dem dritten bis sechsten Halswirbel auf, also im mittleren Halsbereich. Moderate sowie hochgradige Veränderungen fand Haussler zwischen dem sechsten Halswirbel bis zum zweiten Brustwirbel, also im Bereich des CTÜ. 91 % der Pferde mit Befunden hatten diese in diesem Bereich!
Warum gibt es gerade dort so viele schmerzhafte degenerative Veränderungen? Der CTÜ wird »doppelt belastet« – in der Aufrichtung und in der Biegung. Dieser Bereich steht, außer beim Grasen, in einer leichten bis starken Streckung. Sobald das Pferd den Kopf hebt, formt er einen »Knick« nach unten: die Facettengelenke gehen in die Konvergenz, schieben sich also (wie in Biegung auch) ineinander, die Zwischenwirbellöcher verengen sich. Da Pferde in der Natur 16 Stunden am Tag grasen und den Rest der Zeit bis auf kurze Momente beim Fliehen oder Spielen in ebenfalls CTÜ-freundlicher Ruhehaltung verbringen (siehe dazu das OsteoDressage-Buch *Dehnungshaltung*), ist das kein Problem. Davon abgesehen, dass unsere Hauspferde sich

keine 16 Stunden mit tiefem Kopf im Weideschritt fortbewegen: Beim gerittenen Pferd kommt, wie bereits angemerkt, die Belastung dieses Bereichs durch Aufrichtung (auch unbeabsichtigt beim Herausheben) und Biegung dazu. Gerade das Abknicken im Halsansatz, was Pferde mit schwachem *M. serratus ventralis* (siehe vorheriges Kapitel) oft von sich aus anbieten oder beim Flexen und beim »One-Rein-Stop« leider willkürlich gemacht wird, ist massiv verschleißend für den CTÜ. Aber auch in korrekter Biegung entsteht Kompression.
Wenn sich die Zwischenwirbellöcher verengen, entsteht außerdem Druck auf Nerven, die die Vorderbeine, den Kehlkopf und das Zwerchfell versorgen. Kehlkopfpfeifen, Atemgeräusche bereits im Trab, trockener Husten ohne erkennbare Ursache, Zügellahmheit oder häufiges Stolpern sind Warnsignale dafür, dass im CTÜ-Bereich etwas nicht stimmt. Auch für wichtige Blutgefäße ist auf der Innenseite der Biegung durch die verengten Zwischenwirbellöcher weniger Platz und die Versorgung der Vorderbeine wird ggf. eingeschränkt.
Haussler fand auch am Axis und am dritten Halswirbel bei vielen Pferden hochgradige Veränderungen. Offenbar ist also auch das obere Drittel des Halses ein hochempfindlicher bzw. stark belasteter Bereich: Hier kommt es möglicherweise durch falsch verstandenes Durchs-Genick-Reiten und erzwungener, vor allem zu enger Kopf-Hals-Einstellung zu Schäden.

Leider lassen sich die beschriebenen Schäden am lebenden Pferd besonders im CTÜ-Bereich nicht immer zuverlässig röntgenologisch darstellen. Man kann aber davon ausgehen, dass bei Pferden, die mit der Biegung trotz gefühlvoller Hilfengebung und auch nach ggf. mehrmaliger osteopathischer Behandlung größere Probleme haben, körperliche GRÜNDE eine Rolle spielen. In manchen Fällen ist es tierfreundlicher, auf Biegen zu verzichten und wirklich lediglich geradeaus ins Gelände zu reiten! Fortgeschrittene Veränderungen sind nicht mehr reversibel und man fügt den Pferden Schmerzen zu, wenn man das Biegen dennoch »üben« möchte oder bei Wehrigkeit des Pferdes sogar erst recht erzwingt.

Biegen bis zur Ataxie?

Ein weiteres großes Problem, das besonders bei langen, instabilen Hälsen auftritt und auf das Dr. Kevin Haussler in seinen Fachartikeln hinweist (siehe für seine interessanten Veröffentlichungen:https://www.researchgate.net/profile/Kevin_Haussler) ist mit Bändern, die innerhalb des Wirbelkanals verlaufen, verknüpft: den sogenannten *Ligamenta flava* (gelbe Bänder). Bei zu viel Mobilität in einem Bereich versucht der Körper Stabilität herzustellen. Ist die Halswirbelsäule zu beweglich (bei Pferden mit wenig Faszien- und Muskelspannung und mit langen, dünnen Hälsen) oder wird sie schlimmstenfalls allzu sehr und allzu häufig mobilisiert (durch falsch verstandene Therapie oder reiterliche Einwirkung etwa

bei Abbiegeübungen im Stand), werden die im Spinalkanal verlaufenden gelben Bänder dicker, um Stabilität herzustellen. Das kann so weit gehen, dass das Rückenmark nicht mehr genügend Platz hat und dauerhaft komprimiert wird, was zu neurologischen Problemen wie häufigem Stolpern, schlechter Koordination der Vorhand bis hin zu Stürzen (Wobblersyndrom oder spinale Ataxie) führen kann.
Aus gutem Grund beschreibt die Reitvorschrift aus 1912 zwar das sogenannte Abbrechen im Stand, wobei der Pferdehals stark zur Seite genommen wird, weist aber ausdrücklich auf die Gefahren hin. Die Reitvorschrift mahnt zu vorsichtigem, seltenem Einsatz dieser Korrekturübung, die immer dazu führen muss, dass die Lektion sich selbst erübrigt und zum normalen Biegen im Trab übergegangen werden kann. Der Hals wird eben nicht weiter herum genommen als die Linie, die man reitet. Wird das Abbrechen täglich, minutenlang und im schlimmsten Fall über Jahre angewendet, sind innere Schäden unausweichlich.

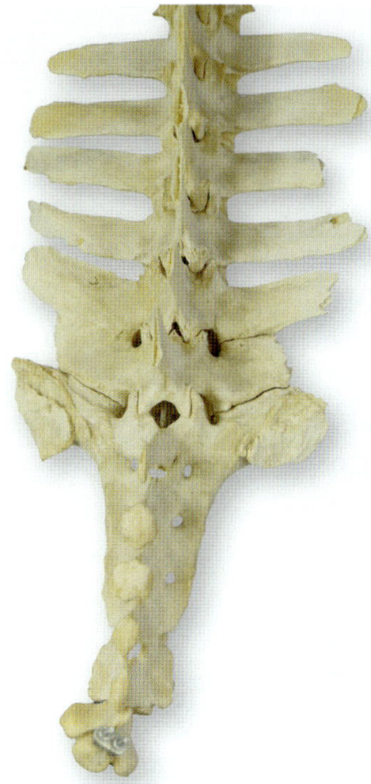

Lendenwirbelsäule

Im Bereich der Lendenwirbelsäule kann es bei häufigerer forcierter Seitneigung dazu kommen, dass sich die gelenkigen Verbindungen zwischen den letzten Lendenwirbelquerfortsätzen und dem Kreuzbein arthrotisch verändern. Werden also häufig enge Biegungen oder auch Travers mit starker Abstellung oder sehr steile Traversalen (oder übrigens auch über viele hohe Steilsprünge) geritten, vergrößert sich die Wahrscheinlichkeit für dieses Problem. Auch das ist röntgenologisch beim lebenden Pferd schwer darzustellen. Schlagen Pferde jedoch ab einer gewissen Voltengröße oder in den Traversalen trotz gefühlvoller, korrekter Schenkellage und gefühlvoller Einwirkung viel mit dem Schweif oder werden bei stark gebogenen Übungen wehrig (abruptes Abbremsen, Kopfschlagen bis hin zum Steigen), dann ist davon auszugehen, dass hier gerade akute und damit schmerzhafte Prozesse stattfinden.
Trainieren Sie bitte immer nur in einem Biegungsgrad, der ohne Schmerz- und Abwehrzeichen des Pferdes möglich ist. Legen Sie in dem Fall Volten größer an und reiten Sie nur flachere (halbe) Traversalen. Beim Verdacht auf Probleme in der

Lendenwirbelsäule rufen Sie einen versierten osteopathischen Pferdetherapeuten zu Hilfe, der die Beweglichkeit in der Lendenwirbelsäule testet, Probleme behandelt oder Sie gegebenenfalls an eine Tierklinik weiter überweist.

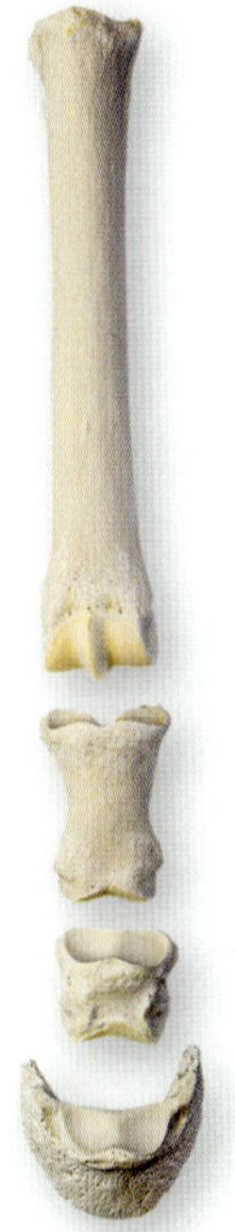

Distale Gelenke

Bei Biegung im höheren Tempo und ganz besonders beim »Zentrifugieren« auf engem Radius in zu hoher Geschwindigkeit und in der dorsalen Muskelkette, treffen die Hufe des Pferdes in einem schrägen Winkel auf den Boden. Da besonders die körperfernen (distalen) kleinen Gelenke unterhalb des Karpal- und Sprunggelenks nicht für diese Belastungen gebaut sind, können Gelenksentzündungen und Arthrosen die Folge einer solchen Überlastung sein. Falls bei Ihrem Pferd arthrotische Veränderungen der kleinen Gelenke vorliegen, muss zunächst geklärt werden, ob akute Schmerzen bestehen. Grundsätzlich gilt: **Trainiert wird immer nur in lahmfreien Gangarten.** Das kann im akuten Fall oder bei fortgeschrittenen Veränderungen bisweilen nur noch ruhiger Schritt ohne Reitergewicht sein.

In diesem kann es aber durchaus Sinn machen, das korrekte Biegen im Rahmen der Handarbeit zu erlernen, damit das Pferd in seinem weiteren Leben eben nicht mehr um die Kurve zentrifugiert, sondern die Beine künftig auch in der Wendung physiologisch belastet.

Ziel kann es je nach Lage und Ausmaß der arthrotischen Veränderungen sein, ein solches Pferd entweder überhaupt nicht mehr zu biegen (also nur noch geradeaus ins Gelände zu reiten oder spazieren zu führen), oder aber Pferd und Reiter besser auszubilden und die zu den Veränderungen führenden Bewegungsmuster zu korrigieren, damit das Pferd sich künftig auch beim Reiten auf dem Viereck korrekt biegt, nicht weiter verschleißt und im Rahmen seiner Möglichkeiten weiterhin dressurmäßig geritten werden kann. Besprechen Sie die Aussichten und Ihr Vorgehen in jedem Fall mit dem Tierarzt und oft auch Ihrem Hufbearbeiter. Ein in der Trainingstherapie geschulter Reitlehrer sowie natürlich die regelmäßige Betreuung durch einen osteopathischen Pferdetherapeuten sind goldwert.

Erkrankungen im Bewegungsapparat

Anhaltende oder fortschreitende Erkrankungen im Bewegungsapparat können chronische Schmerzen bei jeder Bewegung mit sich bringen. Inwieweit man ein erkranktes Pferd noch reiterlich nutzen möchte und inwiefern man einem Pferd mit auch noch so gut gemeinter Trainingstherapie an der Hand noch einen Gefallen tut, ist eine schwierige Einzelfallentscheidung. Leichter gesagt als getan: Bleiben Sie als Besitzer eines erkrankten Pferdes offen für die Schmerzäußerungen etwa in der Mimik Ihres Pferdes und gewöhnen Sie sich nicht daran, dass es eben vor sich hin humpelt. Sprechen Sie das Thema Schmerzen und Trainierbarkeit offen an. Gute Fachleute werden Sie mit möglichst neutralem Blick von außen beraten.

Insuffizienter Rumpfträger: Schäden an Sehnen, Fesselträger und Strukturen der Hufrolle

Wie im vorherigen Kapitel ausführlich beschrieben, wird der Hauptrumpfträger (M. serratus ventralis) auf der Innenseite der Biegung insuffizient – je stärker das Pferd im Hals abknickt und je kleiner der Kreisdurchmesser, desto gravierender das Problem. Da der Rumpfträger als Stoßdämpfer fungiert, kracht das Gewicht vermehrt in die unteren Strukturen, wenn er weniger arbeitet. Fesselgelenks- und Fesselträgerschäden, Beugesehnenschäden, Gleichbeinprobleme und Hufrollensyndrom sind mögliche Folgen, wenn Pferde oft länger und stärker gebogen werden als es ihr Trainingszustand erlaubt!
Übrigens sind die sogenannten Gallen in der Region des Fesselgelenks Frühwarnsignale und kein reiner Schönheitsfehler: Der Körper puffert die palmaren Strukturen bereits gegen erhöhte Belastung ab, indem er zu viel Gelenkschmiere (Synovia) produziert.
Der beste Schutz vor den genannten Erkrankungen ist es, den Rumpfträger vorab stabil aufzutrainieren und die Stärke der Biegungen dem anzupassen (genau beschrieben im Kapitel über das Anreiten und die Grundausbildung). Die klassische Reitlehre gibt hier einen in sich völlig logischen Ausbildungsweg vor. Abkürzungen gehen immer zu Lasten des Pferdes.
Liegen oben genannte Erkrankungen bereits vor, ist es ein wichtiger Teil des Rehatrainings, den Rumpftrageapparat aufzutrainieren, sobald Verletzungen ausgeheilt und das Pferd schmerzfrei im Trab trainiert werden kann.
Ein osteopathischer Pferdetherapeut kann den Zustand des Rumpfträgers

testen und einen konkreten Trainingsplan erstellen. Wichtig ist die individuell zu bestimmende Stärke der Trainingsreize (Dauer und Ausführung des Trabtrainings – lassen Sie sich auf jeden Fall auch von Ihrem Ausbilder korrigieren!), die Einhaltung von Pausentagen und insgesamt die Regelmäßigkeit des Trainings (genau erklärt in *Gutes Training schützt das Pferd*). Grundsätzlich ist ein stabil trainierter Rumpftrageapparat aber auch kein Hexenwerk, sondern von jedem Reiter erreichbar, der eben in der Lage ist, den Trainingsplan über mindestens neun, besser zwölf Wochen umzusetzen. Damit der Rumpftrageapparat ungehindert arbeiten kann, braucht es einen passenden Sattel. Herrscht darüber Unklarheit, sind Sie mit dem Longieren am Kappzaum aber auf der sicheren Seite, bis der passende Sattel gefunden oder der vorhandene neu angepasst ist.

Auch die Fütterung und Haltung spielen eine Rolle hinsichtlich des Muskelaufbaus. Spätestens, wenn sich trotz guten Trainings keine Erfolge einstellen, müssen diese Bereiche sozusagen interdisziplinär mit unter die Lupe genommen werden.

Fütterung und Haltung haben großen Anteil am Trainingserfolg.

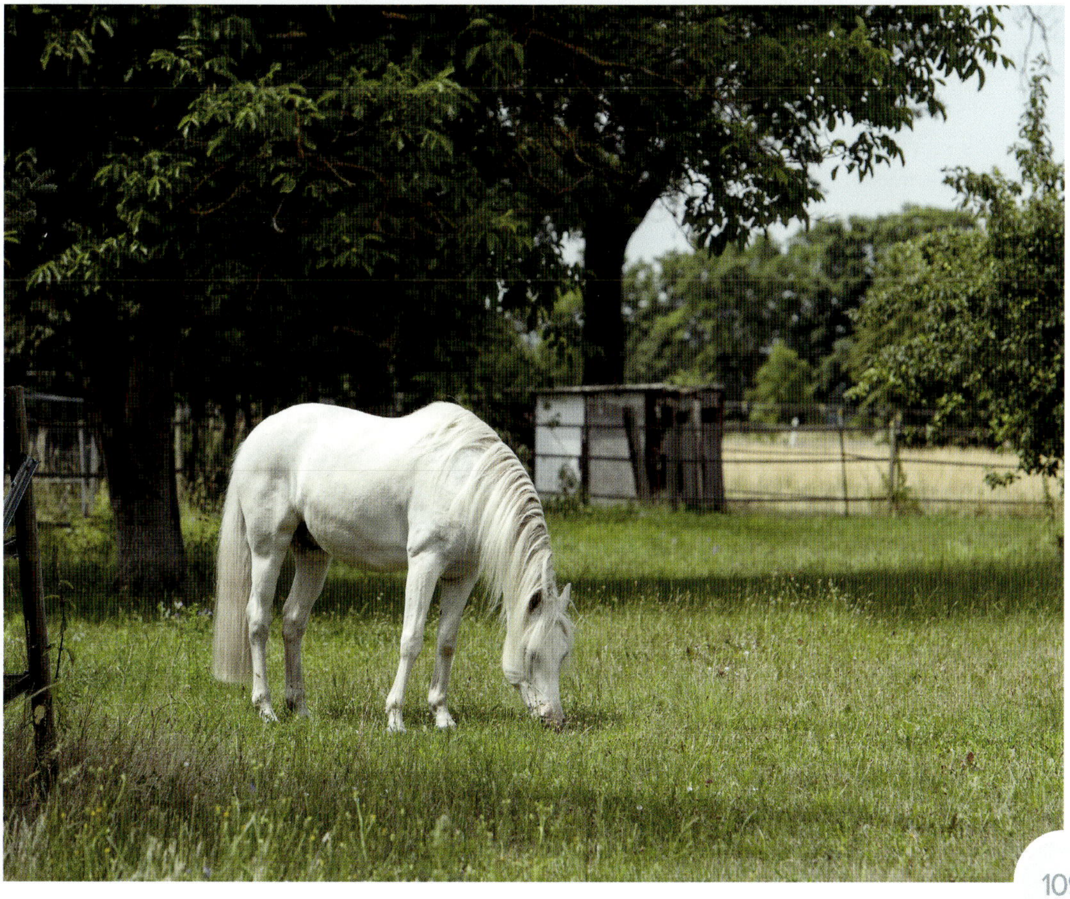

Das ist ein weites Feld, angefangen von der passenden Versorgung mit Aminosäuren, über die Magengesundheit bis hin zu Schlafverhalten und Regeneration. Eine markenunabhängige Fütterungsberatung ist ihr Geld wert, gegebenenfalls muss etwas am Stall- und Fütterungsmanagement geändert oder sogar ein Stallwechsel in Betracht gezogen werden.

Alarmsignale

Pferde zeigen uns, wann sie die Biegung nicht mehr halten können. Hier eine Auflistung möglicher Probleme:

> inneres Vorderbein stampft, fußt also hörbar lauter auf als das äußere (Rumpfträger insuffizient)
> Verwerfen im Genick (das Pferd wechselt in die dorsale Kette)
> Longenführer hat plötzlich mehr Zug auf der Longe oder der Reiter hat mehr Zug am inneren Zügel, ohne dass konkrete Reiterfehler vorliegen (Pferd möchte den Radius vergrößern).
> Nach-außen-Driften bei nach innen abgeknicktem Hals (Pferd gibt die Biegung im Brust- und Lendenwirbelbereich auf und bietet nur noch das Abknicken an, weil etwa die Bauchmuskeln oder das äußere, schiebende, Hinterbein ermüdet sind)
> Pferd will in die Außenstellung wechseln (Last vom inneren Vorderbein nehmen)
> nachdem das Pferd einige Runden schön gebogen ging, schleudern die Beine nach außen bei nach innen geneigtem Rumpf (Pferd wechselt in die dorsale Kette, ventrale Kette ermüdet)

Treten diese Probleme auf, schließen wir natürlich zunächst akute Sitz- oder Einwirkungsfehler des Reiters oder Longenführers aus. Checken Sie in dem Moment selbst Ihre typischen Fehler durch und rufen Sie sich die Anweisungen Ihres Ausbilders ins Gedächtnis, was bei dem jeweiligen Problem akut zu tun ist. Falls Sie das nicht wissen, sprechen Sie Ihren Reitlehrer in der nächsten Reitstunde konkret darauf an.
Mache Dinge sind je nach Ausbildungsstand des Pferdes auch einfach normal, etwa die anfängliche Außenstellung in den Wendungen, auch darüber reden Sie bitte mit Ihrem Ausbilder.
Alarmierend ist es, wenn ein Pferd die korrekte Biegung eigentlich schon konnte und sich dann im Verlauf der Arbeit plötzlich immer zu einer Seite wiederholt verwirft oder zu driften beginnt, obwohl das eigentlich längst abgehakt war.
Es kann nämlich auch unabhängig von reiterlichen Fehlern natürlich der Fall sein, dass die Biegung Ihrem Pferd zu viel geworden ist. Die pferdeschonendste und sicherste Variante ist, die Biegung aufzulösen, wann immer Sie ein solches Warnsignal wahrnehmen. Reiten Sie geradeaus, lassen Sie die Zügel aus der Hand kauen und wechseln Sie die Hand. Die Rechtsbiegung stellt ja quasi immer die Pause von der Linksbiegung dar, weil die Strukturen gegenläufig belastet

werden. Womöglich ist es auch einfach insgesamt Zeit für das Trainingsende an diesem Tag.
Wenn Sie als Trainer in der Reitstunde eines dieser Signale beim Pferd Ihres Schülers wahrnehmen, machen Sie ihn darauf aufmerksam. Sensibilisieren Sie ihn für die möglichen Nachteile von (zu engen, zu lange anhaltenden) Biegungen und weisen Sie an, dass er auch gerade Linien einbaut und häufiger die Hand wechselt. Verschwinden die Alarmsignale nicht, beenden Sie die Arbeit für diesen Tag. Wenn noch Unterrichtszeit übrig ist, nutzen Sie diese, um Hintergründe und Theorie zu erläutern oder Fragen zu besprechen, aber arbeiten Sie das Pferd nie in den Verschleiß, nur weil der Reiter eine Stunde gebucht hat!
Treten Alarmsignale wiederholt oder mehrfach in derselben Form auf, vereinbaren Sie bitte einen Termin mit Ihrem osteopathischen Pferdetherapeuten oder überweisen Sie Ihren Reitschüler oder Ihr Berittpferd an einen solchen. Je genauer Sie die Symptomatik beschreiben können, umso besser.

Zusammenarbeit ist Trumpf!

Ein seriöser Pferdetherapeut befundet Ihr Pferd komplett und gibt Ihnen seine Erkenntnisse auch schriftlich (wenn nicht standardmäßig, dann mindestens auf Nachfrage). Bei fraglichen Auffälligkeiten wird er Ihnen empfehlen, Ihren Tierarzt hinzuziehen, der weitere diagnostische Mittel einsetzt. Oft ist außerdem die Zusammenarbeit mit einem gut ausgebildeten Pferdezahnarzt angezeigt. Um Fütterung und Haltung passend zu machen, muss der Stallbetreiber mit ins Boot geholt werden. Auch die Meinung des Hufbearbeiters und gegebenenfalls eine dem Befund angepasste Bearbeitung kann entscheidend sein. Ein guter Sattler ist unbezahlbar, denn allzu oft geht es nicht ohne Anpassung des Equipments.
Befinden Osteopath und Tierarzt das Pferd für (wieder) trainierbar, ist der Ausbilder gefragt. Nach jedem gelösten Problem oder jeder ausgeheilten Erkrankung braucht es ein gewisses Rehatraining. Mit Hilfe von genau auf die Probleme angepasstem Beritt und Unterricht können die Schwierigkeiten nachhaltig gelöst und neue Probleme vermieden werden. Jede Behandlung ist nur so gut wie das Training danach! Nicht jeder, der landläufig Unterricht anbietet, ist tatsächlich dazu fähig. Informieren Sie sich in jedem Fall über die Qualifikationen und genauen Ausbildungsinhalte sowie Berufspraxis von Trainer und Pferdeosteopath, denn beide Begriffe sind nicht geschützt und können von jedem geführt werden, egal ob eine mehrjährige Ausbildung mit anspruchsvoller Prüfung und jahrelanger Praxiserfahrung dahinterstecken oder überspitzt gesagt nur zwei Wochenendkurse.
In jedem Fall empfiehlt sich die persönliche Absprache zwischen Reitfachleuten und Gesundheitsfachleuten! Wird überei-

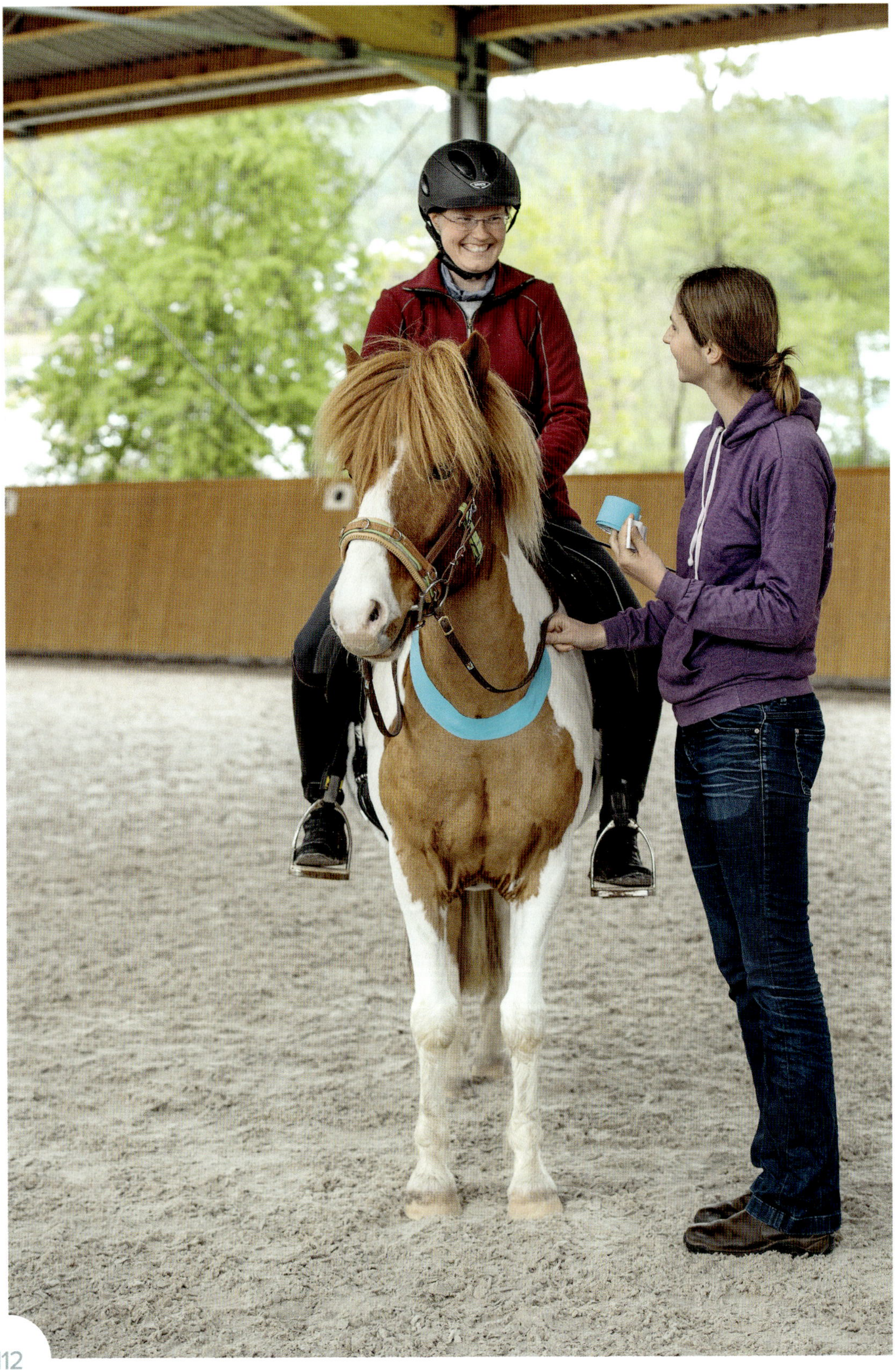

nander geredet statt miteinander, wird nicht selten aneinander vorbei und am Ende sogar bei bestem Gewissen gegenläufig trainiert und dem Pferd ist nicht geholfen.
Gerade wenn Sie als Besitzer die Aussagen der Fachleute als konträr empfinden und Ihnen nicht klar ist, was denn im Alltag oder Training nun konkret gemacht werden soll oder kann, holen Sie sie bitte zu einem gemeinsamen Termin.
Dieser Prozess kostet Zeit, Geld und Nerven, denn kein gut ausgebildeter Profi leistet das umsonst. Aber das sollte Ihnen Ihr Pferd wert sein! Wenn alle am selben Strang ziehen, wird nicht nur ihrem Pferd geholfen, sondern letztlich sogar Ihr Geldbeutel geschont, wenn Sie wirklich weiterkommen und nicht jahrelang immer weitere Korrekturen zum selben Thema finanzieren oder sich einen Frührentner und Dauerpatienten heranziehen.

Achtung: Nicht jeder Osteopath hat gleichzeitig Ahnung von Pferdeausbildung, wenn er das nicht extra erlernt und über Jahre mit zig verschiedenen Pferden praktiziert hat. Nicht jeder (selbsternannte) Bereiter hat tatsächlich Ahnung von Anatomie, Biomechanik oder gar Therapie, auch wenn er mit medizinisch anmutenden Fachbegriffen um sich wirft. Die meisten echten Fachleute haben ein Hauptgebiet, denn in diesem alleine gut zu werden, nimmt ja bereits Jahrzehnte in Anspruch. Deswegen sind Fachleute auch immer bereit, mit anderen Spezialisten zusammenzuarbeiten und deren Meinung mit einzubeziehen, nehmen sich gegenseitig nicht die Butter vom Brot und überweisen Sie als Pferdebesitzer bei Bedarf lieber an einen tatsächlichen Profi anstatt »nebenberuflich alles selbst machen zu wollen«.

Wenn Gesundheitsfachleute und Ausbildungsfachleute zusammenarbeiten, werden oftmals Durchbrüche möglich.

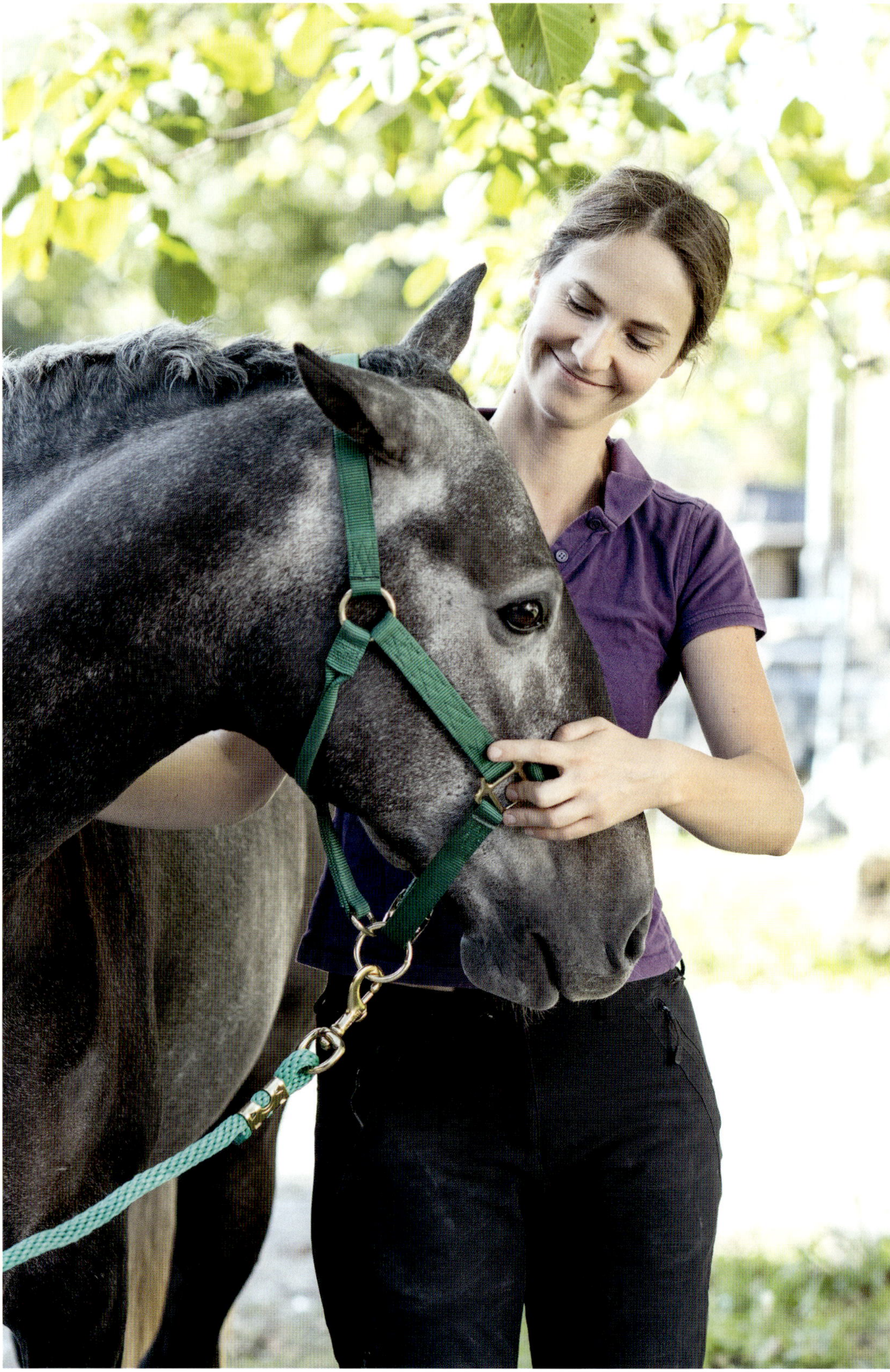

DIE SCHIEFE des Pferdes

Ziel der sogenannten geraderichtenden Biegearbeit ist es, dass das Pferd die Biegungen zu beiden Seiten in gleich guter Qualität ausführen kann. Einem schiefen Pferd gelingt es nicht, dass die Biegung nach rechts und nach links wirklich gleich gut klappt. Das Reiten von gebogenen Linien ist also einerseits Mittel zum Zweck der Geraderichtung, dient andererseits aber auch ihrer Überprüfung.

Geraderichtung ist ein wichtiger Teil der Pferdeausbildung, denn er schützt vor einseitiger Überlastung (und damit Verletzungen und verschleißbedingten Erkrankungen) und ist die Grundlage der Versammlung und damit aller weiteren reiterlichen Ziele. Geraderichtung ist ein nie endender Prozess, denn die individuellen Schiefen eines Pferdes hängen von mehreren Faktoren ab und sind der Veränderung unterworfen.

Die natürliche Schiefe

Über die natürliche Schiefe ranken sich Mythen und Theorien. Gern nehmen Reiter das »Bananenmodell« zu Hilfe, wenn sie über die natürliche Schiefe sprechen: Ist ein Pferd beispielsweise rechts hohl, dann sei seine gesamte rechte Körperhälfte verkürzt. Rechts wäre die »hohle Seite«, links die »Zwangsseite« (ein hässliches Wort!), weil das Pferd sich ungern nach links biegt. Ein solches Pferd sei quasi eine »nach rechts gebogene« Banane. Ergo muss man es einfach nur häufig in Linksbiegung reiten und das Pferd würde sich geraderichten.

In der Praxis sind Pferde aber beileibe keine Bananen und die Vorstellung von einem einseitig gänzlich hohlen Pferd trifft nie zu – deswegen funktioniert es eben auch nicht, dann salopp gesagt andersherum einfach mehr Volten oder gar rundenlang im Schulterherein zu

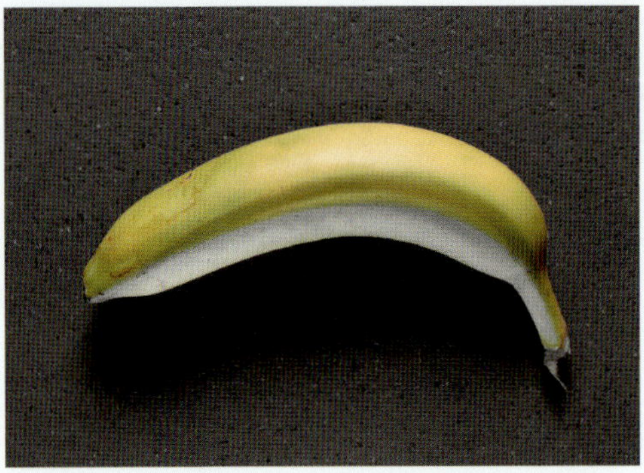

So schön vereinfachend das innere Bild auch ist: Pferde sind nicht gleichmäßig »krumm« wie eine Banane.

reiten und schon gar nicht, den Hals einfach mehr zur »Zwangsseite« herum zu ziehen.
Wenn Sie also Ihr Pferd reiten und gar nicht eindeutig sagen können, welches nun die hohle Seite ist, weil sich das zum einen ändert und Ihr Pferd an verschiedenen Stellen des Körpers »verschieden hohl« erscheint, dann haben Sie eine wichtige und richtige Beobachtung gemacht.
Wäre es so, dass Pferde »Rechtsbanane« oder »Linksbanane« sind, stünden sie in permanenter einseitiger Längsbiegung. Betrachten Sie (am besten mithilfe von Erklärungen durch einen geschulten Therapeuten) einmal ein »rechts hohles« Pferd (die meisten Pferde sind »rechts hohl«, ganz besonders untrainierte Jungpferde) von hinten, wenn es von Ihnen weggeführt wird: Das rechte Becken steht weiter oben und weiter hinten als das linke und das rechte Hinterbein tritt auf der rechten Hand am Körper vorbei nach innen Richtung Bahnmitte und wird weniger weit nach vorn genommen. Die Kruppe schwenkt quasi etwas nach rechts aus. Das Bauchpendel wird im Schritt etwas stärker nach rechts schwingen als nach links. Das sieht man besonders gut bei einem Heubauch. Wenn man auf der rechten Hand auf der Zirkellinie reitet, wird der Druck am rechten Schenkel höher sein und das Pferd wird sich nicht um den rechten Schenkel biegen, sondern bei dem Versuch eher im Ganzen ins Innere des Zirkels drängen. Auf einem Pylonenkreis ist es schwieriger, außerhalb der Pylonen zu bleiben. Auf der linken Hand dagegen wird ein solches Pferd eher über die Schulter nach außen driften und schwieriger abzuwenden sein.
Wäre wie im besagten Bananenmodell der gesamte Körper rechts gebogen beziehungsweise die Muskulatur rechts verkürzt, würde die innere Beckenschaufel eher nach vorn kommen und das Bein unter den Körper fußen. Dann müsste der rechte Schenkel eher wenig tun, um die Biegung zu erhalten!

»Zusätzlich besteht [bei fehlender Geraderichtung in der Ausbildung] die Gefahr des Verschleißes auf dem linken Vorderbein.« (Richtlinien für Reiten und Fahren [RRF], 1992)

Diese ältere Ausgabe der Richtlinien weist in Zusammenhang mit der natürlichen Schiefe darauf hin, dass viele Pferde vorn links verschleißen. Barbara Welter-Böller, Leiterin der Fachschule für osteopathische Pferdetherapie, hat eine mögliche Erklärung dafür gefunden und schreibt in *Gutes Training schützt das Pferd* (Welter, Welter-Böller, Cadmos Verlag):

»Auf der rechten Seite des Pferdes, die rechte Flanke fast vollständig ausfüllend, liegt der Blinddarm. Auf der linken Seite liegen Dünndarmschlingen und Dickdarm. Der Blinddarm ist die Gärkammer des Pferdes und hat ein Fassungsvermögen von 30 bis sogar 70 Litern. Bei blähender Nahrung oder bei einer Bakterienfehlbesiedlung des Darms kann es zur Volumenzunahme kommen. Das ist natürlich eine große Unwucht für die gesamte Statik des Pferdes. Stellen Sie sich vor, Sie stünden auf allen vieren und auf Ihrer rechten Seite hingen in Relation 3 bis 6 Liter Wasser.

In der Bewegung, besonders im Schritt, pendelt der Bauch stärker nach rechts und entwickelt Fliehkräfte. Dasselbe passiert in der Längsbiegung nach links ohnehin. Um diese Fliehkräfte aufzufangen, stellt das Pferd das rechte hintere Bein in Außendrehung nach außen. Diese Beobachtung ist auch in den RRF angegeben: »Die meisten Pferde sind nach rechts schief. Sie fußen von Natur aus mit ihrem rechten Hinterbein außen an der Spur des rechten Vorderbeins vorbei. Mit dem rechten Hinterbein sind sie dadurch zunächst weniger in der Lage, Schub zu entwickeln« (RRF 2012).

Der Schub des rechten Hinterbeins geht bei einem schiefen Pferd mehr diagonal in Richtung linkes Vorderbein als der Schub des linken Hinterbeins nach vorn rechts. Das vordere linke Bein bekommt

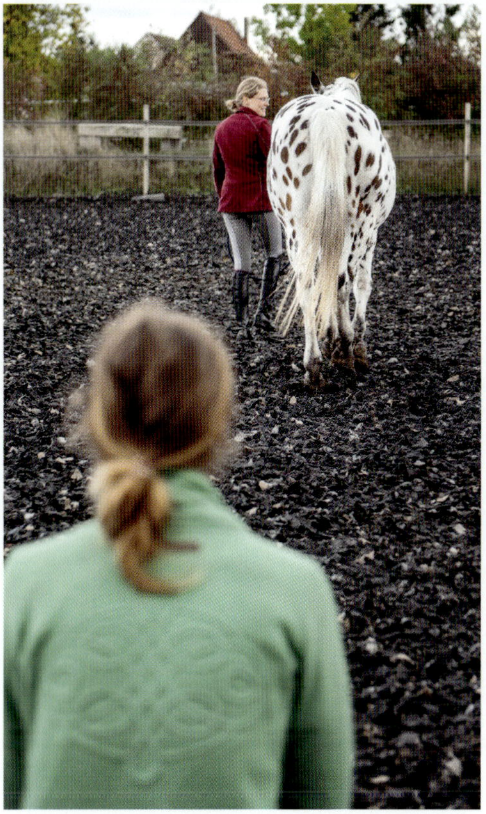

Zur Ganganalyse betrachten wir das Pferd von hinten.

durch die schräge Schubkraft von hinten rechts mehr Druck auf die Innenseite. Um die Balance zu bewahren und um das Vorderbein unter dem Körper halten zu können, spannen sich die linken Brustmuskeln an und werden kräftiger. Ausgleichend zum Druck von hinten nach schräg außen nimmt das Pferd den unteren Teil des Halses nach rechts. (...) Da das rechte Hinterbein nicht unter den Körperschwerpunkt tritt, entwickelt es nicht die gleiche Schubkraft wie das linke Hinterbein. Die Adduktoren (die Muskeln, die das Bein an den Körper heranbewegen) sind schwach, nur die Abduktoren

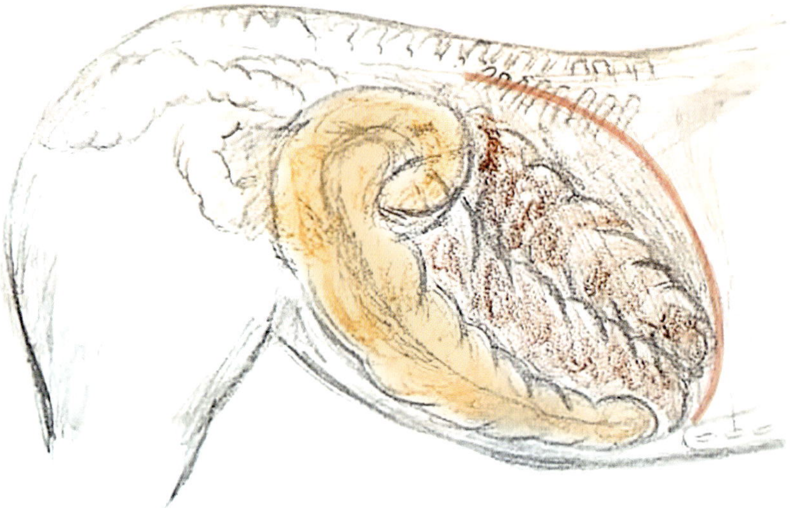

Der Blinddarm (orange, schematische Skizze) füllt die rechte Flanke des Pferdes aus und zieht mit seiner Spitze bis zum Brustbein. Rot: Zwerchfell – Braun: Dickdarmschlingen

(die das Bein vom Körper wegbewegen) arbeiten vermehrt. Wenn Sie so laufen würden, dass das gesamte Bein (Knie, Fuß, Zehen) in der »Stemmphase« vom Körper weggedreht wird, arbeiten Sie vorwiegend aus dem Po-Muskel heraus. Wenn Sie »normal stemmen«, arbeitet die innere und hintere Oberschenkelmuskulatur mit. Die »Schubkraft« wird verbessert. Das linke Vorderbein muss bei einem schiefen Pferd die verringerte Schubkraft hinten rechts mit vermehrter Stemmarbeit kompensieren.«

Da der Blinddarm nun mal bei allen Pferden in der rechten Flanke liegt und nicht in der linken, besteht hier also tatsächlich ein natürliches Ungleichgewicht im Körper. Von diesem Aspekt der Schiefe kann man also grundsätzlich ausgehen, weswegen oben genanntes »Schiefenverhalten« in Wendungen besonders bei jungen, nicht anderweitig vorbelasteten oder irgendwie ausgebildeten Pferden seit jeher von verschiedenen Autoren so beschrieben wird.

Eine interessante Beobachtung machte Dr. Carmen Geiger in ihrer Dissertation: Bei den schlecht rittigen, wehrigen (also schmerzgeplagten) Pferden war der Abstand der Gelenkfortsätze beidseitig zwischen dem fünften und sechsten Halswirbel (C5 und C6) caudal, also schweifwärts, verringert. Hier kam es zu pathologischen Veränderungen. Beidseitige Kompression auf dem caudalen Gelenkspalt entsteht durch Extension, also Streckung, wozu es etwa in Aufrichtung kommt. Außerdem war der Abstand zwischen C6 und C7 lediglich cranial, also im vorderen Teil des Gelenkspalts, und zwar einseitig rechts verringert. Das bedeutet, dass die Halsbasis offenbar häufiger in der Lateroflexion nach rechts steht, was der »hohlen« rechten Halsseite» entspricht.

Carmen Geiger schreibt dazu:

»Eine mögliche Erklärung hierfür könnte die natürliche Schiefe der Pferde sein. Die meisten Reitpferde zeigen die »hohle Halsseite« rechts (BÜRGER u. ZIETSCHMANN 1939, STEINBRECHT 2004). Bei fehlendem Geraderichten im Verlauf der Ausbildung zum Reitpferd, bleiben die Gelenkflächen der Facettengelenke der rechten Halsseite enger zueinander gestellt als die der linken Seite. Möglicherweise resultiert hieraus, insbesondere im cranialen Bereich des Gelenkes zwischen C6 und C7, dauerhaft eine engere Stellung als linksseitig, die früher oder später mit Alterationen des Gelenkes zwischen C6 und C7 einhergeht und Verschattungen im Bereich des Foramen intervertebrale [Zwischenwirbelloch] zwischen C6 und C7 nach sich ziehen kann. Zukünftige Untersuchungen müssen zeigen, ob derartige Engstände bzw. Asymmetrien der Gelenkspalten eventuell auch im oberen Teil der Halswirbelsäule bei schlecht rittigen schlecht ausgebildeten (?) Pferden vorkommen und eventuell auch dort Veränderungen der Facettengelenke und Foramina intervertebralia bedingen.«

Freipräparierter Plexus brachialis (weißes Nervengewebe): Das Armgeflecht kann von Verengungen der Zwischenwirbellöcher im CTÜ-Bereich beeinträchtigt werden.

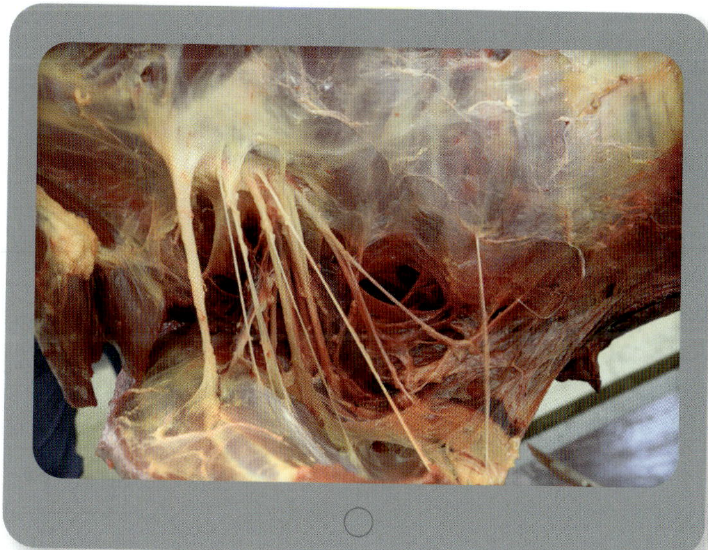

(Mit freundlicher Genehmigung von Prof. Dr. Christoph Mülling, veterinäranatomisches Institut der Universität Leipzig)

Erworbene Schiefen

Über die natürliche Schiefe hinaus kann es jedoch zu weiteren Schiefen kommen. Bekanntlich gibt es auch Pferde, die auf der rechten Hand über die Schulter wegdriften und hinten links weniger gut schieben bzw. am Körperschwerpunkt vorbeifußen. Dann ist das linke Hinterbein das weniger trainierte – das kann etwa passieren, wenn ein Pferd hinten links eine Beeinträchtigung hat oder hatte und das dann mit dem rechten statt mit dem linken Vorderbein vermehrt kompensiert.

Auch Probleme der Vorderbeine führen zu Veränderungen der Schiefensituation. Schont ein Pferd aus welchem Grund auch immer längere Zeit ein Vorderbein, versucht es das Gewicht von Kopf und Hals auf das andere Vorderbein umzulasten. Ein Pferd mit einer dezenten Stützbeinproblematik vorne links wird sich auf der linken Hand weniger gern biegen lassen und vielleicht sogar wehrig sein.

Jegliche Verletzungen, die ein Pferd aus seinem Alltag nun mal jederzeit mitbringen kann, kompensiert es im Gang und verändert damit seine Schiefensituation. Dafür genügt schon ein an sich unkritischer Tritt eines anderen Pferdes auf den Oberschenkel, der den Gebrauch dieses Beines für 14 Tage schmerzhaft werden lässt oder ein einmaliges seitliches Wegrutschen auf nasser Wiese, was eine Zerrung der Adduktoren oder eine Beckenläsion auslöst. Ist ein Bein durch eine Erkrankung langwierig oder wiederkehrend schmerzhaft, zum Beispiel durch eine fortschreitende Arthrose, einen Sehnenschaden, eine unbehandelte Strahlfäule oder falsche Hufbearbeitung, die das Pferd länger oder wiederkehrend kompensieren muss, dann ändert sich seine Schiefensituation nachhaltig. Und das kann dazu führen, dass ein Pferd beim Kompensieren des ersten Problems andere Strukturen überlastet und dort Folgeprobleme entwickelt, die es wiederum kompensieren muss und so fort. Ein

Grundsätzlich also wichtig:

»Ändert« ein Pferd also plötzlich seine Schiefesituation, kann das ein Warnsignal sein! Bei akuten Verletzungen mit sichtbarer Lahmheit ist natürlich der Termin beim Tierarzt angezeigt. Fühlt sich Ihr Pferd von einem Tag auf den anderen anders schief an, ohne dass Sie eine akute Ursache sehen können, vereinbaren Sie einen Termin mit einem guten osteopathischen Pferdetherapeuten, der das Pferd komplett befundet und Beckenschiefstand, osteopathische Befunde an der Wirbelsäule und so weiter behandelt. Gibt es dabei fragliche Auffälligkeiten, lassen Sie diese wiederum vom Tierarzt überprüfen, etwa durch bildgebende Diagnostik.

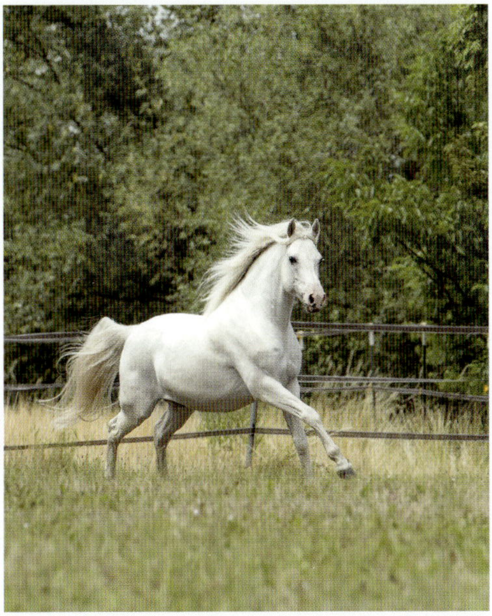

Schiefen können durchaus auch aus dem Alltag des Pferdes resultieren. Die berüchtigten »Koppelunfälle« mit tatsächlichen Stürzen des Pferdes sind nur die Spitze des Eisberges.

solches Pferd ist dann nicht mehr klar zu einer Seite händig, sondern gefühlt »im Zickzack schief«, vorne anders als hinten und heute anders als gestern.
Unter Umständen leiden Pferde Schmerzen, ohne dass eine klare Lahmheit auf einem Bein erkennbar wäre, weil das Pferd auf mehreren Beinen Probleme hat! Wird aber kein Tierarzt gerufen, sondern weiter trainiert, kommt es zu immer größeren Schäden.
Halten Sie sich nach Verletzungen unbedingt an den Rehaplan und geben Sie dem Pferd genügend Zeit und genau angepasste Bewegung, um ungünstige Kompensationen zu vermeiden. Dazu ist die Zusammenarbeit zwischen behandelndem Tierarzt, Osteopathen und Reitlehrer ausschlaggebend, damit es nicht zu Rückfällen oder Folgeschäden kommt. Reiten Sie ein geringgradig lahmendes und somit also schmerzhaftes Pferd nicht einfach weiter!
Weigert sich ein Pferd auch unter einem guten Reiter vehement, sich zu einer Seite zu biegen, denken wir nochmal an die Haussler-Studie: Die Wahrscheinlichkeit ist bei gerittenen Pferden leider auch recht hoch, an degenerativen Erkrankungen im Bereich der Halswirbelsäule und des CTÜ zu leiden. Diese können es zeitlebens verhindern, dass ein Pferd sich tatsächlich reell biegen kann.

Schiefe bedingt durch den Reiter

Auch wir Reiter sind natürlich nie perfekt gerade. Unsere Schiefe basiert ebenfalls teilweise auf zerebral bedingter Händigkeit, aber darüber hinaus auch auf Lebensgewohnheiten (zum Beispiel lange Autofahrten, verdreht im Autositz hängend und mit dem rechten Fuß auf dem Gaspedal) und selbstverständlich ebenfalls Kompensationen aufgrund von erworbenen Bewegungseinschränkungen etwa durch Erkrankungen oder Unfälle.
Sitzen wir nun mit unserem Beckenschiefstand auf dem Pferderücken oder sind in einem Arm steifer als im anderen, dann wirkt sich das natürlich auf das Pferd aus! Je intensiver wir reiten, desto mehr müssen wir selbst an unserer

Geraderichtung arbeiten. Auch für uns Menschen gilt: Sobald Sie selbst merken, dass Sie spürbar schief sind (wenn sich zum Beispiel die Übung »angeschossener Indianer« von Seite 62 zu einer Seite merklich anders anfühlt als zur anderen und sich die beiden Seiten nicht nach wenigen Wiederholungen angleichen lassen), vereinbaren Sie bitte einen Termin beim Osteopathen.

Nach eigenen Verletzungen gehen Sie bitte unbedingt selbst auch zur Krankengymnastik und nehmen Sie grundsätzlich durch Ihr gesamtes Reiterleben hindurch regelmäßig guten Sitzschulungsunterricht in Anspruch. Können Sie zum Beispiel auf verschiedenen Pferden besser rechts als links angaloppieren oder stellt sich Ihr Pferd unter Ihrem Ausbilder sehr wohl nach links, während es sich unter Ihnen stattdessen verwirft, dann sitzt die Schiefe eben im Sattel.

Gezielte Gymnastizierung oder Schiefe durch falsches Training?

Gemäß der klassischen Reitlehre ist die natürliche (!) Schiefe eines nicht anderweitig belasteten Pferdes relativ einfach durch Training einzudämmen, denn sobald das rechte Hinterbein in gleichem Maße schiebt wie das linke, trainiert es sich ja auf und schützt damit das linke Vorderbein vor Überlastung. Durch gekonnt ausgeführte Remontearbeit geschieht das gemäß Reitvorschrift quasi automatisch, denn mit Hilfe von tatsächlich taktmäßigem Trab auf konkreten Linien und korrekten Hufschlagfiguren ohne fälschliches Seitwärtsdriften mittelt sich die Schiefe sozusagen aus und wird danach mit Biegearbeit vervollkommnet (beachten Sie für weitere Praxisanleitung die Literaturhinweise im Anhang).

Dazu lässt uns das Zitat von Waldemar Seunig schmunzeln: *»Um von der Schiefe gar nicht mehr oder nur sehr wenig gestört zu werden, muss man ein sehr schlechter oder ein sehr guter Reiter sein. Ersterer schiebt auf seinem schrägelnden Pferdchen nichts ahnend und unbefangen einher und scheint mit dem Philosophen Leibniz zu denken, »dass alles aufs Beste bestellt sei, auf dieser besten aller Welten«. Letzterer grübelt auch nicht zu viel, denkt bei symmetrisch auf beide Körperhälften verteiltem Sitz nur an Vorwärtsreiten (was mit Jagen und Schnellreiten nichts zu tun hat), entwickelt Schwung und lässt die Widerständenach vorwärts entweichen, indem er geraderichtend den Hinterfuß der schwierigeren Seite unter die Last treibt [zum Schieben bringt], ohne sich festzuziehen, und lässt bei dieser Arbeit im Vorwärts weder sich noch das Pferd die Laune verlieren.«*

Erfolgt diese geraderichtende Basisarbeit aber nicht sachgemäß und/oder kommen durch Erkrankungen, ungünstige Aufzucht und Haltung oder Verletzungen weitere Schiefen hinzu, dann sehen wir Pferde, die tatsächlich leider verbogen durch die Gegend »schrägeln«.

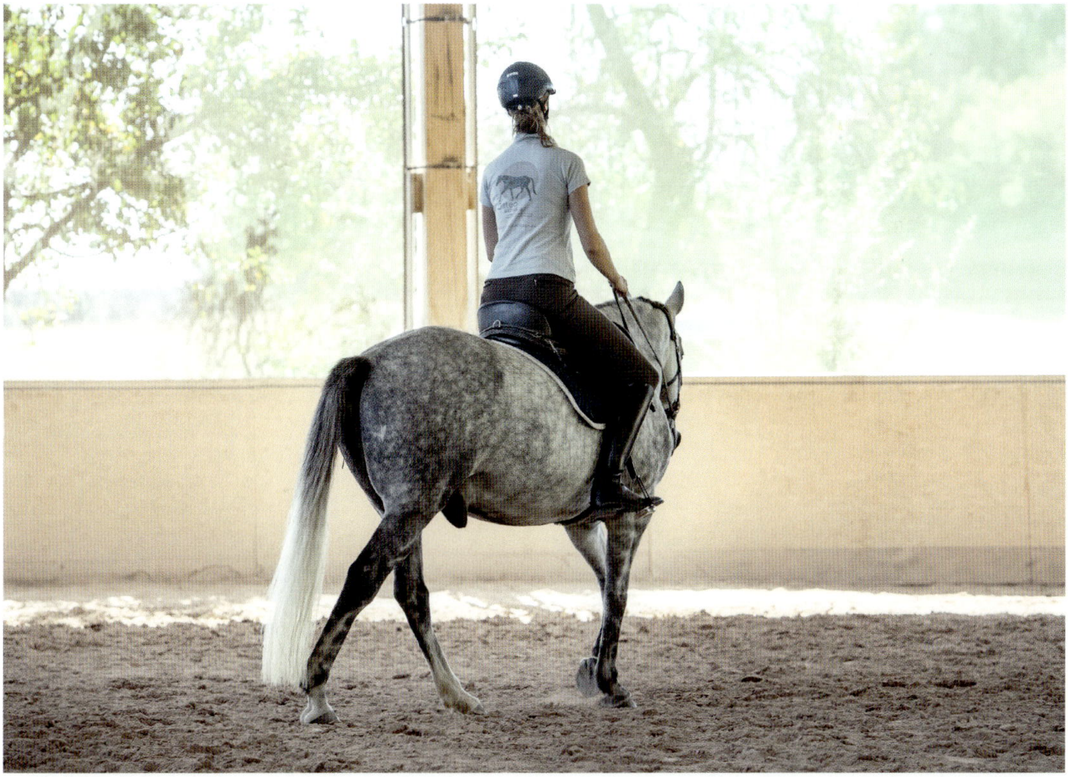

Das äußere Hinterbein muss auf gebogener Linie im Gegensatz zum inneren vermehrt schieben. Im Rahmen der Trainingstherapie machen wir uns das gezielt zunutze.

Diese sind oft leider nicht (mehr) durch »einfaches Vorwärtsreiten« geradezurichten sind – sei es, weil ihnen das aufgrund von bereits bestehenden krankhaften Veränderungen nicht mehr oder zumindest im Moment nicht möglich ist oder aber weil sie keine klassische Grundausbildung erhalten haben, also auf die vorwärtstreibenden Hilfen nicht reagieren (stattdessen klemmen, bocken etc.) und sich nicht zwischen den seitlichen Schenkel- und Zügelhilfen einrahmen lassen (stattdessen ständig scheuen, zur Seite springen, sich umdrehen etc.).

Haben wir ein solches Pferd vor uns, was zum Beispiel gar nicht ohne Weiteres einfach zwanglos taktmäßig ganze Bahn trabt, dann sind wir im Korrektur- und vermutlich auch im Rehabereich und hierbei können dann sehr wohl ganz gezielte, speziell auf das Pferd zugeschnittene kleinschrittige Übungen notwendig sein, anstatt krampfhaftes Geradeausgescheuche.

Wenn ein kompletter Befund durch einen osteopathischen Pferdetherapeuten und Tierarzt vorliegt, kann daraufhin dann gezielt trainiert werden. Bei deutlicher Schiefe des Pferdes ist nie »nichts« – sollte Ihnen ein Therapeut das sagen, wählen Sie einen anderen.

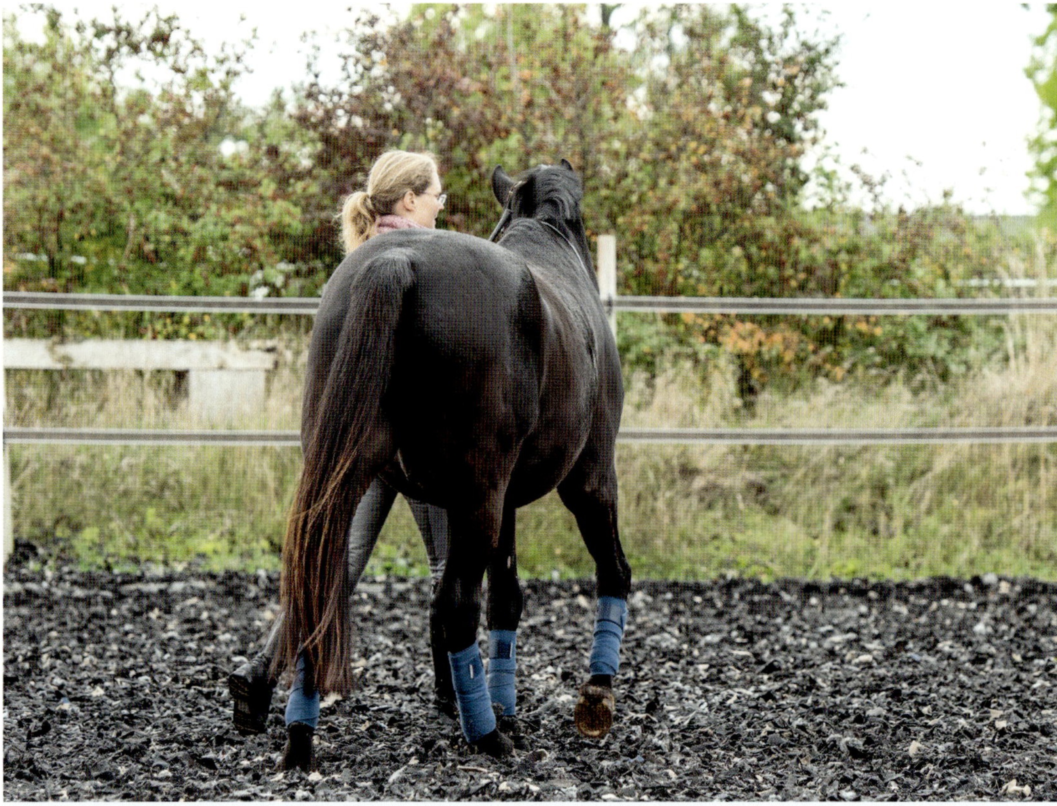

Im Rahmen der Traininstherapie setzen wir häufig auch klassische Handarbeit ein.

Im Rahmen der Trainingstherapie werden im Anschluss an die Behandlung hypotone Muskelgruppen auftrainiert, deswegen kann es zum Beispiel angezeigt sein, das Pferd tatsächlich vermehrt zu einer Seite übertreten zu lassen (trainiert das äußere Hinterbein) oder auch das Konterschulterherein kurzfristig etwas exzessiver zu nutzen und dabei zunächst in ruhigem Schritt zu bleiben. Je nach Befund können unter Umständen gezielte Biegungen nötig sein, bei denen der Reiter den Pferdehals aus therapeutischen Gründen im Stand oder ruhigem Schritt auch mehr in die Biegung nimmt als generell in der Reitlehre postuliert. Je nach Thema kann das Abbrechen im Hals den Durchbruch bringen, bei instabilen Pferden aber geradezu kontraproduktiv sein. In jedem Fall braucht es einen geschulten Bereiter, sehr viel Gefühl und/oder engmaschige therapeutische Betreuung und Anleitung für den Pferdebesitzer.
Ein allgemeingültiges Rezept, was für jedes Pferd gilt, gibt es nicht, wohl aber einen »Werkzeugkoffer« klassischer Lektionen und unterstützender Techniken, die wir gerne im Praxisseminar zum Thema »Trainingstherapie« weitergeben. Grundsätzlich wichtig: Wenn Sie sechs

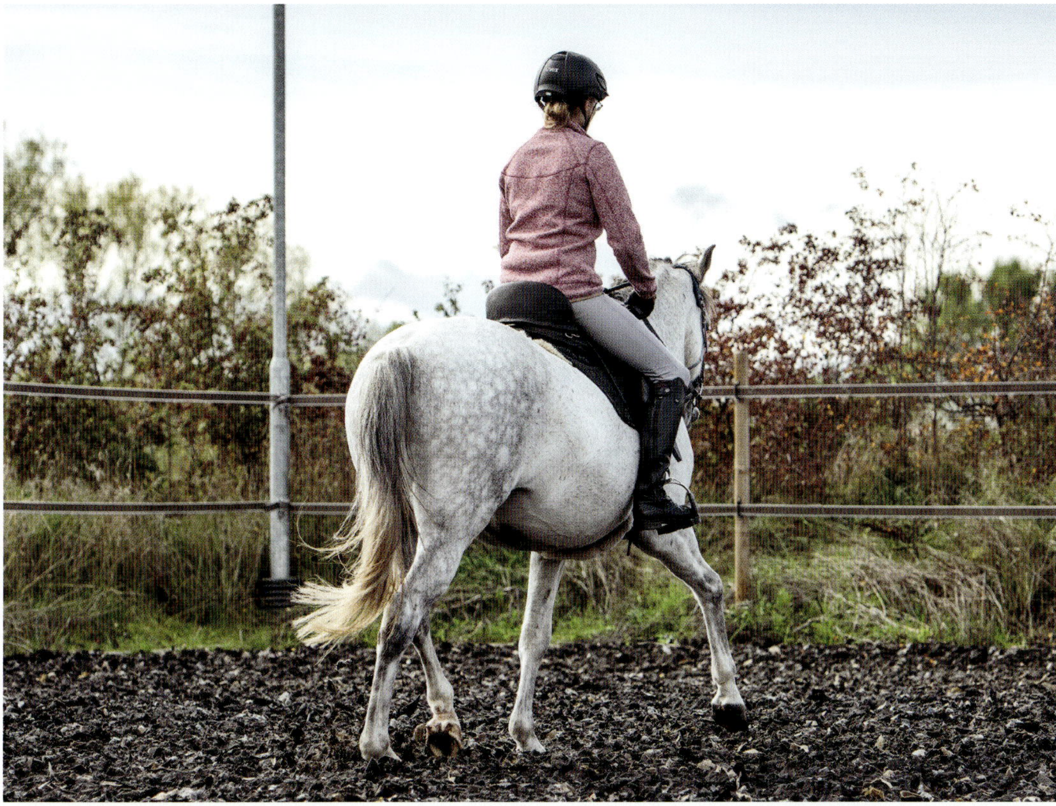

Das Konterschulterherein kann sehr gute Dienste bei der Korrektur von Schiefen leisten.

bis acht Wochen gezielt gegen die Schiefe Ihres Pferdes angearbeitet haben und diese hat sich nicht verbessert, dann liegt entweder noch ein weiteres, bisher unbekanntes und ungelöstes körperliches Problem vor, oder aber Ihr Training ist nicht effizient und muss verändert werden!

Es existieren ja diverse, oftmals sogar explizit widersprüchliche Thesen zur Schiefenkorrektur. Ob eine Annahme, welche Schiefe Sie mit welchem Training korrigieren, stimmt, sehen Sie am Ergebnis. Arbeitet man monate- oder gar jahrelang an einer Schiefe herum (oft obwohl das Pferd schon weit ausgebildet ist und diverse Lektionen »kann«!), dann stimmt etwas an den Grundlagen nicht. Lassen Sie sich von Ihrem Ausbilder korrigieren, ob beispielsweise Ihr Schulterherein überhaupt korrekt geritten ist, denn falsch ausgeführt bringt es natürlich auch den Effekt nicht. Ist daran nichts auszusetzen, bleibt als logischer Schluss nur noch, dass es eben nicht die passende Übung war!

Leider sehen wir in der Praxis auch Pferde, die nach bestem Wissen und Gewissen des Reiters gerade durch das vermeintlich gymnastizierende Training erst recht »schief gezogen« werden. Durch exzessives Biegen in eine Rich-

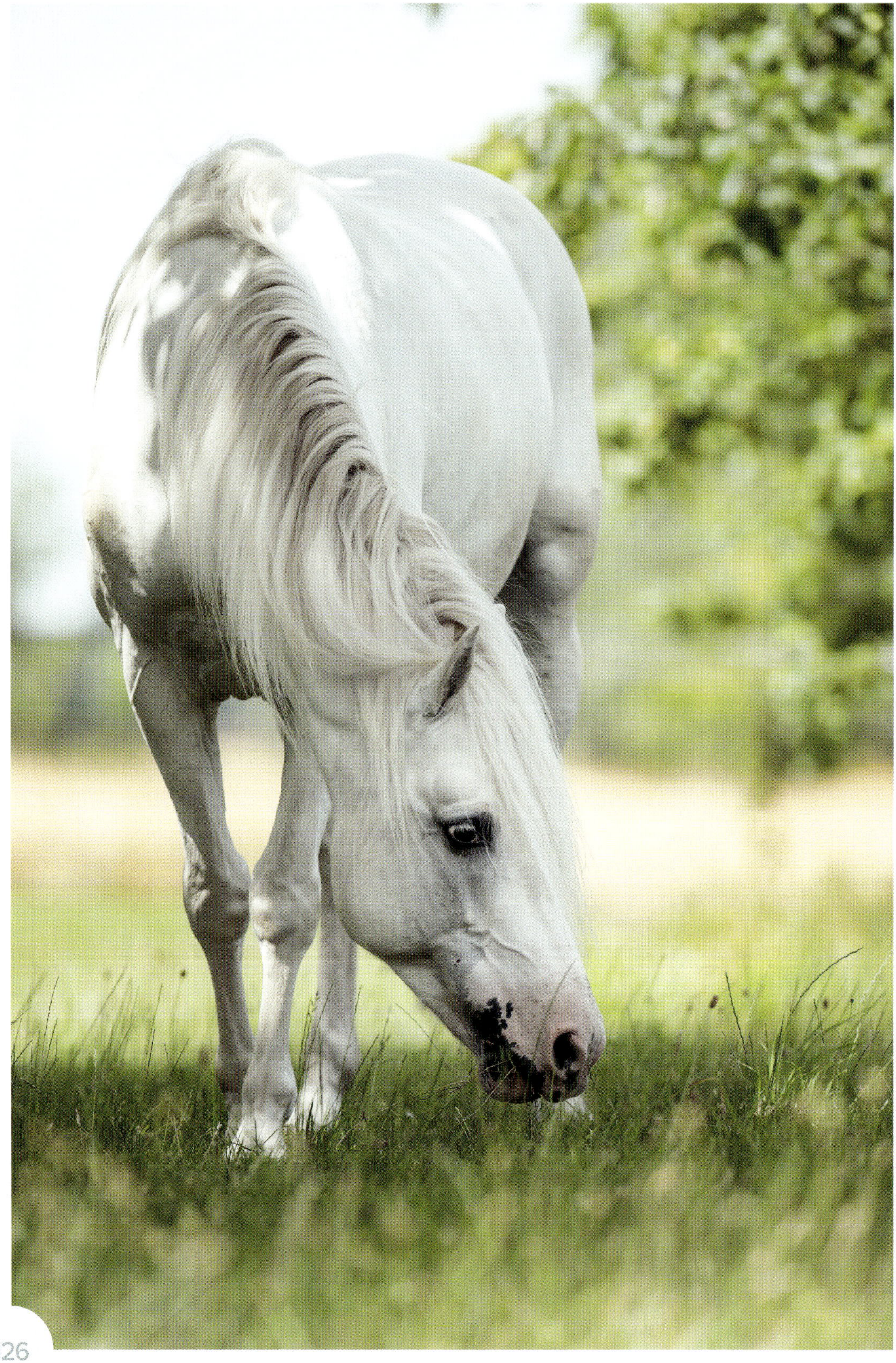

tung, nach egal welchem Konzept, kann manchmal mehr Schaden als Nutzen entstehen, wie Ihnen dieses Buch nun sicherlich eindrücklich dargelegt hat.

Zerebral bedingte Händigkeit

Auch die Dominanz einer Gehirnhälfte wird oft als Ursache für die natürliche Schiefe genannt. Diese Erklärung ist nicht unlogisch: Die linke Gehirnhälfte steuert zu 85 Prozent die Motorik der rechten Körperseite, die rechte 85 Prozent der linken Körperseite. Der linken Gehirnhälfte wird das logische Denken zugesprochen, der rechten Intuition. Dass das Pferd als Fluchttier mit seiner linken Körperseite besser umzugehen weiß (und z. B. links vorn durch Überlastung eher verschleißt), könnte auch mit der Dominanz der rechten Hirnhälfte zu erklären sein.
In der Edukinesiologie geht man davon aus, dass beim Überkreuzen der Körpermittellinie beide Hirnhälften aktiviert und angeregt werden. Das deckt sich mit unseren Erfahrungen: Ein junges, intuitiv reagierendes Pferd bekommt ein besseres Körpergefühl, wenn man erste Seitwärtsbewegungen in das Training integriert (Vorhandwendung, Schenkelweichen). Das könnte daran liegen, dass die linke Gehirnhälfte öfter angesprochen wird – die Pferde springen weniger »instinktgesteuert« weg, sondern lernen, bewusstere Bewegungs-Entscheidungen zu treffen.

In der Verhaltensforschung gilt es als deutliches Zeichen, welches Auge Pferde Gegenständen oder Menschen zuwenden: Forscher der University of Sussex fanden zum Beispiel 2016 so heraus, dass Pferde menschliche Gesichter lesen können. Sie präsentierten den 28 Tieren in der Studie Bilder von ihnen unbekannten Männern, die entweder lächelten oder wütend schauten. Sahen die Pferde in wutentbrannte Gesichter, stieg ihre Herzfrequenz und sie schauten die Bilder mit dem linken Auge an. Das gilt als aussagekräftig, da negative Emotionen in der rechten Gehirnhälfte verarbeitet werden, die nerval mit dem linken Auge verbunden ist. Auf positiv gestimmte Gesichter reagierten die Pferde kaum.

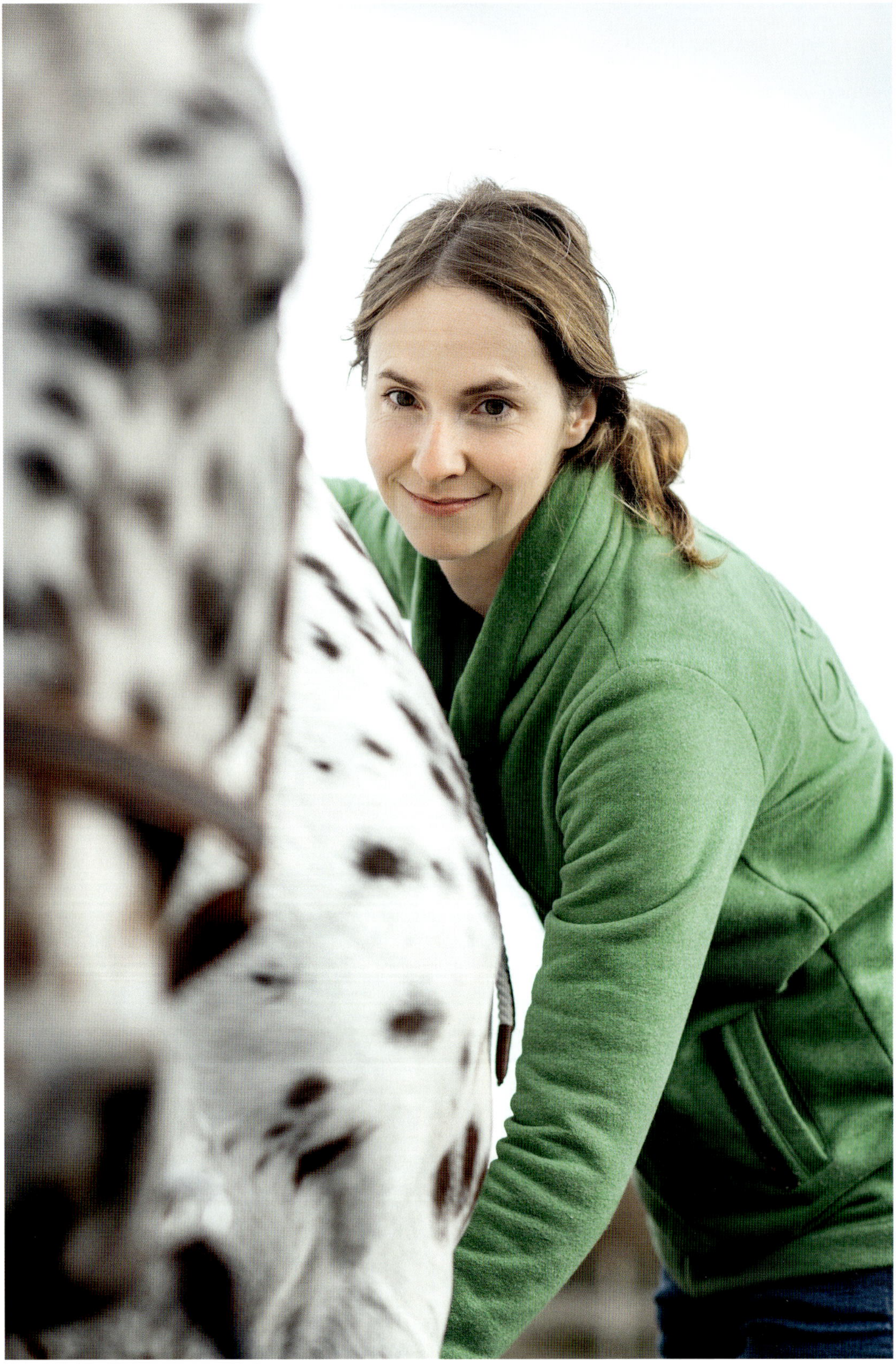

FALLBEISPIELE

Die **Kombination** aus Behandlung, Ausrüstungskontrolle, spezifischem Beritt und/oder Trainingstherapie (mit anschließendem Unterricht für den Pferdebesitzer), optionalem Taping, Trainingsplanerstellung und ganzheitlicher Beratung ist unser Spezialgebiet, weil sich unsere Fähigkeiten dabei optimal ergänzen.

In diesem Kapitel möchten wir gerne drei Fallbeispiele aus unserer OsteoDressage-Praxis vorstellen und dabei erläutern, welche osteopathischen und trainingstherapeutischen Maßnahmen wir eingesetzt haben und in welcher Form und in welchem Maß uns dabei Biegungen helfen konnten. Außerdem in der Praxis interessant, wie darüber hinaus unter Umständen auch an der Fütterung gedreht, ein Zahnspezialist konsultiert und ein langfristiger Trainingsplan beachtet werden müssen, damit die Erfolge sich einstellen können.

»Das Ganze ist mehr als die Summe seiner Teile.« Aristoteles, Metaphysik

Taranis: Vorstellung und Zieldefinition

Taranis aus der schützenden Hand ist ein dreizehnjähriger Knabstrupper und eines von Katharinas gut ausgebildeten Lehrpferden. Gemäß seines Types besitzt er eine sehr gerade Kruppe: Die Muskulatur, die für die Schubkraft zuständig ist *(M. glutaeus medius)*, ist im Verhältnis zur Hosenmuskulatur, die das Pferd für die Versammlung benötigt, stark entwickelt. Die Bauchmuskulatur war im Gegensatz dazu zum Zeitpunkt unseres Fototermins eher wenig trainiert. Das hat mehrere Gründe: Zum einen wird Taranis als Lehrpferd derzeitig auch viel für Sitz-

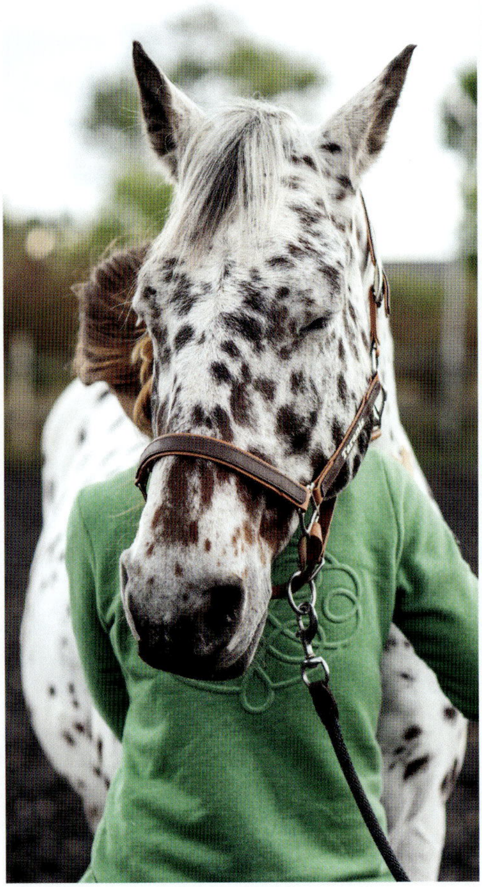

Sanftes Shiften der Halswirbelsäule – Taranis genießt die Behandlung.

schulungsunterricht an der Longe und Grundausbildung von Reitern eingesetzt, wobei er sich vorrangig in Gebrauchshaltung in Schritt und Trab bewegt. Wie alle guten Lehrpferde ist Taranis natürlich regelmäßig in Beritt, aber auch unter Katharina und den fortgeschrittenen Trainern, die bei ihr die Ausbildung absolvieren, war wegen einer Verletzung im vergangenen Jahr die Arbeit im Galopp und an der Versammlung etwas zurückgestellt worden. Da das Pferd gleichzeitig im Paddocktrail unbegrenzten Zugang zu Heu lebte, hatte er auch kein sportliches Idealgewicht.
Nach ausgeheilter Verletzung ist es in unserem Fallbeispiel nun das Ziel, seine Bauchmuskulatur zu kräftigen und natürlich die klassische Ausbildung besonders in den versammelten Lektionen, nun in seinen besten Jahren, nochmals weiter voranzubringen.

Um ein Pferd langfristig gesund zu halten, ist eine kräftige Bauchmuskulatur grundsätzlich wünschenswert, weil diese die Lendenwirbelsäule entlastet, an der das Darmgewicht hängt und außerdem mithilft, das zusätzliche Reitergewicht ausgleichen zu können. Natürlicherweise ist der hintere Lendenwirbelbereich darauf ausgelegt, in Bewegung Beuge- und Streckbewegungen auszuführen. Hier passiert das »Schwingen des Rückens« (siehe Anatomieteil). Gerade das Nach-oben-Schwingen ist für Pferde mit sehr gerader Kruppe schwieriger und jedes Kilo Übergewicht erschwert das Über-den-Rücken-Gehen zusätzlich und belastet auf diese Weise in mehrfacher Hinsicht.

Nach reiflicher Überlegung wurde Taranis´ Fütterung von Heu ad libitum im Anschluss an die OsteoDressage-Einheit auf zeitgesteuerte rationierte Heugabe umgestellt und wir können an dieser Stelle gleich vorweg nehmen, dass diese Maßnahme in Kombination mit der im Folgenden erläuterten Behandlung und spezifischem Beritt entscheidend zum Erfolg beigetragen hat. Gerade das Training von Lektionen mit höherem Versammlungsgrad ist ernst zu nehmender Sport, der mit nicht ganz so ausladendem Bauch deutlich leichter fällt.

Behandlung

In der Behandlung ging es vorwiegend darum, Faszien und Muskulatur sanft zu lösen, die die Beweglichkeit der Lendenregion und des Beckens einschränken können. Das Aufwölben der LWS war danach kein Problem für Taranis und er reagierte mit entspanntem Kauen auf die Mobilisation des lumbosakralen Übergangs.

Claudia korrigierte außerdem den Atlas und Rotationsfehlstellungen in der Halswirbelsäule. Beides ist häufig auch bei gut gerittenen Pferden zu finden und entsteht etwa durch Zahnprobleme, Rangeleien in der Herde oder, in Taranis´

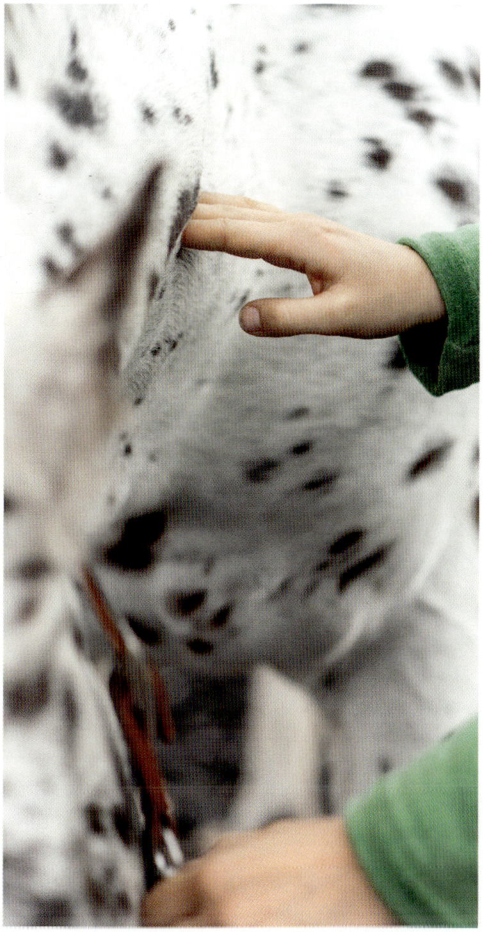

Sanfte Weichteiltechniken lösen Verspannungen im Hals- und Schultergürtelbereich.

Das Lumbosakralgelenk

Über das Beckenabkippen und das Lumbosakralgelenk wird ja momentan sehr viel geschrieben. Es sei aus verschiedenen Gründen nicht gut, das LSG dauerhaft in Beugestellung zu halten. Dem stimmen wir zu. Es ist aber auch nicht gesund, es dauerhaft in der Überstreckung zu halten. Nach Townsend liegt der Bewegungsspielraum des Gelenks bei über 20 Grad – wichtig ist einfach, dass dieser Spielraum genutzt wird und das Gelenk frei beweglich ist. Dauerhafte Bewegungseinschränkungen sind in jeder Richtung unphysiologisch.

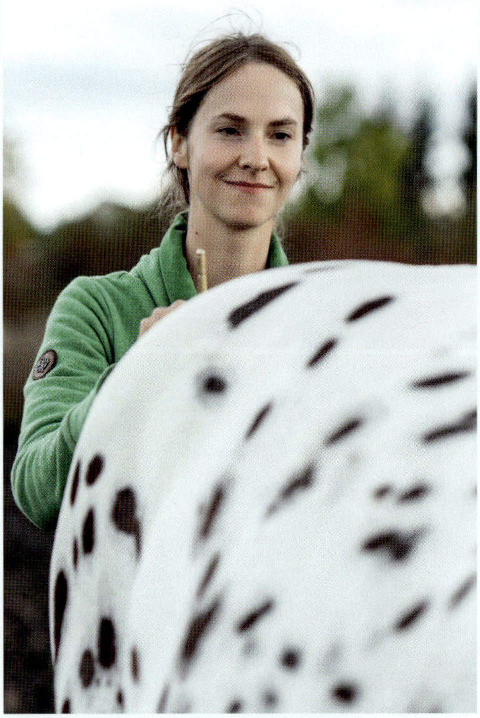

Der Einsatz von Stäbchen muss, wenn überhaupt nötig, gezielt und so sanft wie möglich durch einen geschulten Therapeuten erfolgen. Claudia nutzt sie sehr selten und sehr dosiert. Es ist grob fahrlässig, Pferde womöglich mehrmals pro Woche mithilfe von Stäbchen oder gar Hufkratzern zu »mobilisieren« oder gar den Besitzer darin zu unterweisen.

Fall, frühere Unfälle. Jede Verspannung im Schultergürtel hat Auswirkungen auf die Halswirbelsäule und Befunde in der HWS erschweren Stellung und Biegung enorm.

Beritt (mit Trainingstape)

Wir haben uns dazu entschlossen, mit einem Tape für den äußeren schrägen Bauchmuskel zu arbeiten. Tapes setzen ein Aufmerksamkeitssignal ans Gehirn – das Pferd spürt die getapte Region viel deutlicher als sonst und sehr viele Pferde beginnen dann, den getapten Bereich bewusster einzusetzen (Buchtipp: Tapingpraxis für Pferd und Reiter, Welter-Böller und Welter). Das Tape für den äußeren schrägen Bauchmuskel stoppt gewissermaßen den Bauchpendel etwas und »erinnert« das Pferd daran, mit mehr Bauchmuskelaktivität zu arbeiten.
Wichtig: Tapes nur dosiert und am besten erstmal unter professioneller Anleitung des Therapeuten/Trainers einsetzen!
Wir wollen durch das Tape keine isolierte Aktivität der ventralen Muskelkette, also kein Verspannen, sondern nur das natürliche An- und Abspannen von dorsaler und ventraler Muskelkette fördern. Würde ein Pferd auf das Tape mit Karpfenrücken und festgehaltenem Gehen reagieren, würden wir es umgehend entfernen! Tapes bleiben nach unserer Philosophie nur während des Trainings am Pferd und nur über so viele Einheiten, bis das Pferd den gewünschten Bewegungsablauf auch ohne Tape zeigt.
Katharina ritt anschließend nach kurzem Aufwärmen zunächst Volten in ruhigem Schritt, um die Biegungen wirklich exakt einstellen zu können und Taranis die Gelegenheit zu geben, das »neue Körpergefühl« nach der Behandlung seines Halses und Genicks in Ruhe ausprobieren zu können. Dabei trat ein interessanter Effekt auf, den wir bei vielen Pferden beobachten: Zunächst bog Taranis sich

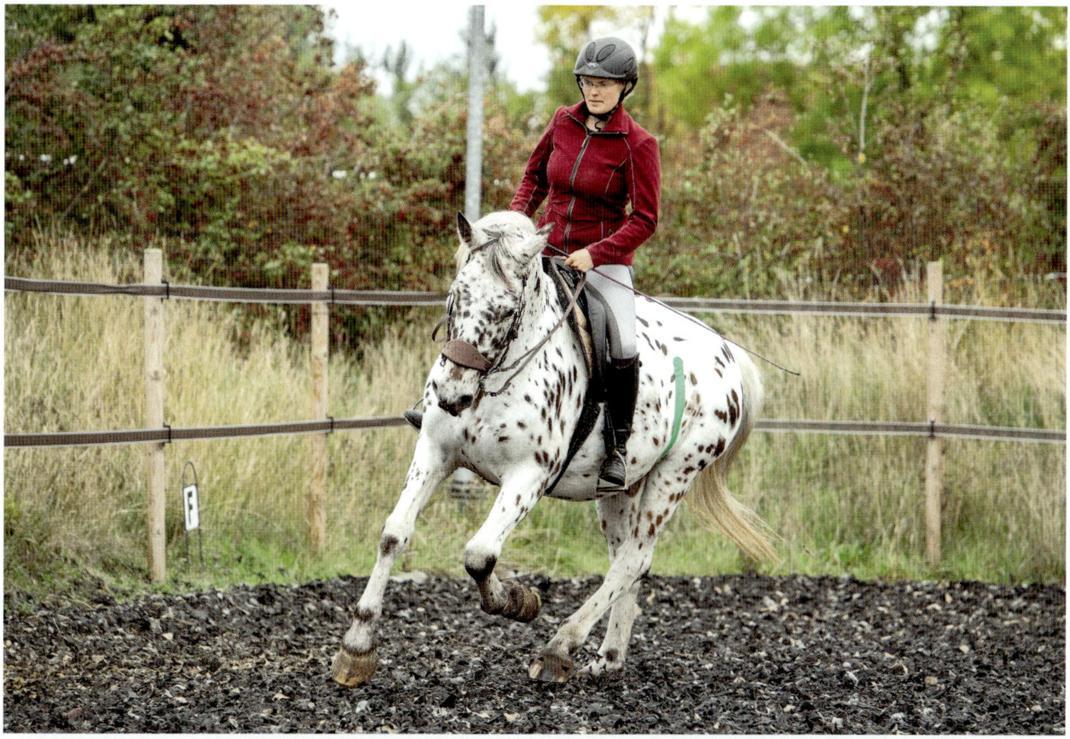

Das Tape des äußeren schrägen Bauchmuskels unterstützt das gezielte Training.

in der selben Qualität »wie immer« und erst nach verhältnismäßig aktiver Einwirkung durch die Bereiterin verließ er die Grenzen seiner gewohnten Beweglichkeit und vollzog die vorher durch die Behandlung ermöglichten Bewegungen nun aktiv und verbesserte die Qualität der Biegungen wirklich.

Im Rahmen der Trainingstherapie kann es deswegen sinnvoll sein, kurzfristig und in ruhigem Schritt oder auch im Stand mehr Biegung im Hals zu fordern, als man das klassischerweise tut und unter Umständen dabei auch einzelne Hände anzuheben, damit das Pferd auf den Wunsch nach mehr Biegung nicht etwa mit Verwerfen antwortet. Damit das Pferd auch Bereiche biegt, in denen es vorher unbeweglich war, kann es nötig sein, eine Hand auch kurzfristig breiter zu führen und/oder einen Zügel an einer Stelle tatsächlich an den Pferdehals anzulegen. Wann was Erfolg bringt, ist nicht so ohne Weiteres allgemeingültig zu beschreiben. Ein Bereiter auf diesem Niveau fühlt und sieht, auf welchen Bereich des Halses er sich konzentrieren muss und/oder weiß das durch die Zusammenarbeit mit einem Therapeuten, der wiederum die Effekte des Beritts nachtesten kann.

Wichtig: Dieses in der deutschen Reitlehre »Abbrechen« genannte Vorgehen ist keinesfalls standartmäßig für alle Pferde anzuwenden, da es diverse schädliche Nebenwirkungen besitzen kann, die im Verlauf dieses Buches bereits ausdrücklich

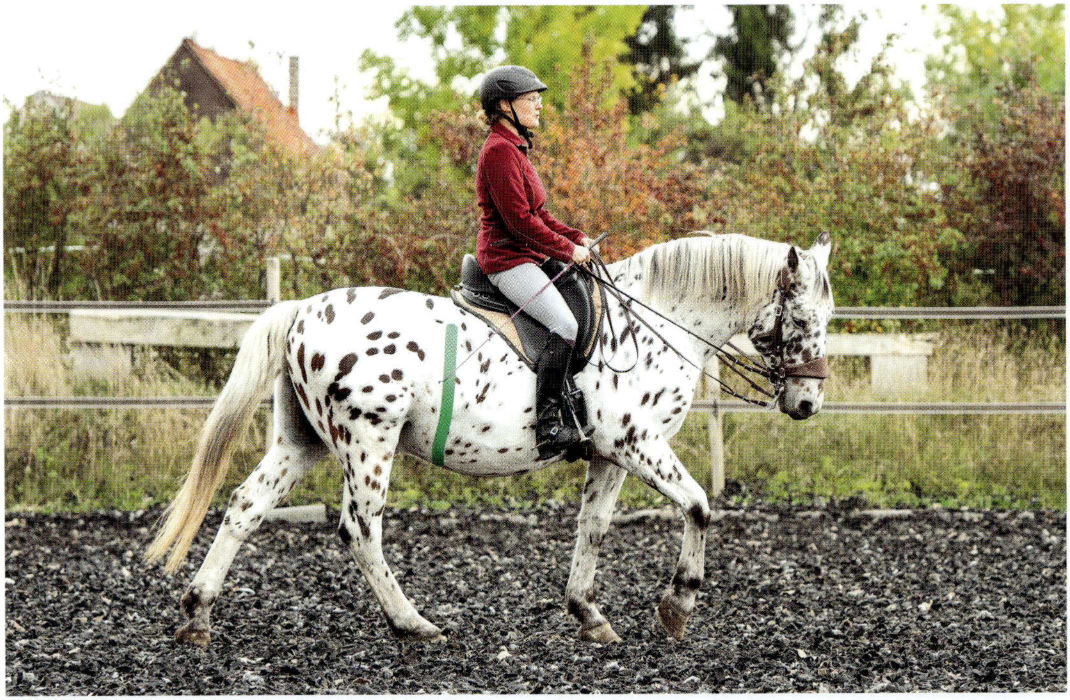

Wir beginnen mit gebogenen Linien im Schritt. Katharina fühlt ins Pferd hinein, was sich durch die vorhergehende Behandlung schon verändert hat.

beschrieben wurden (Stichworte Zwischenwirbellöcher, Rumpfträger und vieles mehr, siehe vorangegangene Kapitel). Nur ein versierter Bereiter mit absolut unabhängigen, gefühlvollen Händen kann auch bestimmte Einwirkungen ausführen, ohne das Pferd damit mehr zu verspannen.

Wie lernt man das?

Um ein Pferd korrigieren zu können ist es zunächst wichtig, sich einer jahrelangen, vielfältigen Grundausbildung zu unterziehen. Erst wer sich einen sehr guten Sitz erarbeitet hat und die Reitlehre an sich korrekt anwenden und umsetzen kann, sodass man selber keine Probleme mehr verursacht, hat das Rüstzeug, um dann mit einem in der Korrektur/Trainingstherapie versierten Ausbilder an seiner Seite auch zu lernen, wie man Probleme behebt. Diese sind so vielfältig und reagieren so unterschiedlich auf Einwirkungen, dass man das nicht aus einem Buch lernen kann, sondern sich tatsächlich in der Praxis am und auf dem Pferd erarbeiten muss. Praktischer Unterricht ist ein Muss!

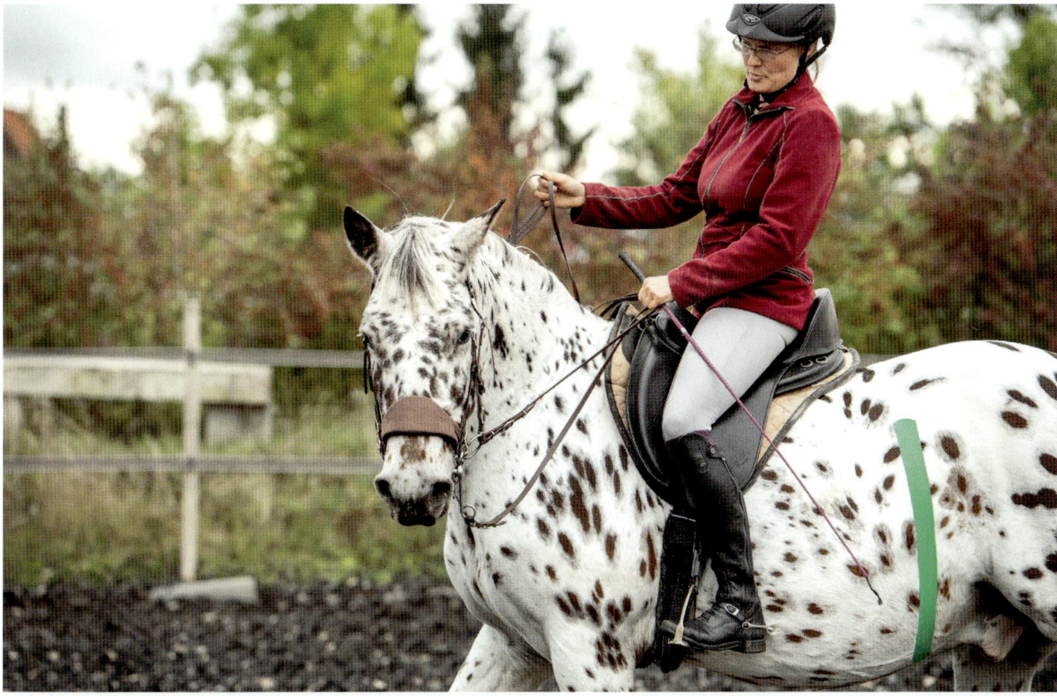

Im Rahmen der Trainingstherapie kann der Hals unter Umständen mittels angehobener Hände kurzfristig vermehrt gebogen werden (wichtig dabei, den Trensenzügel zu nutzen und die Kandare in Ruhe zu lassen).

Das wichtigste bei dieser Arbeit ist zu wissen und zu fühlen, wann damit wieder aufzuhören ist! Nach einigen Volten mit Pausen dazwischen war diese Korrekturphase beendet und Taranis und Katharina kehrten dann zurück zum normalen klassischen Biegen gemäß der Linien, auf denen sie sich bewegten.

Da Taranis ja bereits gut ausgebildet ist und über eine sehr gute Grundlagenausdauer verfügt, ging es gleich mit Schlangenlinien und Volten im Trab weiter. Eine interessante und effiziente Figur ist die Schlangenlinie durch die Bahn mit drei bis fünf Bögen, wenn man in jeden Bogen zusätzlich noch eine Volte reitet. Auf Taranis' Ausbildungsstand wählten wir erst vier und dann fünf Bögen mit entsprechend kleinen Volten, damit die Biegung für ihn tatsächlich auch einen wirkungsvollen überschwelligen Trainingsreiz darstellte. Größere gebogene Linien bringen in seinem Fall keinen Fortschritt mehr, denn auf diese ist er ja bereits angepasst. In den kleinen Volten kam dann besonders auf der linken Hand tatsächlich auch Katharinas verwahrender Schenkel zum Einsatz, um das äußere Hinterbein zu begrenzen, damit es nicht zur Seite ausweichen kann.

Eine weitere sinnvolle Lektion für Pferde mit Taranis' Kruppenform ist das Rückwärtsrichten. Dieses fällt ihm nicht leicht, weswegen er manchmal etwas zögerlich rückwärtsgeht. In der Trainingstherapie

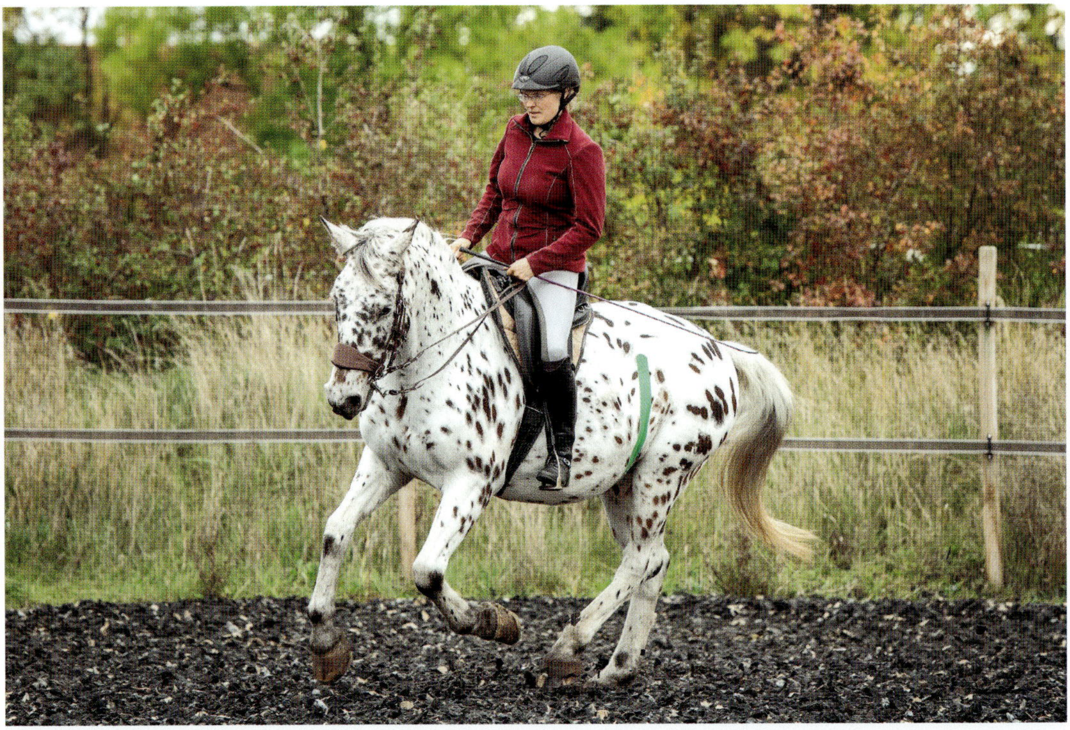

Das Tape hilft, geschlossener zu galoppieren.

verbessern wir das über gemeinsame Einwirkung von Katharina im Sattel und Claudia am Schweif, um dem Schweif und weiterlaufend dem Kreuzbein und dem LSÜ eine sanfte Führung zu geben.

Den Abschluss der Beritteinheit bildet der Galopp: Jeder Galoppsprung ist Bauchmuskeltraining und da Taranis´ Verletzung lange genug ausgeheilt ist, darf er nun auch wieder im Galopp tatsächlich versammelnd trainiert werden. Katharina wählt die Lektion »Zirkel verkleinern und vergrößern«, die Galopp mit Biegung kombiniert und die Bauchmuskulatur innen energisch anspricht. In dieser Gangart wurde der Effekt des Tapes für die Reiterin nun deutlich: Bereits im ersten Angaloppieren zeigt Taranis sich geschlossener und mit besserem Durchsprung als sonst.

Damit das Pferd nicht ausfällt, anstatt sich zu versammeln, ist es wichtig, die Lektion individuell anzupassen und geschickt zu treiben. In den ersten Wiederholungen verkleinern wir den Zirkel eher wenig und legen im Zuge des Vergrößerns im Tempo zu, um dann mit genügend Vorwärts wieder verkleinern zu können. Wird die Volte in der Zirkelmitte dann ernstzunehmend klein, muss unbedingt ein fleißiger Galoppsprung erhalten bleiben. Hier hilft der Tipp, gefühlt sogar einen flotteren Rhythmus zu treiben, als das Pferd gerne oder tatsächlich springt und sich gezielt kleine, muntere Galoppsprüngchen

(Katharinas inneres Bild: wie bei einem »Feria-Spanier«) vorzustellen. Zieht das Pferd diese anstrengende Übung durch, ist auf jeden Fall eine Schrittpause mit hingegebenem Zügel angebracht, bevor wir die Hand wechseln und auch auf dieser Seite mehrfach den Zirkel verkleinern und vergrößern.

Trainingsempfehlungen und weiteres Management des Pferdes

Um den Behandlungs- und Trainingstheapieeffekt zu sichern, sollte Taranis neben seinem »Grundlagenjob« als Sitzschulungspferd und für Reiter in der Grundausbildung nun auch wieder versammelnder gearbeitet werden. Um einen Fortschritt zu erzielen und sein Ausbildungsniveau noch einmal anzuheben in Richtung versammelter Lektionen, müssen diese eben auch etwa jeden dritten Tag trainiert werden! Es geht nicht nur darum, dass ein Pferd seine Lektionen »kann«, sondern auch, dass es körperlich dazu in der Lage ist oder durch zunehmendes Training in die Lage versetzt wird.
In der Praxis wird sich das so gestalten, dass wir an den reitfreien Tagen (die zur Regeneration der Rückenlendenbinde, der großen Faszie in der Sattellage, nötig sind) vermehrt Handarbeit mit vielen, nun auch etwas kleineren Biegungen, Seitengängen und häufigem Rückwärtsrichten machen werden und dafür weniger am Kappzaum auf Schubkraft longieren werden. Im Beritt unter Katharina werden wir das Bauchmuskeltape nutzen, außerdem wird Taranis in der kommenden Kurssaison auch wieder auf höherem Niveau unter Trainern und angehenden Trainern eingesetzt werden. Er darf auch die Cavalettistunde wieder mitmachen.

Der sowieso bereits vereinbarte jährliche Zahnarzttermin ergab keine größeren Besonderheiten, die die Rotationsfehlstellung im Genick erklären könnte, deswegen wird Claudia Hals und Genick auf jeden Fall auch beim nächsten Besuch nachkontrollieren und -behandeln.
Wie bereits gesagt wird außerdem das Fütterungsmanagement umgestellt, um den Heubauch ein wenig zu dezimieren und dynamischere Bewegung zu ermöglichen.

Femina: Vorstellung und Zieldefinition

Die neunzehnjährige Friesenstute Femina ist nach bewegter Vorgeschichte nun seit mehreren Jahren im Besitz einer jungen Freizeitreiterin, die wöchentlich Reitunterricht nimmt, aber ansonsten aufgrund von Schule und Studium recht eingespannt ist. Einmal pro Woche ist das Pferd zudem in Beritt.
Auffällig ist Feminas unphysiologische Rückenlinie: Alters- und rassebedingt zeigt sie nämlich eine deutliche Tendenz zum Senkrücken. Wenn Claudia den Rumpfträger und die Bauchmuskeln manuell aktiviert, ändert sich die Rücken-

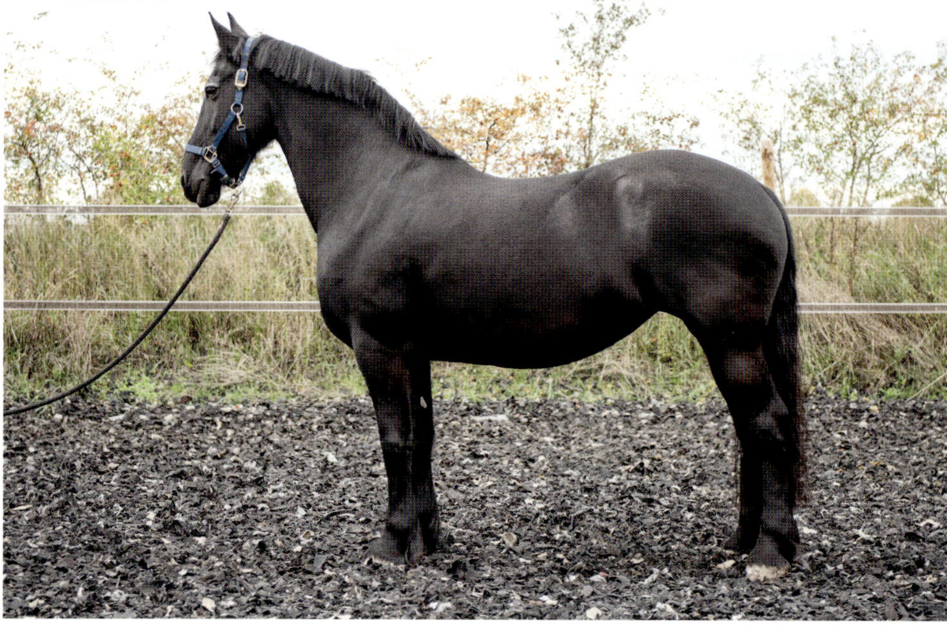

Femina ist ein rassetypischer Friese. Sie zeigt eine altersbedingte Tendenz zum Senkrücken.

linie enorm: Der Rücken kommt »nach oben«, die Wirbelsäule befindet sich nicht mehr in einer dauerhaften Extension. Im Training geht es also auch bei Femina darum, die Bauchmuskulatur zu stärken, um langfristig den Rücken gesund zu erhalten und dem Senkrücken entgegen zu trainieren.

Auffällig in Unterricht und Beritt ist, dass die Biegung des Pferdes sich unverhältnismäßig wenig dauerhaft verbessern lässt: Zu Beginn jeder Einheit geht das Pferd massiv in Außenstellung und ist nur unter Einsatz des inneren Zügels (Biegung ersten Grades) zum Biegen zu bewegen, die reelle Biegung zweiten Grades ist kaum zu erreichen. Das Niveau wird zwar innerhalb jeder einzelnen Einheit besser, das Pferd ist deutlich entspannter als früher und das Fallenlassen des Halses ist mittlerweile überhaupt kein Problem mehr, aber es stellt sich keine weitere nachhaltige Verbesserung ein.

Ziel ist es deshalb, das Pferd möglichst lange noch gesund und freizeitmäßig reitbar zu erhalten und dazu die Ausbildung soweit als möglich gemeinsam mit der Besitzerin weiter anzuheben.

Behandlung

Feminas Atlas ist in einer auffälligen und schwer dauerhaft zu beeinflussenden Rotationsfehlstellung. Dazu passen ihre

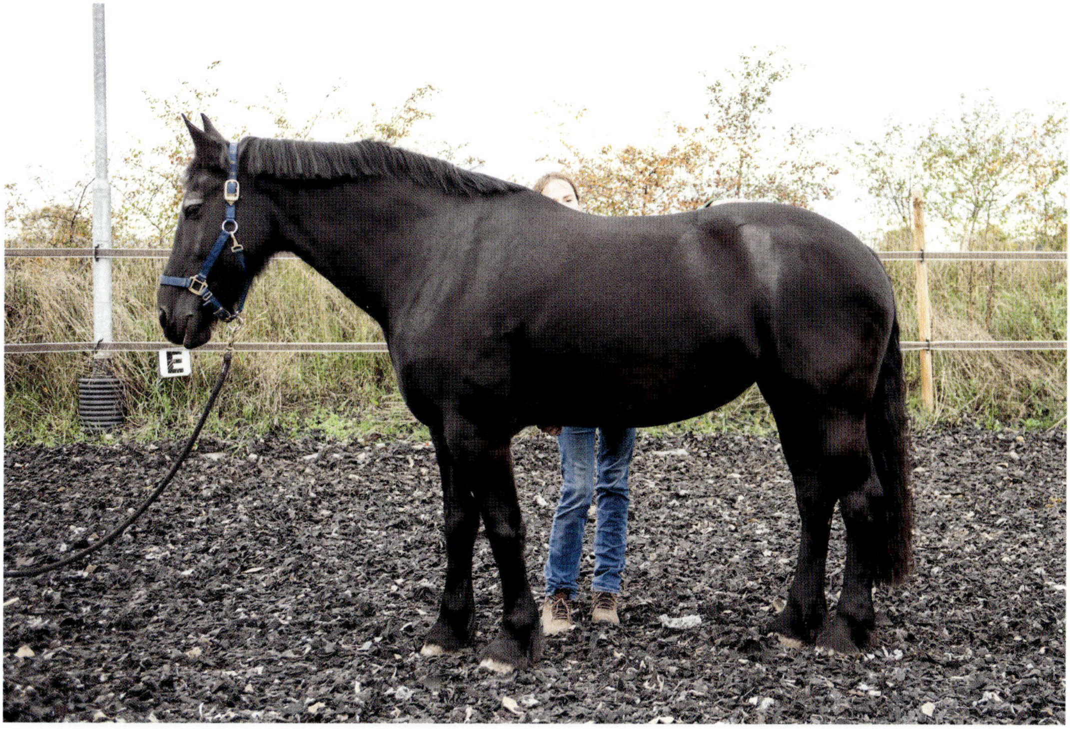

Claudia aktiviert manuell Rumpfträger und Bauchmuskulatur (die linke Hand der Therapeutin ist auf dem Bild nicht zu sehen und liegt etwas weiter hinten) – Feminas Oberlinie ändert sich sichtlich. Da wollen wir trainingstechnisch »hin«. ACHTUNG: Dieses »Bauchheben« dient allein der Befundung und ist kein sinnvoller Trainingsreiz!

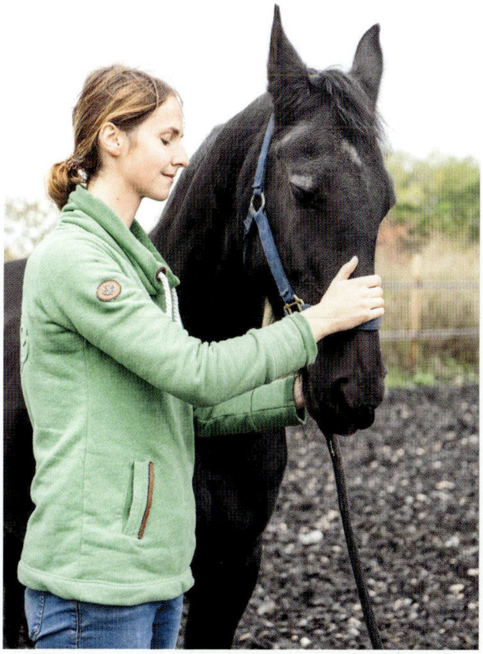

Zahnbefunde. Der im Anschluss an unseren OsteoDressage-Termin außerhalb des normalen Rhythmus‘ hinzugezogene Pferdezahnarzt bestätigt, dass die Zähne ständiger und nun engmaschigerer Korrektur bedürfen und sagt ehrlich, dass bei der Zahnsituation des alternden Pferdes auch keine Besserung zu erwarten ist, sondern es die Verschlechterung hinauszuzögern gilt. Auch deswegen werden Claudia und Katharina das Pferd

Claudia lässt Femina auf eine bestimmte Art abkauen – oft »richtet« sich das Pferd dabei selbst den Atlas.

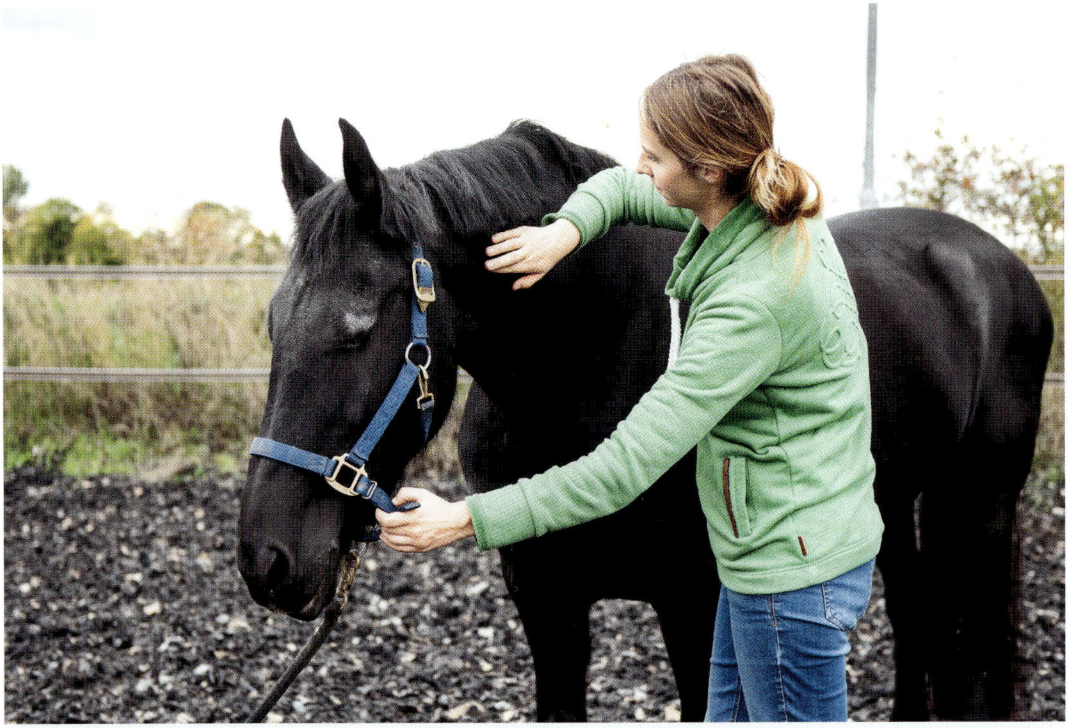

Feminas verspanntes Genick wird mit einer Stresspunktmassage behandelt.

Entspannung der kurzen Nackenstrecker und »Freischwimmen« des Atlas.

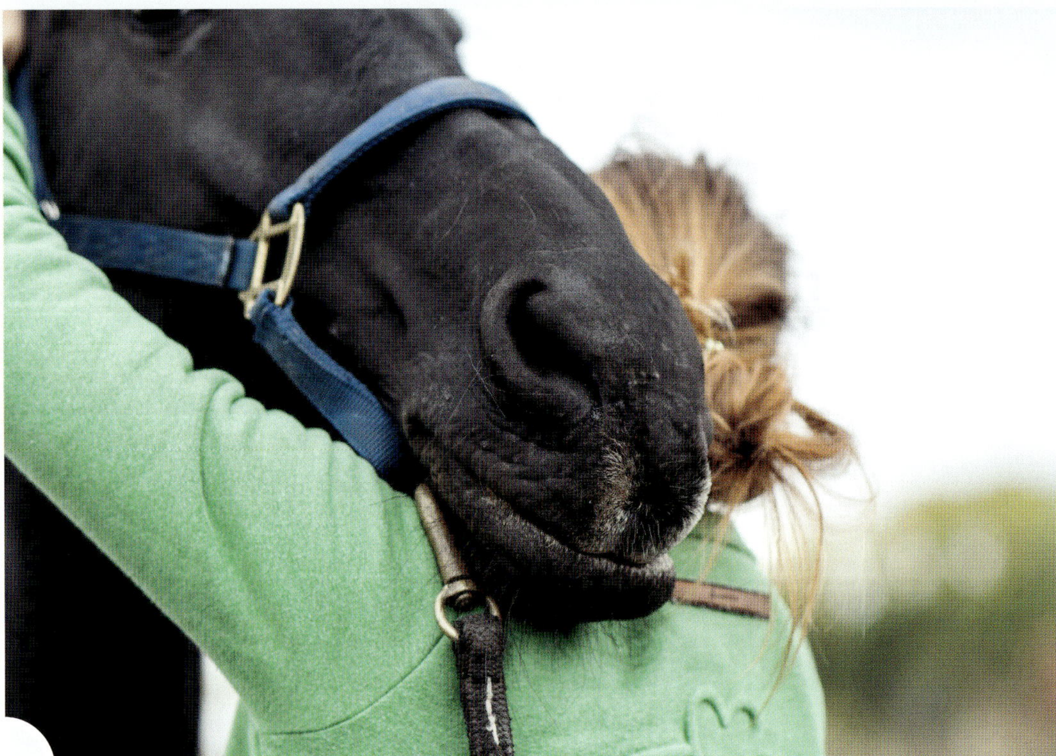

ebenfalls engmaschig nachbehandeln und mit dem Zahnarzt in Kontakt bleiben. Was bedeutet das aber nun für das Reiten? Der Reiter kann noch so gut reiten – wenn das Pferd den ganzen Tag schief kaut, weil es ein Zahnproblem hat, wird ihm eine saubere Genickstellung zu beiden Seiten immer schwerfallen bzw. unmöglich sein. Zudem hat ein »schiefer« Atlas immer auch Auswirkungen auf das Wohlbefinden des Pferdes: Er verursacht Kopf- und Nackenschmerzen und gegebenenfalls Rückenbeschwerden, weil er die Statik der gesamten Wirbelsäule beeinflusst. Die Sensoren der oberen Halswirbelsäule stehen in Verbindung mit dem Gleichgewichtsorgan und Arealen im Gehirn, die für die Grob- und Feinmotorik verantwortlich sind.
Es gilt also, nicht die Flinte ins Korn zu werfen und das Pferd natürlich so gut wie möglich weiter zu gymnastizieren, aber eben einzusehen, dass Grenzen nicht überschritten werden können und Verständnis für die Befindlichkeiten des Pferdes zu haben. Bei der sensiblen Stute scheitert es nie am Nicht-Wollen, sondern klar am Nicht-Können!
Ein weiteres Problem ist Feminas rechte Schulter: diese war massiv eingeschränkt in mehrere Bewegungsrichtungen, was Claudia durch myofaszialen Release, Massagen und eine sanfte Mobilisation passiv löste.

Die Arbeit an der Biegung hat bei Femina also gleich drei positive Effekte: die Stellung mobilisiert sanft das erste Kopfgelenk, sorgt auf der Außenseite für eine Dehnung und somit für das Lösen der äußeren Hals-, Schultergürtel- und Rückenmuskulatur und auf der Innenseite für das Auftrainieren der Bauchmuskulatur, was Feminas Rücken langfristig guttut. Deswegen ist sie ein gutes Beispiel dafür, dass die Biegungen ihr aufgrund ihrer Probleme zwar besonders schwerfallen, aber eben auch genau das passende Mittel sind, um ihre Probleme mit Maß und Achtsamkeit zu verbessern.

Beritt/Trainingstherapie

Im Beritt nutzen wir den Stangenfächer. Dazu werden vier Stangen fächerförmig einseitig erhöht aufgebaut (siehe Foto) und dann in ruhigem Schritt auf einer Volte überschritten. Die Stangen können gerne zur Schulung der Koordination unterschiedlich hoch gelegt werden, die höchste Stange jedoch maximal so hoch wie das Sprunggelenk des Pferdes. Die Abstände müssen so bemessen und der Fächer so angeritten werden, dass das Pferd die Stangen taktmäßig übersteigen kann. Je nachdem, ob man den Fächer weiter innen bei den Cavalettiblöcken oder weiter außen anreitet, ändert sich die Weite, sodass man die passenden Abstände für jedes Pferd finden kann. In der Mitte bieten sich ca. 70 Zentimeter Abstand an.
Das Pferd soll nun auf der Voltenlinie in ruhigem Schritt etwa 45 Sekunden lang die Biegung halten, das entspricht meist

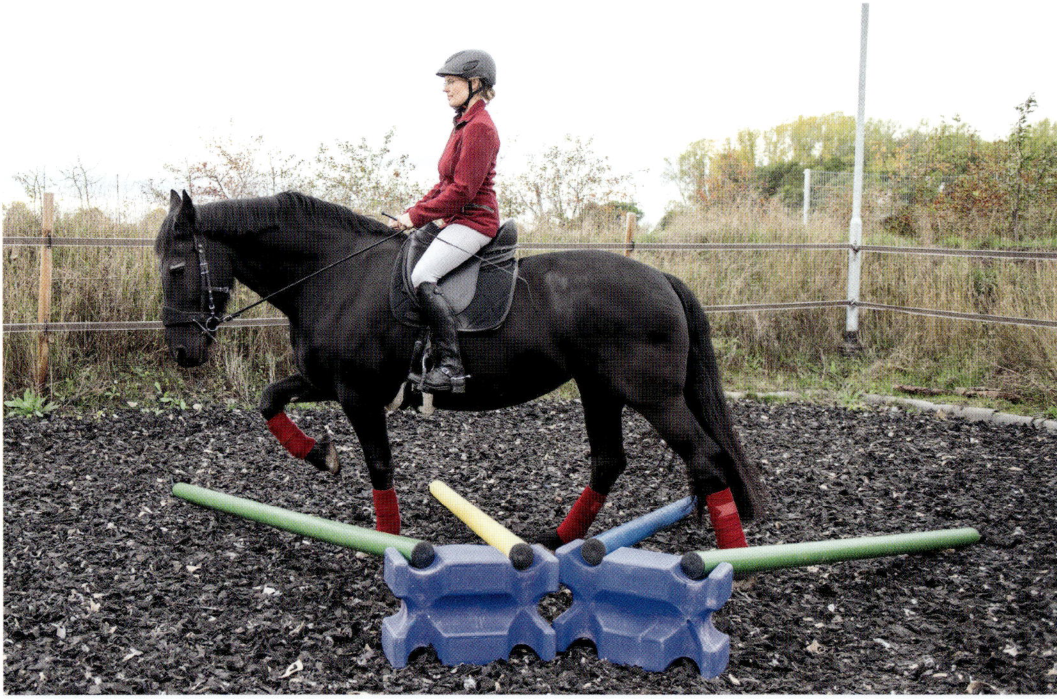

Der Stangenfächer wirkt mobilisierend.

vier, maximal fünf Runden über den Stangenfächer. Danach erfolgt eine Pause mit hingegebenem Zügel auf gerader Linie (zum Beispiel eine Rund ganze Bahn) und ein Handwechsel, bevor der Fächer auf der anderen Hand ebenfalls vier bis fünf Mal überschritten wird. Dabei mobilisiert das Pferd seine großen Gelenke (Schulter-, Hüft-, Knie- und Sprunggelenk), da es diese beim Übersteigen ja mehr bewegen muss als normalerweise. Bei Femina betrifft das insbesondere die rechte Schulter und die linke Hüfte. Nach der Behandlung durch Claudia brachte sie der Beritt über den Stangenfächer dazu, die neu gewonnenen Bewegungsspielräume aktiv zu nutzen. Dass diese Übung sie löst, zeigte sich an deutlichem Abschnauben bereits nach den ersten Runden. Nachdem wir auf beiden Händen je zwei Durchgänge gemacht haben, verbesserte sich die Biegung deutlich. Auch das Schenkelweichen stellt eine gute Übung für Femina dar, weil es über den M. pectineus die Bauchmuskeln mit anspricht und ebenfalls Schulter und Hüfte mobilisiert. Am Herausheben und am Gesichtsausdruck sieht man jedoch, wie viel Stress diese Übung der Stute derzeit noch bereitet. Hier helfen häufige, kleinschrittige Übungen mit viel Lob und Pausen.

Nun wurde es Zeit anzutraben. Wie im Kapitel über die Grundausbildung erläutert sind es ja zusammengefasst zwei Strukturen, die den Pferderücken daran hindern würden, in Richtung Senkrücken

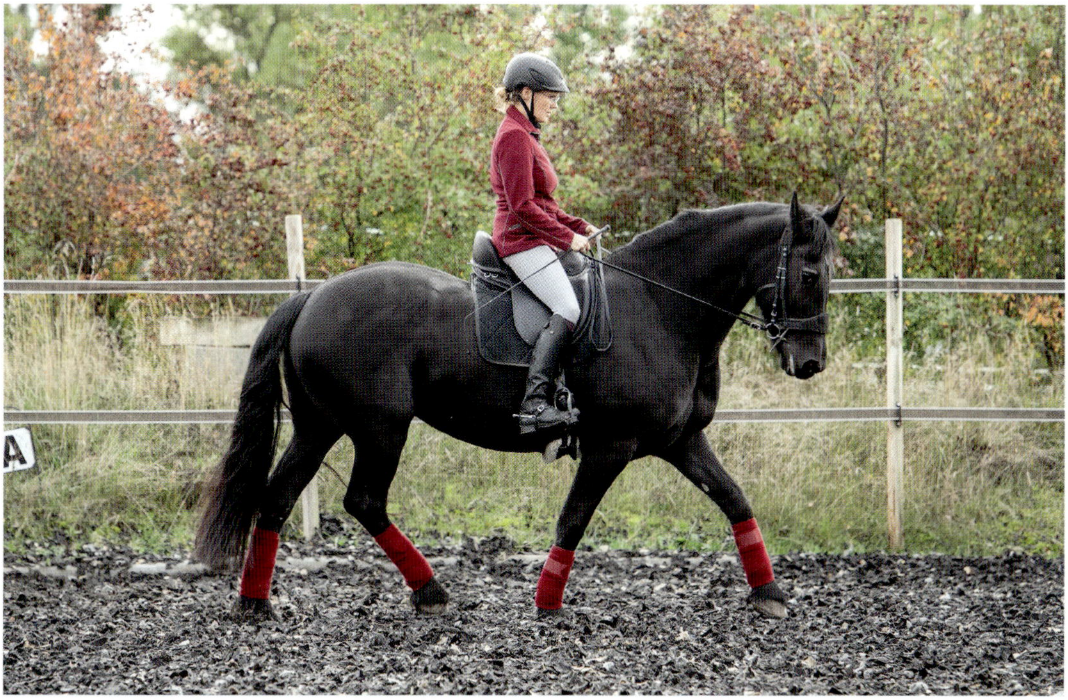

Trabarbeit kräftigt den Rumpf-Trageapparat.

Nach dem Biegen darf Femina die Zügel immer wieder herauskauen.

Das Schenkelweichen fällt ihr noch schwer, wie man am Herausheben und dem Gesichtsausdruck erkennen kann.

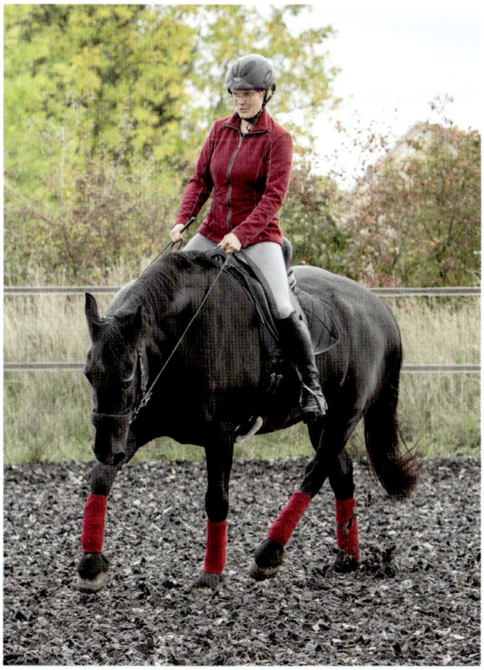

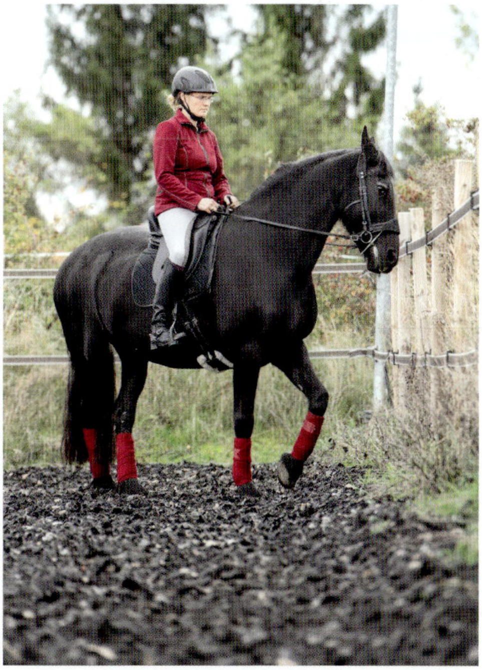

zu sacken, und zwar der Rumpf-Trageapparat und insbesondere die Bauchmuskulatur. Wie wir gesehen haben, ist beides bei Femina zu wenig trainiert, weswegen es sich nach dem mobilisierenden Stangenfächer anbietet, Biegungen (Training der Bauchmuskulatur) im Trab (Training des Rumpf-Trageapparats) zu reiten und zwar am besten in Dehnungs- oder Gebrauchshaltung.
Katharina wählte Wechsel zwischen Zirkel und Volten, um das Maß an Biegung möglichst spielerisch immer wieder zu variieren. Dank der vorangehenden Behandlung war es möglich, Stellung zu erarbeiten, blieb aber nach wie vor schwierig, sodass wir daraufhin beschlossen, wie bereits erwähnt, den Zahnarzt zeitnah zu konsultieren, der die Problematik bestätigte. Deswegen ist es für Femina noch wichtiger als für andere Pferde, die Biegungen zwar zu üben, aber auch zwischendurch wirklich immer wieder auf gerader Linie die Zügel aus der Hand kauen zu dürfen. Sie zieht dabei die Zügel teilweise zu vehement heraus, was einerseits ihrem nicht optimalen Trainingszustand, aber womöglich auch ihren aus den Zahnproblemen resultierenden Genickproblemen geschuldet ist. Da sie am langen oder hingegebenen Zügel dann den Genickwinkel lehrbuchgerecht öffnet, sei ihr das natürlich gegönnt. Zieldauer sind zwanzig Minuten im Trab (nach etwa zehn Minuten Stangenfächer) und anschließender Cool-down geführt ohne Reitergewicht. Der Galopp ist durch den momentanen Ausbildungs- und Trainingszustand nicht förderlich, da die Stute dabei in der Vergangenheit mehrfach gestolpert und weggerutscht war.

Trainingsempfehlung und weiteres Management des Pferdes

Bei Feminas Zahnsituation ist es weiterhin nötig, engmaschige Termine mit dem Pferdezahnarzt einzuhalten. Ideal wäre es, das Pferd direkt nach Behandlung der Zähne osteopathisch nachzubehandeln. Erstens ist die Chance, dass Femina mit frisch geraspelten Zähnen und behandeltem Atlas ihr Kauverhalten verbessert, sodass die Neigung zu einer starken Atlasfehlstellung und ihre Zahnproblematik sich langfristig im Rahmen des Möglichen bessern können. Zweitens kommt es durch das »Aufhängen« beim Zahnarzt auch bei fachgerechter Arbeit häufig zu osteopathischen Halswirbelbefunden, die zu Kompensationsmustern und Einschränkungen beim Reiten führen können.
Wichtig ist, Femina in ihrem Rahmen mobil und geschmeidig zu halten – dabei hilft die Arbeit an der Biegung enorm. Idealerweise sollte sie drei- bis viermal wöchentlich dressurmäßig unterm Reiter oder an der Hand gymnastiziert und ansonsten einfach in Bewegung gehalten werden. Bei älteren Pferden (ab 16) lässt sich Muskulatur weniger leicht aufbauen als bei jüngeren – umso

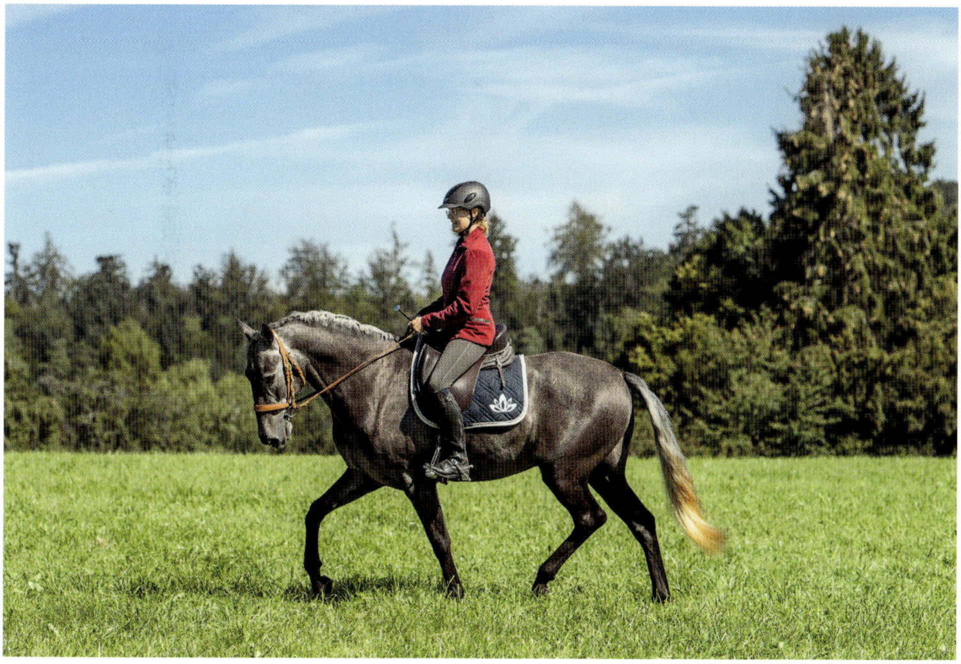

Vince ist ein sechsjähriger Lusitanowallach.

wichtiger ist, dass die Trainingsreize jeden zweiten bis dritten Tag erfolgen.

Hierfür wird eine erneute Absprache bezüglich der Reittage mit der Besitzerin erfolgen. Zudem »verfilzt« beim älteren Pferd die eigentlich scherengitterartige Faszienstruktur zunehmend und das Pferd wird steifer und unbeweglicher. Um dem entgegenzuwirken, hilft zum einen das bloße Bewegen: bereits ein Anstieg der Körpertemperatur um 0,2 Grad Celsius erhöht die Fluidität der extrazellulären Matrix in den Faszien, was eine verbesserte Verschieblichkeit ermöglicht. Zum anderen löst die sanfte Dehnung der Außenseite bereits kleinere Faszienrestriktionen.

Vince: Vorstellung und Zieldefinition

Invincible, Claudias sechsjähriger Lusitanowallach, ist recht harmonisch gebaut und hatte weder irgendwelche bekannten Unfälle noch ein problematisches Exterieur. Insgesamt ist er rittig und macht kontinuierlich schöne, altersgemäße Ausbildungsfortschritte. Wenige Tage vor dem Fototermin »klemmte« aber plötzlich die Linksbiegung. Vince wurde wehrig oder verwarf sich, wenn man ihn dazu aufforderte, sich nach links zu stellen. Im Winter waren es die durchbrechenden Hengstzähne, die die Anlehnungsbereitschaft verschlechtert hatten – zahntechnisch gab es diesmal aber keine Erklärung

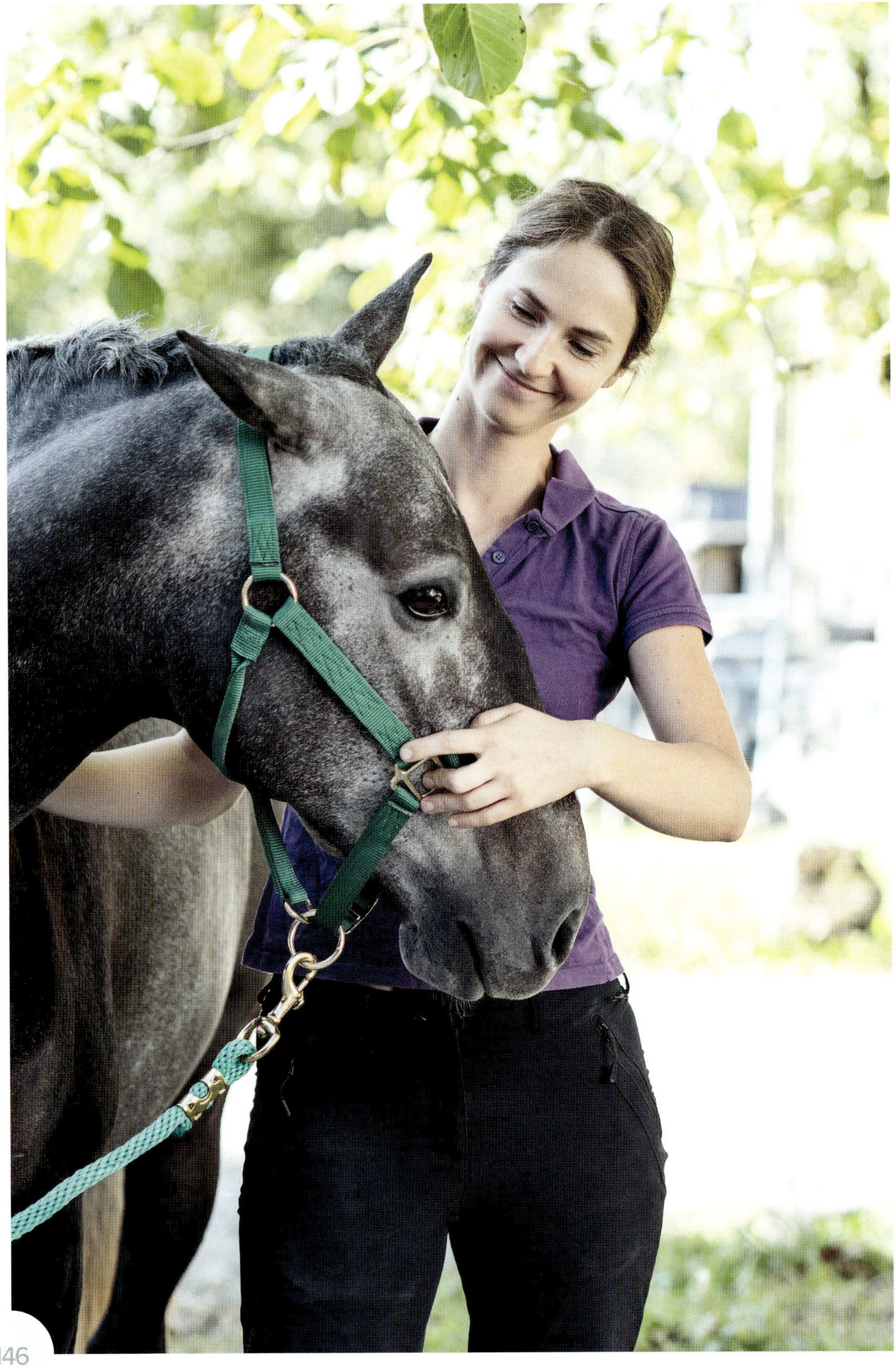

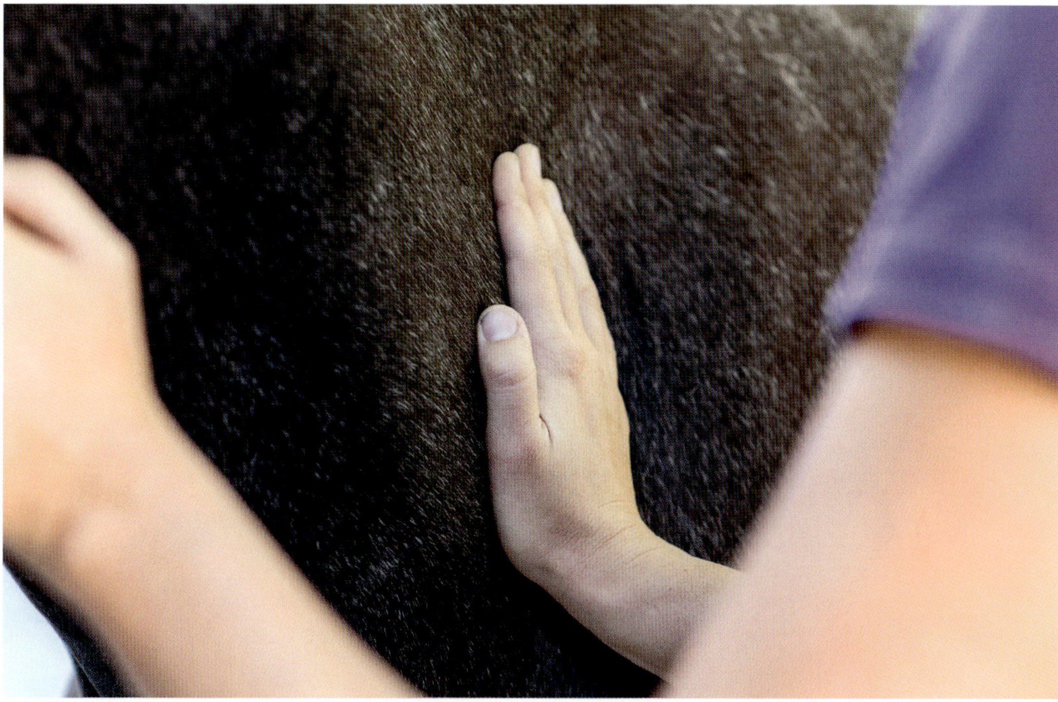

Behandlung der Halsfaszie.

für das Verhalten, das sich nur unzureichend reiterlich lösen ließ. Anstatt ihn mit verstärkter Handeinwirkung des Reiters zu belästigen, was einem Pferd ja verständlicherweise leicht den Spaß an der Sache nehmen kann, befundete und behandelte Claudia ihn stattdessen osteopathisch.

Behandlung

Claudia konnte neben einer leichten Rotationsfehlstellung des Atlas zwei weitere leichte Befunde in der Halswirbelsäule entdecken, die sich durch einseitige muskuläre Verspannungen erklären ließen. Vince spielt gern und viel mit einem anderen jungen Wallach in seiner Offenstallgruppe. Dabei zeigt er eine Vorliebe für »Maulakrobatik«, bei der er Kopf und Hals in jede Richtung verdreht. Möglicherweise hat er sich dabei die betroffenen Halswirbel aus ihrer natürlichen Lage gebracht (»verrenkt«). Ihn zur Linksstellung zu »zwingen«, hätte Schmerzen provoziert und ihn in Schonhaltungen gezwungen, was ihn in der Ausbildung zurückgeworfen und neue osteopathische Probleme kreiert hätte. So konnte Claudia die frisch entdeckte Läsion leicht behandeln und Vince ließ sich wieder gut nach links stellen und biegen.

Sanftes Mobilisieren der unteren Halswirbelsäule.

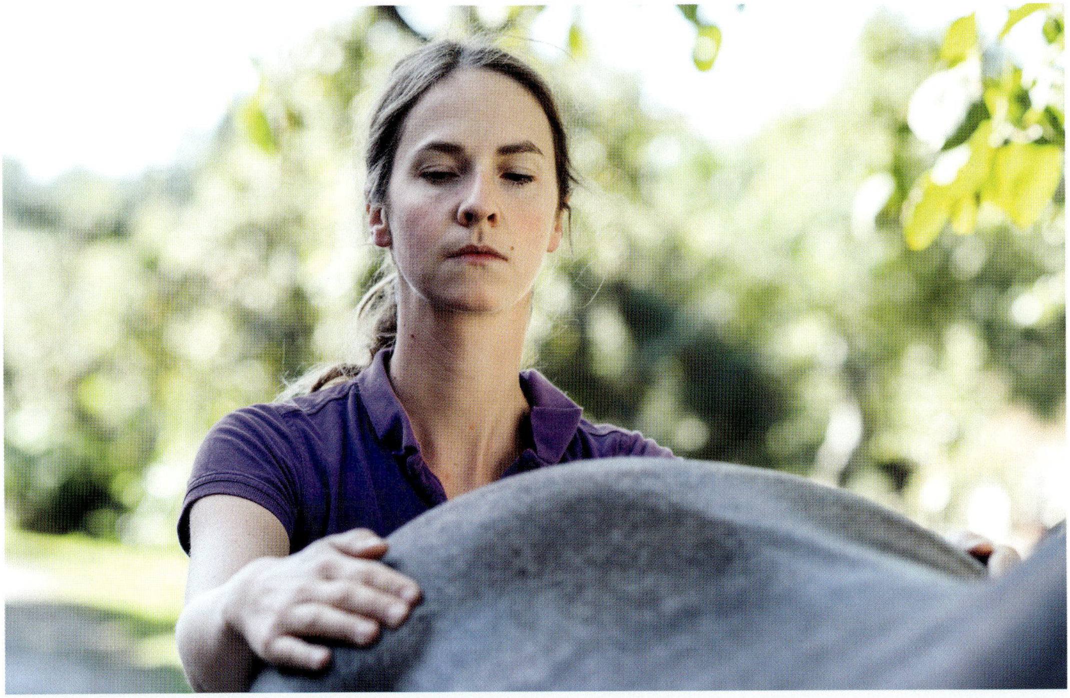

Befundung des Beckens.

Beritt

Oft sind die Pferde schon während der Behandlung sehr überrascht, wenn Bewegungen, die sie vorher vermieden haben, plötzlich »wieder gehen«. Dass der Therapeut diese passiv auslöst, heißt aber noch längst nicht, dass das Pferd sie auch aktiv wieder ausführt. Deshalb ist es sehr sinnvoll, dass Vince zunächst beim Beritt unter Katharina »lernt«, dass Linksstellung eben nicht mehr unangenehm ist, sondern so gut geht wie vor seiner Rangelei. In Vince' Fall, dem eben keine langfristigen Probleme oder Schäden zugrunde liegen, war das völlig unspektakulär durch normales klassisches Reiten gebogenen Linien zu erreichen und löste sich »nebenbei« während des Fotoshootings, was auch gar nicht speziell für das Fallbeispiel, sondern eigentlich für das Buchcover gedacht war.

Trainingsempfehlung

Bei Vince reicht es, ihn einfach wie gehabt gleich oft nach rechts und nach links zu biegen. Altersgemäß wird er dazu drei Mal pro Woche dressurmäßig auf Zirkeln, Volten und im Schulterherein und Konterschulterherein geritten. Ausgleichend geht er spazieren, wird longiert oder ins Gelände geritten.

Nach der Behandlung ist die Linksstellung wieder ohne weiteren Aufwand möglich.

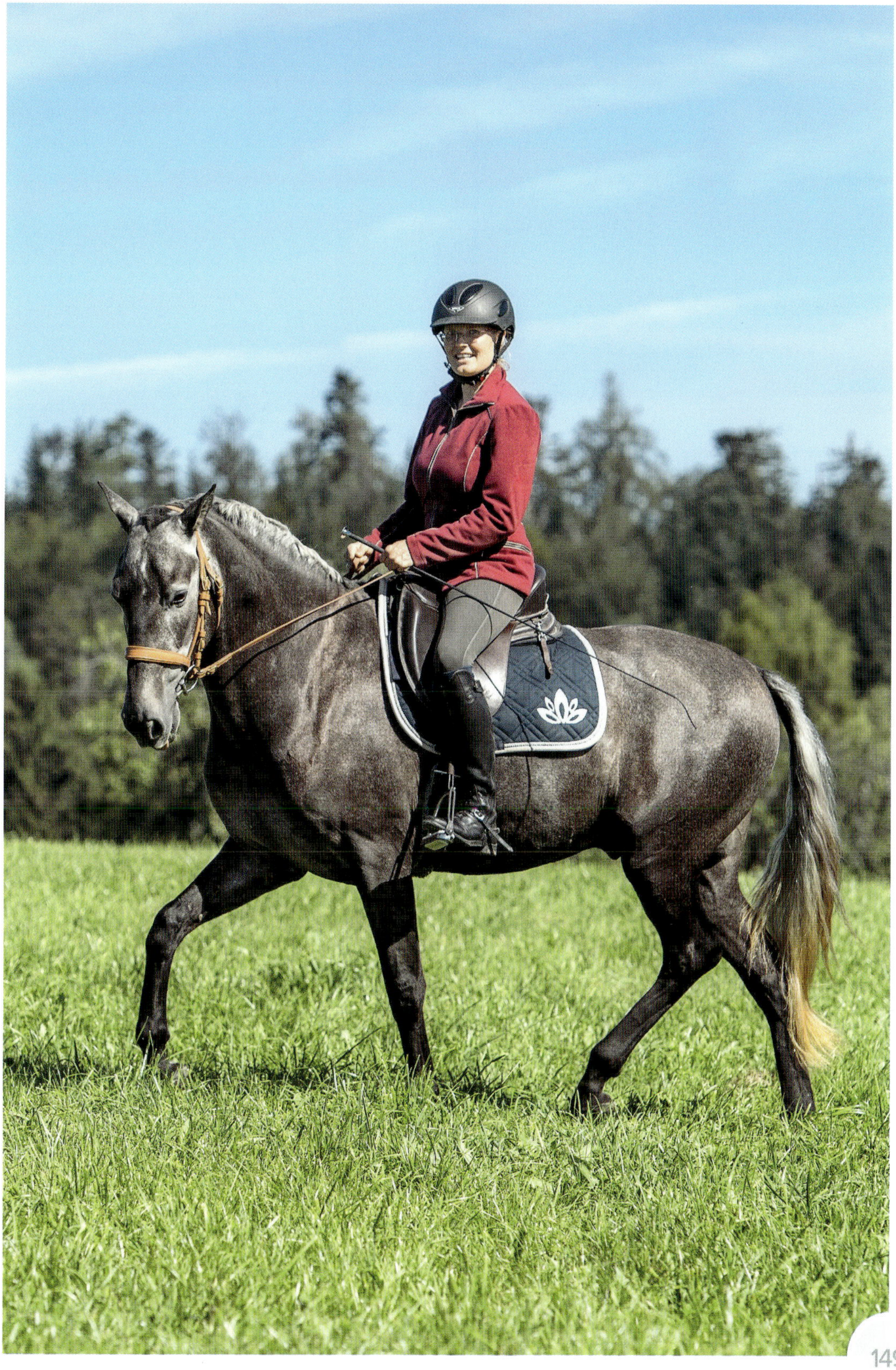

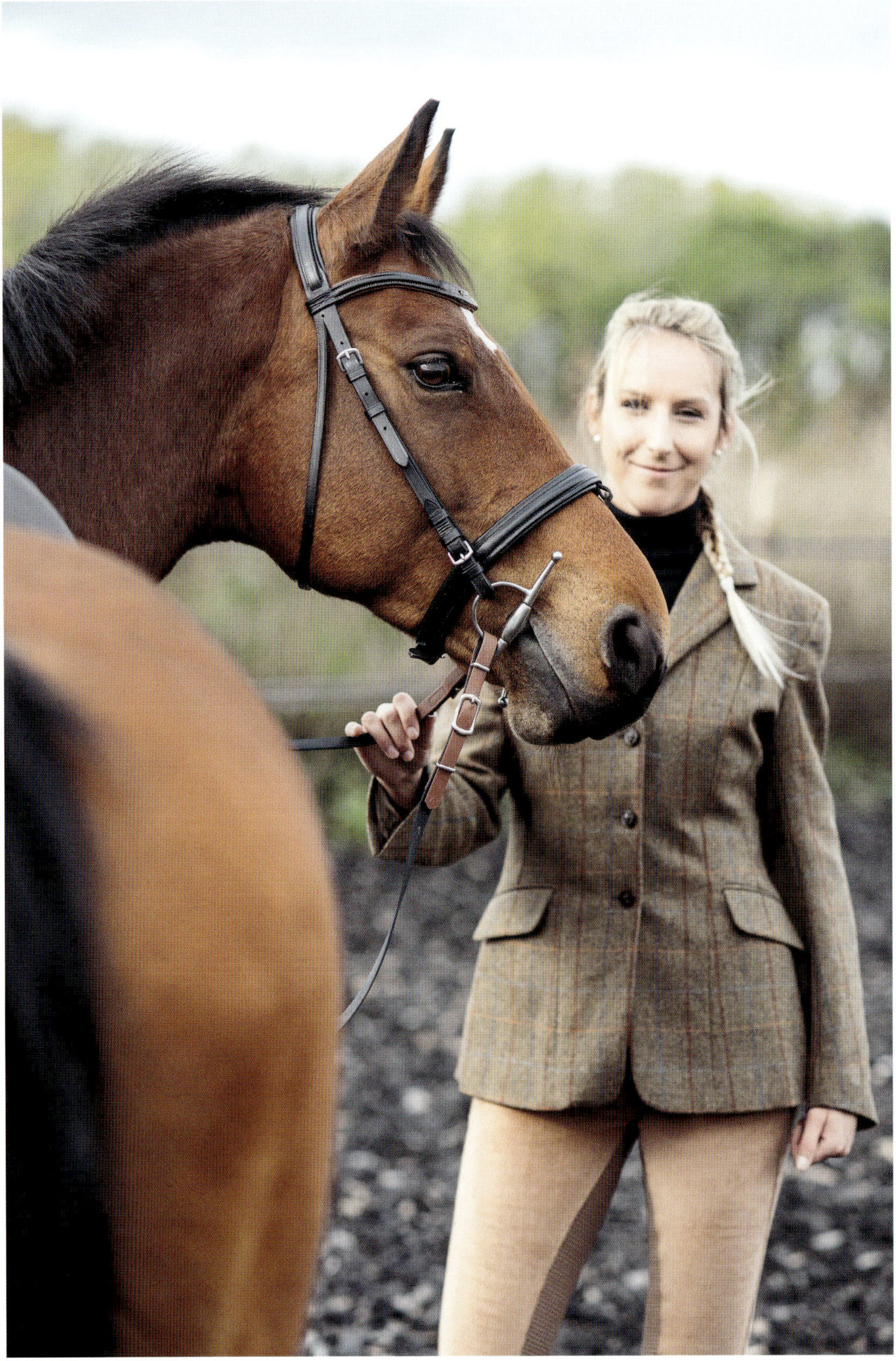

DANKE

Dieses Buch gäbe es in dieser Form nicht ohne das **Mitwirken besonderer Menschen.**

Wir danken Claudia König von Müller Rüschlikon für ihr Angebot, das Buch in diesem Verlag zu veröffentlichen. Ebenso danken wir Barbara Welter-Böller auch bei diesem Buchprojekt für ihre Zeit, den immer respektvollen und trotzdem unkompliziert-freundschaftlichen Austausch und den hervorragenden fachlichen Input. Ihre Anregungen haben unsere Formulierungen präzisiert.
Danke an Martin Fischer – seine röntgenkinematographische Arbeit an Hunden hat die Bewegungsvorstellung, die wir von Vierbeinern haben, revolutioniert. Reiter denken zu statisch – das wollen wir ändern und seine Forschung wird uns da noch großartige Erkenntnisse liefern.
Danke auch an Prof. Dr. Christoph Mülling, Leiter des veterinäranatomischen Instituts der Universität Leipzig, der bereit war, uns Fragen zur aktuellen Forschung zu beantworten und uns wunderbare Fotos zur Verfügung zu stellen. Danke auch an Dr. Kerstin Gerlach für die Beantwortung unserer Fragen zur derzeitigen Röntgenpraxis.
Maresa Mader hat den Hauptteil der wunderschönen Fotos im Buch geschossen. Ihr Auge und ihre angenehme Art haben dafür gesorgt, dass auch unsere ganz jungen Pferde und unsere Berittpferde im bestmöglichen Licht erstrahlen. Danke auch an Phillip Weingand, Claudias Mann, für Fotos im Innenteil. Danke an Yasemine Hess und Birgit Bacher, dass wir Eure Pferde Femina und Chandor für das Buch fotografieren lassen durften. Auch danke an Madlen »Kamerad« Brückner fürs »Modeln« mit dem schönen Glenn und Katharinas Mitarbeiter Xaver Hümmeler für unermüdliche Unterstützung während der gesamten Produktionsphase des Buches. Danke nicht zuletzt unseren Familien, dass Ihr uns den Rücken freigehalten habt.

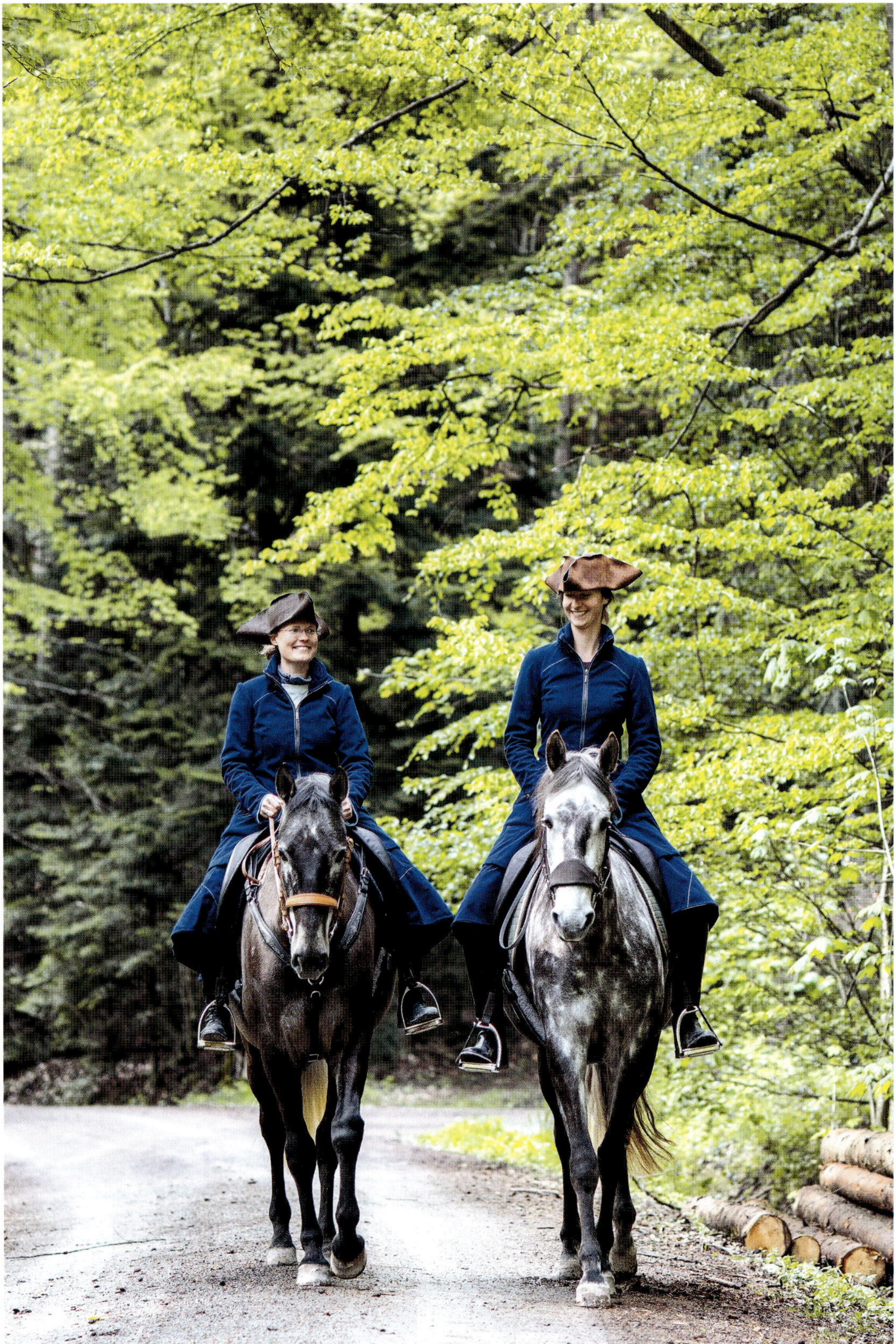

ÜBER DIE AUTORINNEN

Claudia Weingand und **Katharina Möller** vermitteln Wissen für besseres Training und pferdegerechtes Reiten in zahlreichen Online-Seminaren und vor Ort in ihrem Ausbildungszentrum im baden-württembergischen Dischingen. Sie bilden Reiter, Pferde und Trainer aus und bieten Weiter bildung für Tierärzte und Pferdetherapeuten an.

Insgesamt haben die beiden bereits zwölf Bücher veröffentlicht. „Biegung" war nach „Dehnungshaltung" ihr zweites Buch. Zwischenzeitlich sind in der Reihe OsteoDressage noch die Bücher „Trainingstherapie" und „Galopparbeit" dazugekommen.

Weitere Informationen finden Sie auf der Website

www.osteo-dressage.com

und über die sozialen Netzwerke Facebook und Instagram.

Die im Buch gezeigten Pferde...

... werden von Claudia Weingand und Katharina Möller ausgebildet und sind mit einer Ausnahme auch unter den beiden Autorinnen selbst zu sehen. Sie finden es wichtig, das theoretische Wissen auch persönlich in der Praxis anwenden zu können und sitzen beide täglich im Sattel verschiedenster Pferde.
Die Pferde Hariel, Invincible, Fugitivo, Taranis aus der schützenden Hand und Dobllino sind nicht nur ihre privaten Reitpferde, sondern darüber hinaus auch als Lehrpferde für ihre Schüler und in zahlreichen Kursen im Einsatz.
Außerdem ist Katharinas Berittpferd Femina sowie Claudias Berittpferd Chandor unter den Autorinnen zu sehen.
Als Gastreiterin unterstützte Madlen Brückner mit ihrem Pferd Glenn. Vielen Dank!

OsteoDressage in der Praxis

Claudia Weingand und Katharina Möller kommen im Rahmen von Praxiskursen oder Einzelterminen zu Ihrem Pferd und Ihnen an den Stall. Sie kombinieren osteopathische Befundung und Behandlung, Ausrüstungskontrolle, Trainingstherapie und Beritt sowie Reit- und/oder Longierunterricht für den Besitzer und erstellen einen individuellen Trainingsplan für Sie und Ihr Pferd, bei Bedarf ergänzt durch Taping, Dehnung- und Mobilisationsübungen. Vier Augen sehen bekanntlich mehr als zwei. Gemeinsam stellen sie ihr breit gefächertes Wissen und Können in den Dienst Ihres Pferdes.
Des Weiteren bieten sie Fortbildungen im Bereich der Trainingstherapie nicht nur für betroffene Pferdebesitzer, sondern auch für Trainer, Tierärzte und Therapeuten an.

Informationen und Kontaktmöglichkeit finden Sie im Internet auf der Webseite **www.osteo-dressage.com**

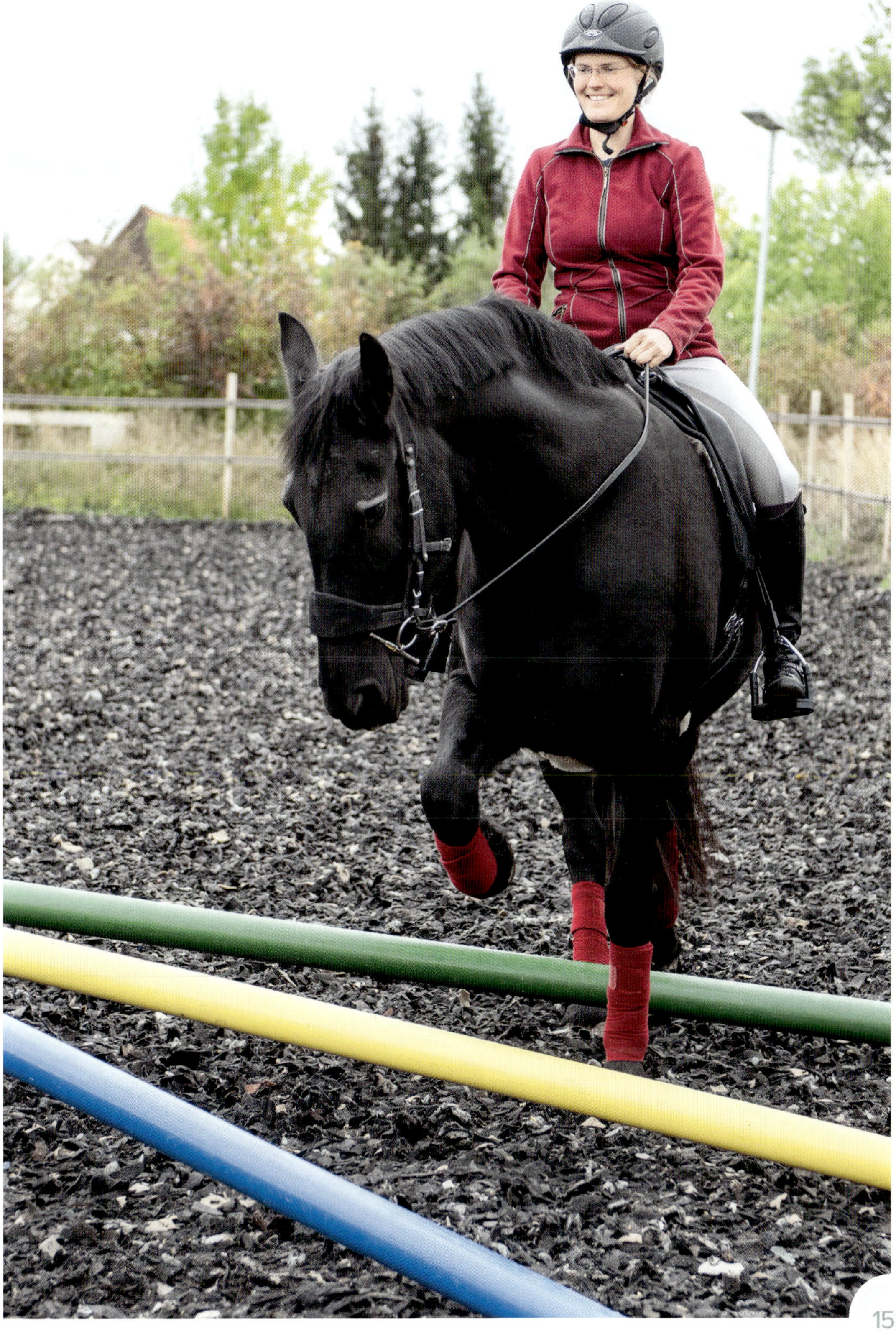

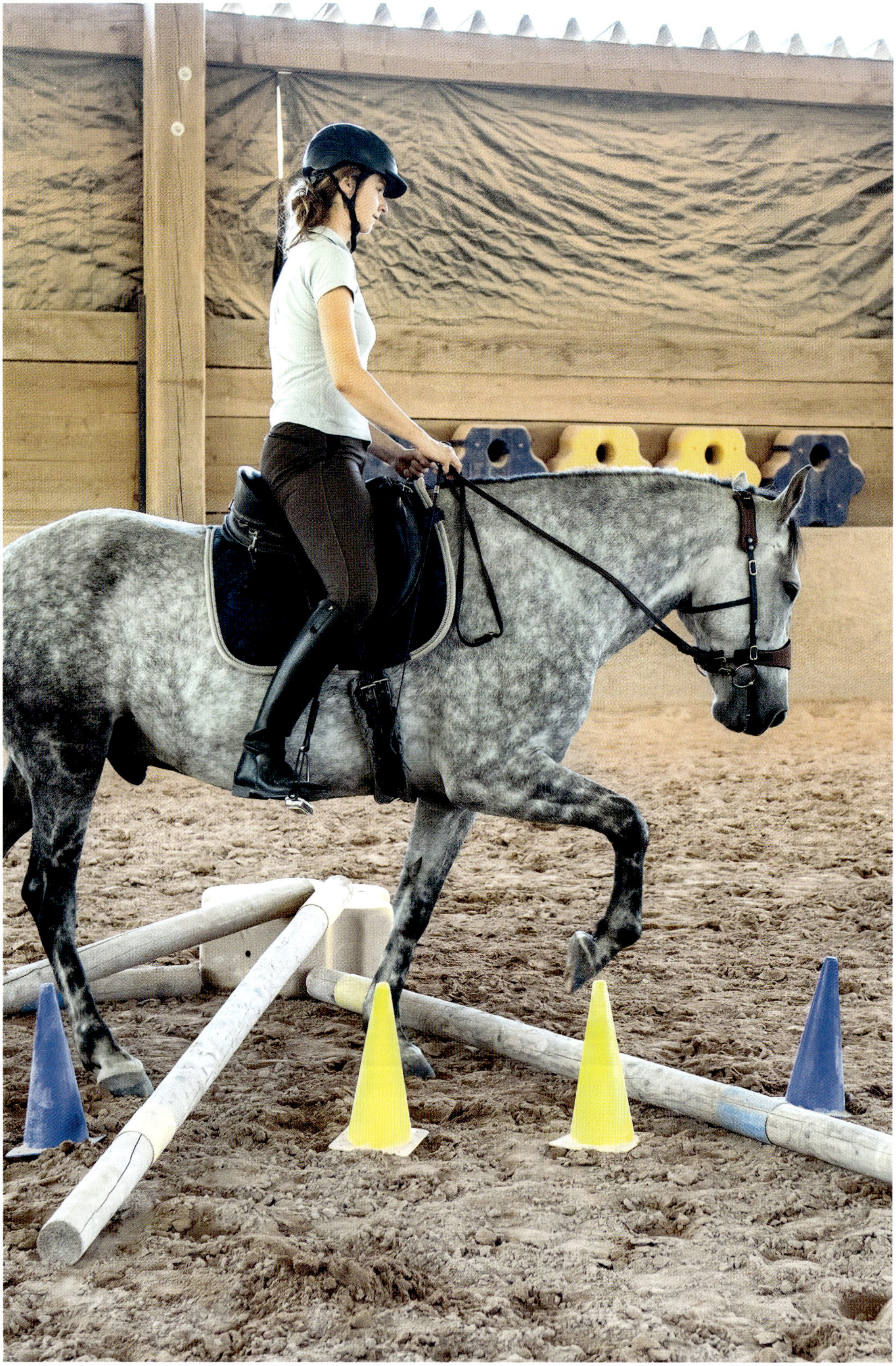

LITERATUR zum Weiterlesen

D.V.E. Nr. 12 Reitvorschrift vom 29. Juli 1912 (herunterzuladen auf der Webseite des Kavallerieverbandes: https://www.kavallerieverband.de/wissen/historische-literatur/)

Ellendorf, Franz: **Leistungstraining für das Pferd.** Schlütersche Verlagsgesellschaft, Hannover, 2010

Fischer, Martin und Lilje, Karin: **Hunde in Bewegung.** Kosmos Verlag, Stuttgart, 2011

Möller, Katharina: **Basis-Guide für feine Hilfen.** Cadmos Verlag, Schwarzenbek, 2013

Möller, Katharina: **Jungpferdeausbildung mit System.** Cadmos Verlag, Schwarzenbek, 2015

Möller, Katharina: **Longieren als Dialog.** Cadmos Verlag, Schwarzenbek, 2017

Möller, Katharina: **Pferde sinnvoll lösen.** Cadmos Verlag, Schwarzenbek, 2014

Möller, Katharina; Weingand, Claudia: **Dehnungshaltung - Biomechanik und klassisches Reiten.** Müller Rüschlikon Verlag, Stuttgart, 2019

Nickel, Richard; Schummer, August; Seiferle, Eugen: **Lehrbuch der Anatomie der Haustiere.** Paul Parey, Berlin, 1961 (Originalausgabe)

Richtlinien für Reiten und Fahren, Band 1. FN-Verlag, Warendorf, 2013

Schleip, Robert: **Lehrbuch Faszien: Grundlagen, Forschung, Behandlung.** Elsevier, Urban & Fischer Verlag, München, 2014

Seunig, Waldemar: **Von der Koppel bis zur Kapriole.** Olms Presse, Hildesheim, Zürich, New York, 2015

van den Berg, Frans: **Angewandte Physiologie Teil 1-3.** Georg Thieme Verlag, Stuttgart, 2001

Von Heydebreck, Hans: **Die deutsche Dressurprüfung & Das Gebrauchspferd und seine Ausbildung.** Olms Verlag, Hildesheim, 2001

Welter, Maximilian; Welter-Böller, Barbara: **Gutes Training schützt das Pferd.** Cadmos Verlag, Schwarzenbek, 2016

Welter, Maximilian; Welter-Böller, Barbara: **Tapingpraxis für Pferd und Reiter.** Welter-Böller Verlag, Overath, 2018

Welter, Maximilian; Welter-Böller, Barbara; Weingand, Claudia: **Die 50 häufigsten Irrtümer in der Pferdeausbildung.** Cadmos Verlag, Schwarzenbek, 2017

Welter-Böller, Barbara; Weingand, Claudia: **Einmal überbaut, immer überbaut? Exterieuranalyse und Tipps zum Pferdetraining.** Müller Rüschlikon Verlag, Stuttgart, 2019

Die erwähnten Dissertationen finden Sie unter den an den entsprechenden Textstellen angegeben Titeln bzw. anhand der Namen der Autorinnen im Internet als öffentlich zugängliche PDFs.